家庭投资理财规划一本通

雷 冰/编著

中国宇航出版社

·北京·

图书在版编目(CIP)数据

家庭投资理财规划一本通 / 雷冰编著. --北京：中国宇航出版社，2014.1

ISBN 978-7-5159-0619-5

Ⅰ. ①家… Ⅱ. ①雷… Ⅲ. ①家庭管理－财务管理－通俗读物 Ⅳ. ①TS976.15－49

中国版本图书馆 CIP 数据核字(2013)第 314975 号

责任编辑　田方卿

责任校对　刘　唯　　　　装帧设计　文道思

出版发行　中国宇航出版社

社　址　北京市阜成路 8 号　　邮　编　100830

(010)68768548

网　址　www.caphbook.com

经　销　新华书店

发行部　(010)68371900　　(010)88530478(传真)

(010)68768541　　(010)68767294(传真)

零售店　读者服务部　　北京宇航文苑

(010)68371105　　(010)62529336

承　印　三河市君旺印装厂

版　次　2014 年 1 月第 1 版　　2014 年 1 月第 1 次印刷

规　格　787×960　　开　本　1/16

印　张　17.5　　字　数　257 千字

书　号　ISBN 978-7-5159-0619-5

定　价　35.00 元

前　言

随着社会经济的发展和市场化程度的加深，个人和家庭投资理财越来越受到人们的重视。人们的幸福程度虽然不能用金钱来衡量，但没有物质基础的家庭，肯定无法拥有幸福程度较高的生活。

家庭理财规划是一个长期而系统的过程，是人生规划的重要组成部分，它是对家庭和个人生存与发展的物质基础进行规划，与家庭的富裕程度没有关系。富裕的家庭如果理财不善也会变穷，经济状况不好的家庭，则可以通过合理的投资理财变得富裕。

要做好家庭理财，首先必须了解财富的本性，从思维方式和生活习惯上接近财富，这样财富才能成为我们的好朋友。这就是大家常说的那句话："你不理财，财不理你。"其次是要清楚知道家庭的经济现状，包括资产情况、收入情况，以及当前的生活水准和未来希望的生活水准，这样就可以知道当前的经济状况与需要达到的财富目标的距离，明确理财规划的目标和任务。

要做好理财规划，相关的基础知识必不可少。本书第二章探讨了不同的个人与理财规划的关系。理财规划应该与不同年龄、不同性格和不同经济背景相适应。人的生命是有限的，不同的年龄阶段有不同的财富需求和创富能力，理财规划要平衡这些差异，在年富力强的时候及早为失去创富能力的阶段做好规划。货币的时间价值告诉我们，不理财，财富就会贬值，越早开始理财，财富的再生能力越强。任何时候都不要忘了投资理财中收益与风险的关系，要想获得更高的收益，必须面对程度更高的风险，任何人都要在其中选择一个最佳的平衡点。为了平衡收益与风险，本章介绍了风险量化分析、决策树和投资组合的相关方法。

第三章重点介绍了现金规划的内容。现金规划是理财规划的起点，是平衡当前需求与未来需求的具体实施的规划，因此现金规划要明确、具体。做好现金规划，应掌握一些基本的财务知识，做好家庭资产负债表、家庭收支表和现金预算表。这些报表是现金规划以及其他理财规划的信息基础，能够为制定规划目标和理财决策提供信息保证。本章详细介绍了这三大报表的制作方法，并用案例说明如何分析家庭财务状况。之所以将银行储蓄作为现金规划内容介绍，这是因为银行储蓄已经成为家庭或企业之间的现金流动主要渠道。银行储蓄像一个资金暂存区，连接着现金管理与投资管理，因此银行储蓄管理也是安排当前生活与投资的平衡管理内容。银行储蓄是一种重要的理财工具，可以采用不同的储蓄方法获得收益，比如阶梯储蓄法、月月储蓄法、四分储蓄法和利滚利储蓄法，不同的人要从不同的需求角度平衡短期现金支出与获取最大收益的储蓄方法。

人的一生有太多风险，天灾人祸无法预测，生老病死不可抗拒，保险是应对人生不可预测风险的最好选择。保险是一种特殊的消费，保险公司也是商业实体，它们需要盈利，因此它们对保险产品的定价是根据风险发生的概率进行统计和评估，在承担个体风险的前提下实现整体盈利。对于个人来说，某种风险发生的概率虽然小，可是一旦发生，造成的后果是难以承受的，因此个人需要保险。不过人们也不能过分依赖保险，毕竟保险需要成本，要适度并有选择性地购买保险。第四章介绍了保险的各种产品和特性，以及不同人群对保险产品的需求程度，读者可以根据自己的实际情况进行选择。

是否买房？什么时候买房？怎么买房？这些问题是很多家庭需要考虑的。本书第五章旨在帮助大家理清房产投资思路。买房划算还是租房划算？除了心态和观念以外，还可以从经济角度分析，比如成本比较法或净现值法。一般来讲，只要经济状况允许，购买自用房或者长期投资房产还是划算的。投资用房要选择好的地段和好的购买时机，其中房产地段是关键。

如今用于投资理财的工具越来越多，债券、股票和基金是人们比较熟悉的工具。债券是低风险、低收益投资工具，股票属于高风险投资品种，基金因其投资组合的不同，其风险程度差别较大，通常介于债券与股票之间。这三种投资工具的收益来源都有一个共同特点，那就是资本损益，都是通过市场交易获得差价收入。第六章介绍的基本面分析和技术分析方法，不仅适合股票投资，同样也适合债券、基金以及期货等领域。除此之外，债券还有利息收入，股票有股息、分红收入。基金品种比较复杂，其收益包括基金投资所得红利、股息、债券利息、存款利息和其他收入。如何选择这些投资工具，需要符合理财规划目标，并依据个人投资风格和投资技能作出决定。

子女教育与养老规划是理财规划中最重要的也是持续时间最长的规划，需要从长计议，越早规划和实施越好，并且最好以稳健为主。子女教育规划的重点在于根据孩子的培养目标和时间长短评估资金需求，估计现有情况与理财目标的差距，制定达到理财目标的相应计划，原则上以现金规划方式解决眼前和近期的需求，用投资理财方式积累未来高等教育支出的较大需求。养老规划的基础是社会养老保险，它基本可以解决退休以后的生存问题，但如果想过得宽裕一点，还应该适度购买商业保险。有条件和能力的人，也可以通过相对激进一点的投资规划积累更多的财富，让退休后的生活更加丰富多彩。

最后需要强调的是，理财规划是一辈子的事情，基本生活规划和长期规划需要稳健，短期规划和投资规划要灵活。投资规划应该适应宏观经济的变化，采取与经济发展状况相匹配的策略，比如经济繁荣期可以采用相对激进的投资策略，比如投资成长性较好的股票；当经济处于衰退和萧条期时，应该回避高风险的投资工具，可以选择购买债券或者储蓄。

本书主要是针对一般收入的家庭，特别对工薪阶层提供理财帮助。文中案例和数据多以一线或二线城市的生活和收入情况作为数据基础。因全国各地经济发展存在较大的差距，因此很难做到案例数据准确与通用，读者可以根据书中介绍的方法进行对比分析。最后，希望本书能够给读者提供切实的帮助，通过理财规划，让经济不再成为问题，让个人和家庭生活更加幸福美满！

雷冰

2014 年 1 月

目　录

第一章　财富离我们有多远

第二章　理财规划基础知识

第三章 现金规划与储蓄

第四章 保险

第六章 股票

第一章　财富离我们有多远

第一节　人类的财富需求

一、一个关于幸福的公式

财富，人类社会永恒的话题。

人们赋予财富的内涵实在太多，不同的人对财富的看法也不一样：知识是财富，爱是财富，金钱是财富等，各种观点不胜枚举。

即使是同一个人，在不同的人生阶段，对“财富”的看法也会随着时间和环境的变化而发生改变。当一个人过着朝不保夕、贫困潦倒的日子时，他们渴望的财富就是吃得饱，穿得暖；当他们吃饱喝足以后，又渴望自己和后代能够受到良好的教育，获得别人尊重的社会地位。

以上这些情况说明，人们对财富的需求并不是一个固定的数字，因为对财富的渴望超出了物质范畴，成为物质与精神的结合体，不能用单纯的物质数量来衡量。当人们的财富需求与其心理感觉结合在一起时，就涉及到了幸福这个概念。

那么什么是幸福？著名经济学家保罗·萨谬尔森立足于经济学角度，用简单公式将物质与精神结合起来，试图量化幸福与物质财富和精神领域的欲望的关系，于是得出了一个幸福公式：

幸福＝物质财富÷欲望

这里的财富是指可以衡量的物质财富，也就是说，一个人的幸福感取决于他的欲望大小与实际获得的物质价值。幸福的程度是与财富成正比关系的，物质财富越多，幸福感就越强；同时又是与欲望成反比关系的，即欲望越多，幸福感越弱。

我们可以从这个幸福公式中找到一个平衡点，即幸福指数等于1，也就是说人们获得的物质财富刚好等于欲望。

人的欲望有多大？人类进化历程和心理研究表明，人的欲望呈阶梯性、多样性和局限性。

所谓阶梯性，是指当人们满足了某种欲望后，会对下一个更高的阶梯产生欲望。比如，当人们解决了温饱问题后，就会追求富足。

所谓多样性，是指人的欲望会从单一欲望向多种欲望演变。比如从基本的生理需求向多种多样的社会需求演变。

局限性是指人的欲望受到周围环境和自我认知的限制。比如，一个人往往会与他所处的社会环境中的其他人群进行对比，也会自主地根据自身的条件和能力来调节欲望的大小。

这样就可以结合人类需求层次理论，分析人们对财富需求的大小以及与财富的距离。

二、人类的需求层次

第三代心理学的开创者，美国著名社会心理学家亚伯林罕·马斯洛的“需求层次论”，论述了人潜藏五种不同层次的需要，这些需要在不同的时期表现出来的迫切程度是不同的。这些需要由低到高依次是：生理需求、安全需求、社交需求、尊重需求、自我实现的需求，如图1–1所示。

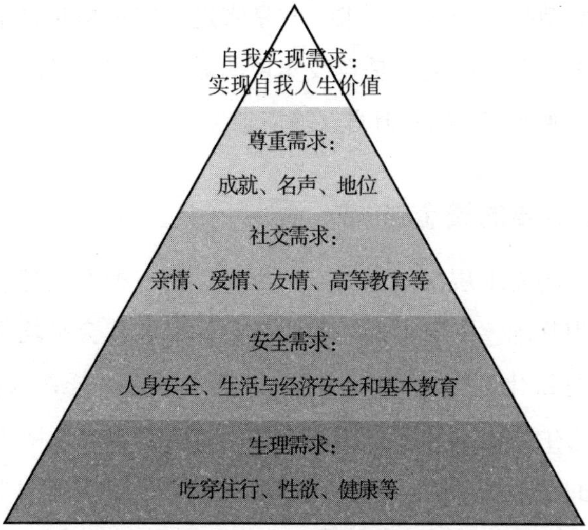

图1–1　人类的需求层次

（1）生理需求。生理上的需求是人们最原始、最基本的需求，包括吃、穿、住、行和基本的身体健康医疗等。生理需求是人们赖以生存的最底层次需求。

（2）安全需求。这是人们对身体、工作、生活以及未来保障上的安全的需要。安全需求包括物质和精神两个层面。物质方面有生活和工作的安全环境，意外事故、失业等带来的身体和经济风险，以及退休养老的经济保障等。精神方面有生活和工作心理健康，承受不幸事件的能力，对未来的担忧等。

（3）社交需求。人类社会是一个群体，每一个个体都渴望得到亲人的关爱、朋友的理解和团体的帮助，这些都需要通过社交来实现。

（4）尊重需求。尊重的需要可分为自尊、他尊和权力欲三类，包括自我尊重、自我评价以及尊重别人。正因为人们有尊重的需求，才会对个人实力和成就产生渴望，才会有追求更高的实现自我人生的动力。

（5）自我实现的需求。这是人们追求自身人生价值的需求。追求自我实现需求的人，往往会全神贯注地投入到自己追求的事业中，将工作视为一种乐趣和创造。

我们可以将以上五个层次的需求分为三种类型，第一种类型是五个需求层次的第一级和第二级，属于基本生活需求，是人们的本能和生活的最基本需求；第二种类型是社会生活需求，它是满足人们对相对富裕生活和获取社会认同感的需求；第三种类型是自我实现的需求，它已经超出个人与家庭经济之外的自我实现所需的物质财富保障需求。

三、不同需求需要的资金量

前面将人们的需求层次划分为三个类型，每一种类型都应该有与其匹配的物质财富作为基础。下面根据当前的物价标准和社会平均生活水准，对以上三类需求进行量化。当然，由于地域发展水平不一样，人们的平均收入、物价水平和平均生活水准都会存在差异。不过这并不会影响人们衡量基本需求和高级需求的相对判断方式，不同的地区可以根据当地的平均收入、物价水平和基本生活状况进行统计和计算。

下面以深圳为例，来看看当前人们的基本生活水准所需和高级需求所需的物质财富基础。

1. 基本生活需求

先在这里顺便介绍一下“社会平均工资”这个概念，这个概念在以后的内容中也有涉及。

社会平均工资是指某一地区或国家一定时期内（通常为一年）全部职工工资总额除以这一时期内职工人数所得的平均工资。社会平均工资可以反映出职工的工资水平和生活水平，为计算报酬、计算赔偿额等提供参考，通常分为年平均工资、月平均工资，简称社平工资、社平。社会就业人员平均工资并不是指人们能够拿到手的工资，而是包括了其他各种被扣除的费用。

用社会就业人员平均工资作为衡量社会保障及社会生活水准存在很多质疑，其主要焦点是统计范围的局限性，因为该指标忽略了收入差距带来的社会影响，过高地估计了普通老百姓的消费水准，忽略了较大群体的社会需求。即使如此，作为一种权威性和数学量化的均衡性指标，它还是能够从宏观上反映出社会需求与收入之间的关系。

深圳社保局 2013 年 7 月 1 日公布的社会就业人员平均工资标准是 4918 元。也就是说，在深圳市，个人达到该收入水准，其生活标准基本接近深圳市的平均生活水准。我们再来根据深圳市当前的物价情况，估算一下一个家庭满足基本生活需求（生理需求和安全需求）需要的资金量。如表 1–1 所示，这是按成家以后 50 年里的家庭开支现值预测的。

表1–1　深圳市家庭基本生活开销（单位：元）

项目	生活等级	元/月	年花销	50年
吃	基本	2,000	24,000	1,200,000
穿	基本	500	6,000	300,000
住	基本	2,000	24,000	1,200,000
行	基本	500	6,000	300,000
保健	基本	200	2,400	120,000
娱乐旅游	基本	500	6,000	300,000
孩子教育	基本			500,000
医疗	小病		3,600	180,000
尽孝	基本		2,000	60,000
孩子结婚	基本			200,000
合计		5700	74,000	4,360,000

以上数字与深圳市公布的社会平均工资反映出的生活水准基本吻合。表中的孩子教育费用，包括从出生开始到高中或国内本科毕业的教育费用。医疗费用只计算小病的费用。对父母尽孝按每年 2000 元，30 年计，这算是比较低的标准了。预测得出的结论是，深圳市一个三口之家要满足基本的生活需求，每月需要花费 5700 元，这就为以后讨论自己的收入与物质财富所需提供了数量方面的标准。

当然，不同地区与城市会有不同的生活需求标准，比如图 1–1 中公布的 2013 年部分城市社会平均工资，一线城市就明显高于内地。

广州	5313
北京	5223
深圳	4918
上海	4692
沈阳	4059
武汉	3804
重庆	3783
杭州	3541
天津	3872
厦门	4377
青岛	5117

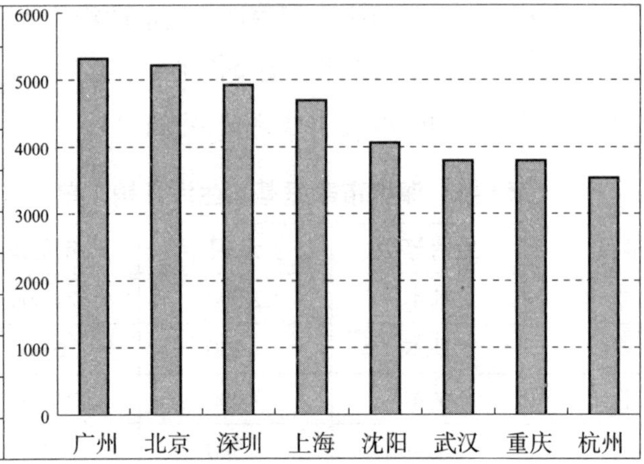

图1-1　2013年部分城市社平工资对比图

不同地区的发展速度和社会政策不同，会对社会平均工资的增长速度产生影响。图 1-2 是全国 31 个省市 1995 年到 2011 年社会平均工资变化情况。很明显，上海、北京、天津、广东为代表的一线省市比内地增长速度要快。

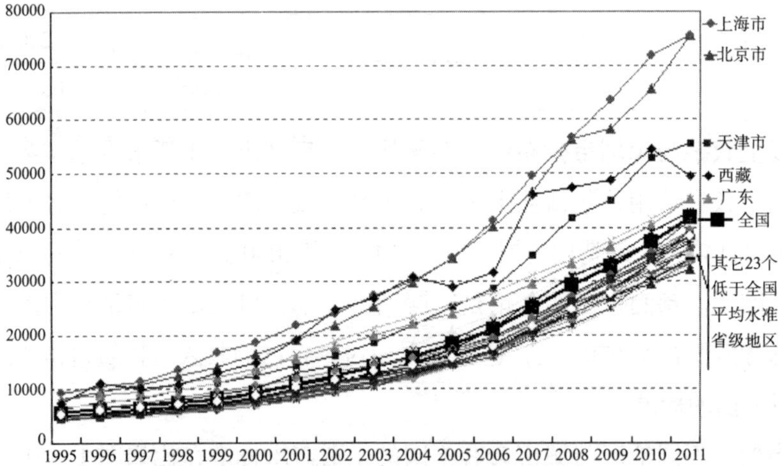

图1-2　31省市1995-2011年社会平均工资变化情况

但是也要看到问题的另外一方面，就是 CPI* 和房价的变化。有些人将社会平均工资增速与 CPI 增速进行对比，觉得收入增幅远远高于物价涨幅。实

* CPI：消费者物价指数（consumer price index）。是一个反映居民家庭一般所购买的消费品和服务价格水平变动情况的宏观经济指标。

际上这种结论并不准确，因为在我国CPI统计中，房价并不在其中，而近10年来房价（房租）大幅度上涨，占人们消费支出的比率非常大。图1-3为社会平均收入与CPI、房价增速对比。

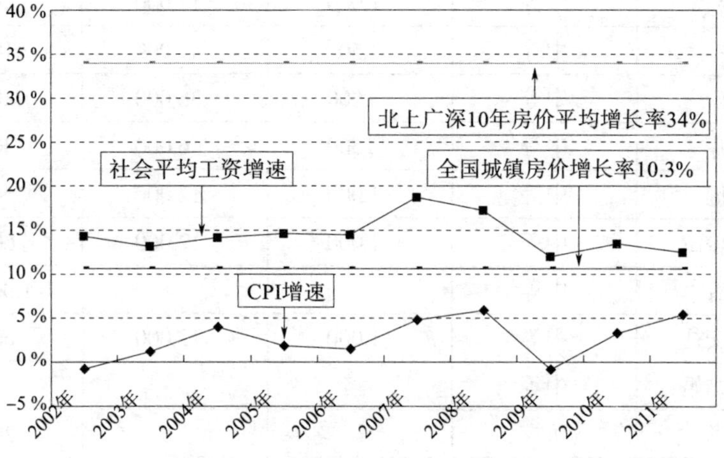

图1-3 社会平均收入与CPI、房价增速对比

2012年全国城镇平均房价为5791元，2007年为3445元，5年上涨68%，年均递增10.9%；2003年平均房价为2381元，10年上涨143%，年均递增10.3%。社会平均工资增幅排在前几名的上海、北京、广东等地，房价涨幅也十分突出，从2003年到2012年的10年间，上海房价涨幅为341%，北京为365%，广州为261%，深圳为233%。

在考虑生活需求时，必须将房价、教育费用、社会费用考虑进去。这样一来，账面上的社会平均工资并不能满足一个家庭基本生活的实际开支，充其量只能解决温饱问题。

2. 社会生活需求

在满足了基本生活需求以后，人们追求的目标是更高一级的社会需求，也就是说中等生活标准。这里同样以深圳市为例，看看达到这一需求需要多少资金。

表1-2　深圳市中等家庭生活开销（单位：元）

项目	生活等级	元/月	年花销	50年
吃	中等	3,500	42,000	2,100,000
穿	中等	1,000	12,000	600,000
住	中等	3,500	42,000	2,100,000
行(车)	中等	3,000	36,000	1,800,000
医疗	中等	500	6,000	300,000
保健	中等	1,000	12,000	600,000
娱乐旅游	中等	1,000	12,000	600,000
教育	中等			1,000,000
社会交往	中等	1,000	12,000	600,000
孩子结婚	中等			300,000
尽孝				200,000
总计		14,500	174,000	10,200,000

中等生活标准并没有什么明确的界限，一般认为收入高于社会平均水平、低于平均水平的两倍为中等生活标准。根据最新统计，深圳市 2013 年第一季度月人均收入 6787 元，其两倍是 13754 元。表 1-2 的数据是针对一个家庭的开支，表中每月家庭支出按 14500 元计算，应该属于合理水平。

3. 自我实现需求

对于自我实现需求的物质基础的量化，相对于前两种需求更不好界定。这是因为人们的世界观各不相同，物质需要与精神需求比重有较大的差别。当人们满足了基本生活的物质需求后，有的人会更偏重于精神需求，有的人则会追求更高的物质需求。

这里只能从经济角度来量化自我实现需求的物质财富所需。一般情况下，人们不再因养家糊口而工作，实现自我人生价值成为工作的目的，这样生活物质需求的资金必须要用工作以外的收入来替代，被动收入必须大于或等于家庭生活所需，也就是要实现财务自由。因此，财务自由的公式可以用以下等式表示：

$$\text{财务自由} = \text{被动收入} - \text{日常开支} \geqslant 0$$

其中被动收入是指除薪水、奖金、佣金等依靠工作劳动之外获得的收入，是不需要花费大量固定时间和精力就可以自动获得的收入。一般所说的被动收入，是指依靠投资理财所获取的收入。

实现财务自由，人们不再为低级需要而烦恼，不再因维持个人与家庭生活而工作，工作成了一种爱好。当你不再因家庭财务烦恼时，你就获得了经济上的自由。

比如，一个家庭日常开销每月为7000元，如果利息、股息、房产等带来的被动收益每月超过7000元，那么这个家庭就实现了财务自由。

很多人经常梦想“提前退休”，也就是不再因生计而工作，这也是财务自由。财务自由与年龄并没有很大的关系，实现财务自由也不是不工作，而是可以从事自己喜欢的工作，也就是说工作成了一种乐趣。比如，对于许多成功人士来说，钱已经变成了符号，是衡量他们人生价值的尺子，他们仍然努力工作并不是为了生计，而是证明自己的能力与价值。

4. 通胀带来的问题

前面讨论生活所需是按照当前的物价等情况进行预测的，并没有考虑通货膨胀因素。记得笔者2007年刚到深圳的时候，早餐一碗鸡蛋面是3元，现在则上涨到了7元；一斤普通鸡蛋是2.8元，现在是6元，所谓的绿色鸡蛋涨幅更加离谱；房价就不用说了，大家都知道，这几年深圳市的房价已经翻了好几番。表1–3是深圳市近10年来涉及基本生活项目的物价变化。

表1–3　10年来深圳市重要生活物资涨幅

粮食	1.8倍
农副产品	2.5倍
水电气	3倍
房价	4倍
教育	2.6倍
交通	1.8倍

如果考虑到通胀因素，人一生的财富需要还要在以上基础上至少再乘以3。也就是说，要满足一个普通家庭的基本需求，所需财富要达到1300万元。当然人们的工资也会随着物价的上涨而上调，但是对于现有的和未来储蓄积累下来的财富，如果不采取投资理财方法，这些钱就会越来越不值钱。就像20年前买一套房子花不到10万元一样，现在10万元的资金连内部装修都不够。如果不相信的话，看看20年后，我们辛辛苦苦储蓄的100万元又能干些什么？

总之，如果不进行合理的投资理财规划，我们就会与财富的距离越来越远。

四、年龄对需求的影响

人的年龄是影响需求的重要因素之一。不同年龄段，人们的需求侧重点有很大的不同。

我们可以根据年龄，将人们的需求分为4个阶段。

（1）未成年人。处于这个阶段的人，其需求主要集中在基本生活需求与教育需求上。

（2）成年人。成年后的需求可以分为两个阶段，第一阶段是围绕家庭建设的物质需求与社交及尊重需求；第二阶段是围绕事业的自我实现需求。

（3）中老年。人到了中老年以后，一方面要将自己的事业推向顶峰，另一方面会为养老做好准备。因此，这类人的需求较多地集中在较高的需求层次上。

（4）老年人。这个阶段的老年人往往又回到较低级的基本需求中去，在保证满足生活的基本需求后，才会按照自己的兴趣偏好选择养老生活。

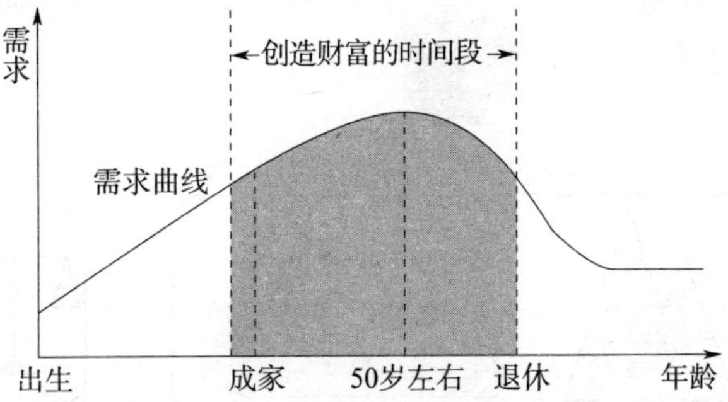

图1–4 人生需求曲线

图 1–4 是人生需求曲线，其特点是呈现出一种类似抛物线的形态。从出生到独立生活以前所需，一般是由父母承担，成家后的需求则需要自己来创造，并且还要承担养育和培养后代的义务，因此在这一段时间里，无论是物质需要还是精神需求都呈现出上升趋势。

到了 50 岁左右，孩子独立，家庭负担减轻，家庭物质需求下降，但非物质需求仍然较高，人们开始专注自我价值，并开始为退休养老需求做准备。退休以后，人们的生活与需求基本固定在相对折中的水准。

人们创造财富的时间大概只有人生一半的时间，也就是说，人们必须用一半的时间来创造积累财富，为人的一生需求买单。

五、财富的来源

财务自由的实质是财富的自由，即有足够的财富来源来达到财务自由的状态。那么财富从哪里来呢？

财富的存在形式有很多种，有可见的金银、房产等，也有不可见的知识、信誉等。我们通常所说的财富，是指可以通过社会分配得到的财富，是可以通过交换与换算成为统一计量单位的财富。也就是说，无论哪种形式存在的财富，最终可以用货币来衡量。

个人是如何从社会资源中获取自己的财富呢？根据财富分配原理，人们获取正当财富主要通过以下三种途径，如图 1–5 所示。

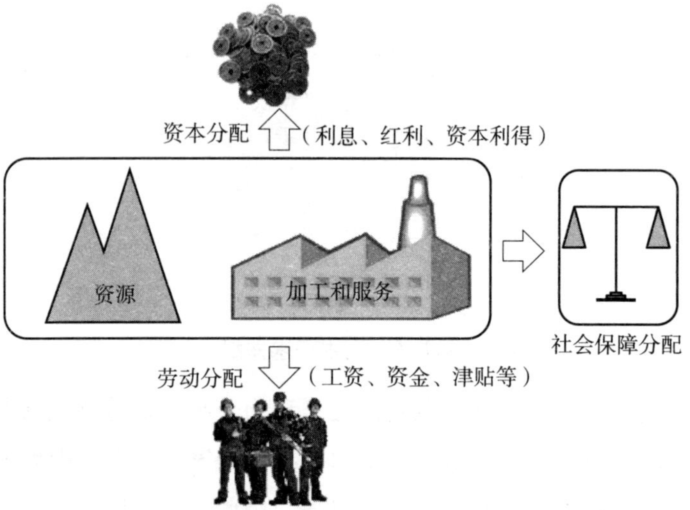

图1-5　获取正当财富的主要途径

1. 劳动分配

劳动分配是指通过脑力或体力劳动来换取财富。劳动分配获得的财富包括工资、奖金、各种津贴和补贴，以及以其他形式计算劳动方式的佣金等。依靠劳动分配获取财富，是绝大多数人获取财富的渠道。

2. 资本分配

资本分配是指资本拥有者提供资金，由他人（或自己）组织生产，然后获得资本收益。资本分配主要通过利息、红利、资本利得等三条途径，将财富转移到资本提供人。

（1）利息：是属于明码标价的资本收益。我们将钱存在银行等金融机构，银行利用这些钱，以更高的利息放贷给其他需要资金的机构或个人而获利，银行则付给我们利息。利息是一种安全、固定的收益，但收益较低。

（2）红利：是资金提供人直接将资本注入到公司，成为公司股东，当公司盈利后，股东按照股本多少获取公司分红的利润。在西方发达国家，红利是人们投资股票获取收益的重要途径之一，但在我国，由于证券市场还不成熟，因此红利收益并不理想。

（3）资本利得：是资本拥有者在证券等交易市场进行买卖后获取的利

润。股票市场是目前最大的资本交易场所，人们买卖股票赚取的差价就是资本利得。

3. 社会保障分配

社会保障分配是指政府或社会按照法律规定的标准和安排征缴使用社会保障基金，以完成社会保障制度设定的目标的各种活动。社会保障体系包括社会福利性质的医疗保险、养老保险、教育保险、失业保险、工伤保险等。根据“人人都有可能成为弱者，人人都能享受社会保障”这一理念，社会保障分配追求“公平原则”和“效率原则”。社会保障系统可以保障个人和家庭出现意外时仍然能够维持基本的生活，因此充分利用社会保障分配系统，也是我们不能忽视的内容。

除了以上三种获取财富的途径外，当然还可以通过继承、赠与、婚姻等其他途径获取财富。不过无论是通过什么途径获取财富，管理好现有的财富，让财富保值、增值，这是没有什么区别的。

4. 主动收入与被动收入

（1）主动收入：是指用工作劳动换取的收入，如果停止工作就会失去收入。

主动收入有以下特点。

第一、用劳动换金钱。主动收入的载体是劳动，一旦停止劳动，就意味着失去收入。

第二、用时间换金钱。主动收入可以说是用时间换金钱，上一天班就拿一天的薪水。一旦失去时间交换金钱的条件，比如生病、受伤、退休或者被解雇，收入也将会随之失去。

第三、用自由换金钱。对于大部分人来说，工作并不是为了兴趣，只有节假日才有一些自由的空间，有时候还不得不加班加点。社会上较普遍的现象是工资越高的人越忙，越没有自由。

第四、收入有限。对于普通劳动者来说，依靠薪水获得的收入是有限的，即使单位涨工资，工资涨幅也不会很大。

第五、稳定性与截止性。有了稳定的工作，收入就比较稳定。一旦失去工作，收入就会立即截止。

（2）被动收入：是指除主动收入以外的，不需要花费多少时间和精力就可以自动获得的收入。

被动收入有以下特点。

第一、用资本生钱。被动收入的载体主要是资本，即依靠资本获取收益。

第二、靠理财生钱。被动收入并非是“不劳而获”，只是其中的“劳”与主动收入的“劳”有不同的内涵。有资本并不见得能生钱，只有依靠合理的投资理财方法才可以生钱，因此靠理财生钱是一种用智慧和方法替代传统劳动的生财方式。

第三、成长性。被动收入具有较高的成长性，投资理财的时间越久，被动收入就越多。在理财起步阶段，人们需要经过较长的时间积累资本。

第四、加速性。被动收入越高，用于理财的钱越多，被动收入也就水涨船高，像滚雪球一样越滚越大。

第五、风险性。被动收入一般主要是依靠投资理财。由于人们对投资理财的认识不同，以及知识、能力不同，被动收入不像主动收入那样稳定，需要靠个人或专业理财人士的调控。

第六、财富与自由共存。当被动收入达到了财务自由阶段，就可以同时拥有金钱与自由，不再因固定的上班时间而烦恼，也不会因家庭开支感到压力重重。

由以上分析可以看出，主动收入并没有给人们带来主动，也没有带来真正的人生保障与自由。相反，依靠主动收入生活的人生是被动的人生。但是主动收入是迈向被动收入的基础，人们需要利用主动收入积累资本，积累知识和能力，为获得被动收入打好基础。被动收入是实现财务自由的唯一途径，它能给人们带来主动而自由的人生。

第二节　财务自由离你有多远

前面对人们的财富需求进行了量化分析。在当前情况下，知道一个家庭达到自己满意的生活标准需要的金钱，也就是明确了财务自由的目标。那么，我们距离财务自由还有多远呢?

一、财富数量的差距

距离财务自由的量的距离，就是当前被动收入与消费支出所需财富在数量上的差距。当你确定了财务自由的目标时，你就可以根据当前的收入情况和已有的财富，估算还差多少钱可以满足被动收入到达消费支出的标准。

比如张先生家庭每月收入有18000元，现有各种包括储蓄在内的资产35万元，其中30万元用于各种投资理财，平均每月可以获得3000元的收益。现在每月的开支为：生活消费开支2000元，自住房按揭6000元，其他开支2000元，合计1万元。张先生希望在当前消费标准下实现财务自由。

我们计算实现财务自由的收入数量时要记住，这里的收入是指被动收入。这样算来，张先生的被动收入只有3000元，距离财务自由的目标还差7000元/月。

我们也可以根据前面介绍的基本生活需求以及社会生活需求目标，来衡量自己达到财务自由目标的距离。

二、时间的距离

财务自由除了考虑收入数量之外，还要考虑时间因素。

当知道或确定了自己的财务自由数量目标后，还要确定用多长时间来实现这一目标。这个时间差距与家庭收入、当前投资理财情况、家庭消费标准有密切的关系。家庭收入高，理财做得好，消费标准或理财规划标准低，则需要的时间就短，相反则长。

比如前面提到的张先生的家庭情况，他可以用10年来实现他的财务自由目标，也可以用20年时间来实现财务自由的目标。

再比如，如果我们制定储蓄100万元的储蓄规划，假设每年的收益率为4.75%，如果希望现在的生活更舒适一点，每年可以提取6万元用于储蓄，那么需要13年的时间才能完成储蓄目标；如果希望早日达成储蓄目标，每年储蓄9万元，则需要10年的时间完成储蓄目标。

三、财务自由的现状

我们也可以用财务自由比率来衡量当前的财务状况离财务自由的距离。财务自由比率是投资理财收入与家庭开支的比率，这个比率表示当前家庭的被动收入对家庭开销的贡献率。

这里有一个简单表格，大家可以比较一下，在全部家庭收入中，我们的财富是否为我们创造新的财富，也就是我们的被动收入占家庭开销的比率，如表1–4所示。

表1–4　财务状况离财务自由的距离

0投资收入÷家庭开销≤15%	开始理财吧
15%≤投资收入÷家庭开销≤30%	存在问题
30%≤投资收入÷家庭开销≤50%	及格
50%≤投资收入÷家庭开销<100%	非常不错
100%≤投资收入÷家庭开销	财富的主人

这个表格对准中产阶级以上的家庭比较合理，因为在贫困地区，许多家庭仍然处于财富积累的初级阶段。

总之，无论大家处于哪个阶段，尽快让我们的财富为我们生钱，生更多的钱，这就是投资理财的目的。也就是说，我们应该合理地规划自己现有的资金和各种资源，让财务自由比率尽快提高，直至达到1以上。

四、实现财务自由三部曲

实现财务自由，有两件事可做，一件是增加被动收入，另一件是减少支出，也就是“开源节流”。实际生活中，要遵循开源为主、节流为辅的理财原则。

（1）积累资本。被动收入的源泉是资本，积累资本是实现财务自由的基础。资本来源于开源和节流。起步时，在条件允许的情况下，要尽量创造收入，扩大收入；另一方面，在不影响正常生活的情况下，要努力减少不必要的开支。

（2）钱生钱。有了一定的资本，被动收入就开始起航。被动收入有多少，取决于资本的多少和管理资本的能力。在追求财务自由的过程中，管理资本的能力尤为重要，提高自己的财商非常关键。

（3）实现财务自由。当我们的资本越来越多，就像滚雪球一样，资本带来的收入也会越来越多，最终达到家庭日常开支所需，这样我们就实现了财务自由。

第三节　对待财富的思维方式

对待财富要有财富的思维方式。思维方式决定行动，只有用财富的思维方式理财，才可能让自己的财富不断地快速增长。一个人对待财富的态度和观念，是能否实现财务自由的关键。

想实现财务自由是一回事，落实到行动上则是另外一回事。人们有许多不利于理财的习惯和性格，比如享受、虚荣、懒惰，这些习惯和性格无时无刻不在侵蚀着自己的财富。

一、渴望是财富的动力

“钱不是万能，但没钱万万不能。”

前面我们已经计算过人的一生需要花多少钱，没有钱就无法生存。假如没有钱，你怎么成家立业？假如没有钱，你用什么养家糊口？ 假如没有钱，你怎样实现人生目标?“假如没有钱……你怎么……”这样的问题可以有一大堆，无论你是清高还是世俗，你都必须承认，在当今这样的经济社会里，钱对你的一生确实很重要。

渴望财富是一种美德。金钱本身没有对错，金钱更不能与罪恶划等号，真正的“罪恶”是贫穷。“穷则思变”，如果社会富裕了，人人都拥有自己的财富，相信罪恶会离我们更远。

渴望财富是一种美德，靠自己的智慧和劳动获取财富是一种能力。

生活的苦难也可以变成创造财富的巨大动力。苦难生活激发人们拥有财富的渴望，激发人们珍惜手中所有的财富。很多人因为曾经经历过苦难生活，因此激发出了创造财富的巨大力量和勇气，克服了与财富背道而驰的生活习惯，最终让自己和家人过上了幸福的生活。

不要贪图眼前的安逸，要有获取财富的野心。安逸的生活会让人丧失斗志，丧失追求财富的梦想，丧失未来安逸的生活，也会丧失品尝人生更多滋味的机会。

二、建立财富的自信心

有一个瘦小的小男孩，家里很穷，他总是远远地看着那些富家子弟玩耍，却自卑地不敢过去。

一天，他看见一位老爷爷在小镇公园草坪边卖气球，那些富家子弟争着买最大的、颜色最鲜艳的气球。原来他们要到公园里玩放气球的游戏，看谁的气球飞得最高，飞得最快。

小男孩站在其他孩子后面，静静地看着他们。老爷爷看到旁边这位默不作声的瘦小男孩，问道:“你为什么不买一个和他们一起去玩啊?”

“我只有1毛钱。”小男孩羞涩地回答。

“好吧，这个卖给你。”说完，老人从另一侧的气球里摘下一个白色的、最小的氢气球给他，说:“去和他们比赛吧。”

“这个气球这么小，又不漂亮，我一定会是最后一名的。”小男孩害怕地说。

“你不去和他们比，怎么知道会是最后一名呢?”老爷爷很认真地看着小男孩，“气球能不能飞得高，飞得快，与气球的大小和颜色没有关系。气球里面装的是信心，你的信心越强，气球就会飞得越高、越快，只要你有一颗自信的心，你就一定能行！”

小男孩记住了老爷爷的话，兴高彩烈地参加了放气球比赛，结果他的气球飞得最高、最快。小男孩从此做什么事情都多了一份信心，多年以后，他成为了一名企业家。

只有相信自己，才能激起进取的勇气，才能挖掘自身的潜力。只有相信财富的人，才能够拥有财富。

“王侯将相宁有种乎？”穷人和富人不是天生的，每个人都有机会成为财富的主人。

三、钱是赚来的，不是省来的

摩根财团的创始人摩根，当年靠卖鸡蛋和开杂货店起家，发家后对子女要求很严格，规定孩子每月的零花钱必须通过干家务活获得，所以几个孩子总是抢着干活。最小的托马斯因为年龄小，总也抢不到活干，所以每天买零食的钱都没有，于是他变得非常节省。

老摩根知道后，对托马斯说：“你用不着在花钱方面节省，而是应该想着怎么才能多干活，多挣些钱。钱是赚来的，不是省来的。”这句话提醒了托马斯，于是他想了很多能干活的点子，广开财源，零花钱渐渐多了起来。

要想获得更多的财富，实现财务自由，需要提倡节俭，但仅仅依靠节俭是达不到目的的。人要生活，要消费，节省下来的钱非常有限，更何况我们不能因为追求未来的财富生活而牺牲现在的生活。

节省的核心是不要浪费，要将这些钱和其他资本汇集起来去赚更多的钱。广开财路才是获取财富和达到财务自由的有效途径。

四、富思维与穷思维的距离

财富的差距最先表现在思维上，财富总是偏爱富思维，远离穷思维。富思维可以让穷人富起来，穷思维能够让富人变贫穷。下面列举一些能够成为富思维的人与自甘贫穷的人的差距。

1. 人生与财富

（1）富思维认为挣钱最重要，穷思维把享乐放在第一。

（2）富思维赚钱是证明自己，穷思维赚钱为养活自己。

（3）富思维仰慕其他富有和成功的人，穷思维厌恶富有和成功的人。

（4）富思维和积极乐观、事业成功的人交友，穷思维却和态度消极、事业不成功的人混在一起。

（5）富思维乐于接受，穷思维讨厌接受。

（6）富思维永远爱学习，穷思维认为自己什么都知道。

（7）富思维喜欢参与，穷思维喜欢逃避。

（8）富思维不畏嘲笑，穷思维面皮最薄。

（9）富思维相信不劳无获，穷思维期待不劳而获 。

（10）富思维认为钱是赚来的，穷思维认为钱是攒来的。

2. 方法与技巧

（1）富思维认为自己大于问题，穷思维认为问题大于自己。

（2）富思维珍惜时间，穷思维虚度时光 。

（3）富思维善于借力借势，穷思维羞于向外求助 。

（4）富思维找准方向再走，穷思维蒙着眼睛过河 。

（5）富思维用行动完善计划，穷思维只计划不行动 。

（6）富思维专注机会，穷思维专注障碍。

（7）富思维控制风险，穷思维躲避或赌博风险。

（8）富思维习惯看财产净值，穷思维总比较工作收入。

（9）富思维的钱是种子，穷思维的钱是果子。

（10）富思维看趋势做事，穷思维看结果做事。

3. 赚钱与花钱

（1）富思维赚一切可能赚的钱，穷思维挑肥拣瘦没有钱。

（2）富思维善于运用每分钱，穷思维无事乱花钱。

（3）富思维盯着明天的钱，穷思维花光今天的钱。

（4）富思维有目的地花大钱，穷思维有事怕花钱。

（5）富思维有钱去投资，穷思维有钱存银行。

（6）富思维用钱赚钱，穷思维靠能力赚钱。

（7）富思维知道自律，穷思维随心所欲。

（8）富思维理财，穷思维理债。

（9）富思维赚钱日积月累，穷思维梦想一夜暴富。

（10）富思维找本钱，穷思维“没本钱”。

五、西方的财富教育

笔者在加拿大生活了7年，女儿在中国上了3年的小学，然后转到加拿大公立小学读书。孩子接受了中国和西方不同的基础教育，因此笔者对东西方小学启蒙教育的差别有非常深刻的感受。

总体来讲，中国对孩子的教育偏重于“多学、多练、多记、多考”。成绩好、守纪律、讲道德的孩子，总被认为是好孩子。在加拿大，“多看、多问、多动”是小学教育的主要方式，生存能力强、有个性、讲文明是好孩子的标准。

在中国，小孩子的书包里满是课本和练习册，教室里的课桌摆放得整整齐齐，小孩子坐得笔直，老师讲课时，学生不能随便说话。在加拿大，小孩子几乎没有作业，学生的书包里没有几本书，教室里只有4张较大的桌子，上课时大家像开会一样围在一起，学生随时可以打断老师的授课，发表自己的观点。

孩子在国内的时候，每日的活动基本上是三点一线，家庭——学校——兴趣补习班；早上7:50到校，下午5:00放学，晚上许多家长还要将孩子送到补习班学习。在加拿大，学生在学校的时间是早上9:00到11:00，下午是3:00到4:00，在校学习的时间很短。

在加拿大，小学生学习的内容重点与国内也有很大的不同。国内是以语文、数学、英语为重点。加拿大呢？则是以生活能力培训为重点。比如说，学校经常让孩子学习经商，小孩子在家里动手做食品、插花、手工，然后在家长的带领下到超市门口叫卖。在超市门口，人们对这种现象非常支持，往往会花一两块钱从小孩子手中购买，以表达对孩子的赞美。学校也鼓励学生将自己读过的旧书、玩具，自己的各种作品拿到学校，与同学交换或买卖。

西方教育中，学校给孩子布置的家庭作业非常少，很多都是关于生活的问题。到了小学四五年级，孩子就要定期做简单的财务报表，记录这一段时间自己的生活花销和买卖收入，在老师的指导下进行简单的财务分析。

在中国，小学4年级的学生就能够做财务报表，进行财务分析，这是非常罕见的。这并不是因为中国孩子不想做，而是文化不同，教育体制和机制存在差别。在西方，孩子们从小就接触投资理财，做生意，搞发明创造，并且大家都认为这是提高生存力的必要教育，小孩子上大学更多的是考虑个人兴趣。

在西方，孩子长到18岁以后就开始独立，这是经济上真正的独立。无论多么富裕的家庭，孩子18岁以后，都要靠自己的劳动来养活自己。即使住在父母家里，也要交房租。这并不代表西方的父母不爱自己的孩子，而是教育方式不同，风俗文化不同。在西方文化中，年满18岁后仍然依靠父母生活的孩子是无用的，同学和同伴会看不起，因此孩子自己也会努力。在中国，“拼爹”、“官二代”、“富二代”、“星二代”等层出不穷。

当然，东方和西方教育各有优缺点，我们应该取长补短，让孩子从小接触经济方面的事情，孩子爱钱、学会挣钱不是坏事。家庭理财中，孩子的花销占了很大的比重，让孩子参与到家庭的投资理财中，不仅有助于实现家庭理财规划目标，也有利于孩子未来的成长和事业发展。

六、财商的重要性

以前，人们都重视智商的开发，后来开始重视情商。随着社会经济的发展，人们发现拥有较高的智商和情商还远远不够，于是又开始重视财商的开发。

所谓财商，即金融智商，就是人们对财富的认识态度和驾驭财富的能力。财商是智商与情商的综合反映。站在经济学的角度看，实现人生价值的可能性大小，可以用智商、情商与财商的关系进行描述，即：

成功=（智商+情商）× 财商

也就说，在经济领域，人们的财商比智商和情商更为重要。对于一个追求财务自由的人来说，必须要重视财商的培养和开发。

财商并不是与生俱来的，也不是高深莫测的，财商可以通过学习与训练来提高。学习投资理财的过程其实就是在提高财商，比如前面介绍的西方在基础教育中注重孩子生存能力的培养，这也是一种培养、提高孩子财商的方法。

这里可以将财商归纳为以下几个方面。

（1）财商是习惯。对财富的态度以及驾驭财富的能力，是人们生活中慢慢养成的习惯。财商虽然并不神秘，但要培训并获得较高的财商也并非易事，需要在日常生活中时时注意投资理财的思维和行为，让投资理财成为一种生活习惯。

提高自己的财商，要注意养成以下良好习惯。

① 记录家庭财务开销账目的习惯。

② 专款专用的习惯。

③ 养成先存后花的理财习惯。

④ 追求稳健的收入增长的习惯。

⑤ 养成不浪费一分钱的习惯。

⑥ 提高抗风险能力。

⑦ 不涉足不懂的投资领域。

⑧ 制订预算，抓紧钱袋的习惯。

⑨ 经常阅读致富书籍及相关信息。

（2）财商是自律。好胜心、享受、讲面子是人的一种天性，这些天性有时候会让人违背财商的宗旨，因此处理好人的天性与投资理财观念需要自律。培养和提高财商首先需要自律，一次两次、一天两天可能比较容易，但长时间自律则并非易事。

（3）财商是知识。提高财商一定要多掌握投资理财知识，了解与投资理财相关的各种知识，特别是一些基础知识是必须掌握的。

常用的投资理财知识包括以下几个方面。

① 简单、基本的会计知识和财务分析知识。个人在理财时，需要建立个人财务报表，并对个人（家庭）收入与支出进行分析评估，然后才能制定相应的投资理财计划。

另外，投资中经常要对比投资品种的优劣，因此对公司和行业的基本面分析能力尤为重要。能够看懂企业财务报表，并进行简单的财务分析，是投资者必备的知识和能力。

② 常见的宏观经济指标与分析方法，如 CPI、PPI、利率、汇率、GDP 等。了解宏观经济的发展，是确定投资理财战略方向的必然要求。不同的经济环境下，采用的投资战略方向差别很大，如果方向不对，就会满盘皆输。比如在宏观经济衰退时，应该避开股票等高风险投资品种，转向有固定、稳定收益的国债等；相反，在经济处于复苏和繁荣时期，投资方向就要偏重于股票、期货等收益相对较大的投资品种。即使想开一家公司，也要了解哪些行业是没有前途的夕阳产业，哪些行业是朝阳产业，哪些行业是常青树，哪些行业竞争激烈，哪些行业是冷门，这都需要一定的宏观经济知识作为后盾。

③ 基本的投资理财技巧。投资理财技巧与日常生活中处理许多事情很类似，比如请客吃饭，我们都会进行支出预算，然后根据菜单点菜，主菜副菜、主食副食搭配，等等。投资理财也一样，家庭预算、收支平衡、投资组合、收益评估等，这些知识和技巧既要通过书本学习，也要通过实践不断地摸索总结。

（4）财商是能力。财商是人们驾驭财富的综合能力的体现。人的能力虽然与先天有一定关系，但主要是靠后天培养，财商更是如此。

20 世纪 80 年代，江浙人遍布全国各地，人们都说他们会做生意，也就是财商高。但他们并不是天生就比内地人聪明，而是江浙一带明清以后的重商主义文化和环境如此，当地人从小耳濡目染，使他们养成了精打细算的习惯，捕捉生意机会的能力也明显比北方人强。随着市场经济不断深化，现在内地人也具备了一样的财商，江浙人在内地做生意就不再像以前那样鱼如得水了。

犹太人为什么会做生意？因为这个民族没有固定的大片土地，没有丰富的自然资源，他们主要靠经商生存，靠追求财富的顽强毅力，一代代继承和发展这种经营的能力，才会有如今犹太人的高财商。

七、劳动是财富的源泉

我们渴望财富，渴望建立财富的自信心，但我们必须把想法付诸于行动，才可以真正获取财富。纸上谈兵产生不了财富，再好的想法也要付诸实践。

财富既不是苦攒下来的，更不是等来的，而是通过劳动和智慧赚来的。梦想碰运气中大奖获得财富，不如脚踏实地地行动起来。不要对财富挑肥拣瘦，要放下身段和架子，去赚一切可以赚到的钱。指望别人施舍你，不如有朝一日你去施舍别人。

投资理财要努力提高被动收入，但这并不是否认劳动的价值，劳动才是创造财富的真正源泉。我们向往财务自由，是希望能够在自由的环境中发挥个人的聪明才智，做自己喜欢做的事情，工作不要成为提高生活品质的阻碍。

事实上，不通过辛勤劳动，是根本无法实现财务自由的。现在社会上很多人羡慕“官二代”、“富二代”、“星二代”，实际上这是一种悲剧。这种悲剧不仅是社会的悲剧，而且也是个人的悲剧。“二代”走红只能说明社会在堕落，“啃老”、“拼爹”只能说明自己无能。这些人如果不改变对财富的正确认识，只知道挥霍金钱，败家近在眼前。

笔者认识一位法国犹太人朋友，这位朋友在加拿大多伦多拥有上亿加元的资产。他有一儿一女，儿子开办了一家汽车修理厂，女儿正在上大学。儿子为了开办修理厂，向父亲这位亿万富翁贷款的时候，父亲要求的贷款利息与银行一样。女儿边上学边打零工，因为她上大学的费用来自于政府贷款，她住在父母家里，还要向父母交纳房租。

在中国人看来，这简直是不近人情。事实上，这一切法国朋友看起来很正常，并且他为自己的子女能够自立感到欣慰。他的子女在朋友面前也感到很自豪，因为他们是依靠自己的劳动获得财富的，而不是来自父母的施舍。

第四节　收入高不代表离财务自由近

一、会赚钱的明星们是如何破产的

很多高收入的人因为没有做或者没做好理财规划，在有大量收入来源时，没有为以后的生活做好准备，一旦收入大幅下降，就无法应对个人面临的财务危机。有些行业的收入与年龄和机会相关性非常强，鼎盛时期收入非常可观，这个阶段过后，收入就会大幅下降，甚至失去收入来源，最典型的是影星、歌星、体育明星等。

（1）迈克尔·杰克逊：迈克尔·杰克逊在辉煌的时期可以说是日进斗金，但他的花销同样十分可观。他生前曾以5000美元一只的价格买下10条SonyAIBO机器狗，让它们在自己家中跑来跑去，每个月仅机器狗的维护费就高达20万美元。他在电视纪录片《Living with Michael Jackson》中，几个小时内的购物就花去600万美元，令全美观众咂舌不已。但他晚年却因为诉讼和债务问题濒临破产。

（2）张卫健：1997年香港楼市最好的时候，香港著名男歌手和演员张卫健将所有积蓄全部投入购买房产，可是没过多久香港楼市就出现了大跌。原来想靠房子养老的张卫健，所有的资产一下变成了负资产。张卫健拍了六七年的戏，所得全都用来还债。2000年以后，他到大陆拍戏多年，都没有碰房地产，到现在也没有在大陆买一栋房子。

（3）郑秀珍：新加坡女艺人郑秀珍是在参加新加坡最具权威的演艺新人选拔赛中夺得女子组冠军宝座后进入演艺圈的，她曾经出演合拍片《东游记》中的何仙姑。郑秀珍曾向股市投入巨资，期望在短时间内赚到大钱，并在演艺圈中出人头地。不料运气不佳，她在股市中栽了一个大跟斗，最终因拖欠证券行30万元巨款宣布破产，成为新加坡首位破产的电视女艺人。

（4）泰森：拳王泰森虽然在他的职业生涯中共赚得3亿多美元，但由于挥霍无度，偏听偏信周围人的坏建议，购置了大量房产、汽车和珠宝，甚至包括孟加拉虎，以至于造成债务缠身，到头来两手空空，什么都没剩下，2003年只好申请破产。

（5）伊万尼塞维奇：国际级网球明星，曾于2001年夺取温布尔登网球公开赛冠军，是克罗地亚最富有的运动员之一，16年的职业生涯为他带来了1987万美元的赛事奖金和数不清的商业赞助。在职业生涯最辉煌的时期，伊万尼塞维奇贸然涉足房地产市场，将大部分积蓄都投了进去。但其商业头脑显然不如他在球场上那么敏锐，以至于他在克罗地亚所有的投资项目均告失败。2005年6月8日，伊万尼塞维奇不得不在克罗地亚首都萨格勒布宣布破产。之后，一文不名的他只能靠重返球场拼杀赚取生活费。

（6）NBA球员：6成NBA球员退役5年后面临破产。这些最能赚钱的球员要么在赚钱的时候消费无度，坐吃山空，要么缺乏投资理财基本知识，所有投资大多血本无归，到头来以失败告终。

体育明星、影视明星以及其他很多行业都有收入非常高的人，但是他们缺乏人生整体的理财规划，没有考虑未来的经济风险，最终导致贫困潦倒。

开源赚钱有多种途径，较高的薪水报酬只是其中一种。利用高收入时期积累资本，合理规划这些资本，在保证当前和未来一段时间内生活和工作必须的基本开支，然后进行保守投资，就可以获得稳定的被动性收入。如果他们能够居安思危，早作理财规划，这些明星们一定会有一个稳定富裕的晚年人生。

二、发生在我们身边的财富故事

笔者的一位高中同学，20世纪90年代就开始创业，从小作坊开始做起，十几年时间，已经拥有自己的工厂和宾馆酒楼，家产上千万元，在笔者家乡已经算是“大老板”了。2009年春节期间的同学聚会，就是他一手操办的。可是2012年，这位同学却宣告破产了。原因虽然很多，但最主要的是他的经营理念发生了质的变化，致使投资方向和策略出现重大问题。

原来他几年前放弃了自己经营十几年的事业，将工厂和酒楼转卖给房地产商，将收回的资金投向自己不熟悉的金融市场。据说他挡不住所谓高利贷高回报的诱惑，不仅将变现资产收回的资金全部拿出去放贷，而且还将自己的住房拿到银行抵押，全部借给了浙江一家所谓的高科技公司。结果该公司经营不善关门倒闭，老板逃跑，借出去的钱到现在无法追回。

如果说他不聪明，那肯定不对，他以前的事业成就证明他是一个很好的经营者。在借出资金以后，他也到对方公司进行了几次实地考察，但最终结果还是让他十几年的辛苦付之东流。

已经破产的他除了养家糊口外，每个月还要向银行缴纳贷款利息。没有办法，他只好在自家门口开了一家小型便利店。

这位高中同学在财富问题上犯了两个严重的错误，一是野心太大，本来已经很富裕的他，为了让自己的人生与财富更上一层楼，放弃自己熟悉的事业，进入高风险的金融市场，结果事与愿违；二是在高回报的强烈诱惑下忽视了投资风险，忘记了“不要将鸡蛋放在一个篮子里”的基本投资理念。

会经营，会赚钱，并不见得就会理财。为什么国外大型公司的首席执行官和首席财务官是平级的？就是因为首席执行官赚钱能力强，首席财务官在理财方面有专长。

第五节　低收入并非离财务自由远

可能有一些朋友会想：“我们是工薪阶层，靠工资吃饭，收入也不高，怎么去投资理财实现财务自由呀！”下面讲几个真实的故事，看看这些收入低的人是如何实现财务自由的。

一、一位退休工人的财务自由之路

笔者小区里有位老人，70岁，已经退休10年了。老人看上去非常普通，每天仍然穿着十几年前的中国石化企业工作服。

每天早上晨练，经常遇到老人在海边公园悠闲地散步，一起回来的时候就聊聊家常。在一起时间长了，相互非常信任，才知道这位老人就是靠自己的工资和一些普通的投资理财手段过上了幸福的晚年生活，实现了财务自由。

老人老家是农村的。1961年家乡旱灾，有消息说兰州在建大工厂，需要大量工人。当时能够吃上“公家饭”是很大的荣耀，何况在出现饿死人的情况下。父母一狠心，将兄弟二人和一个女儿全部“赶出门”，东拼西凑了10元钱，交给老大，就这样他们一起搭上公社的拖拉机，辗转上千公里来到兰州，成为兰州化工厂的工人。

当时整个社会都非常贫穷，当了工人也只能保证饿不死，有力气干活，要想吃饱可不容易。那个时候国家政策不准做生意，他们兄妹三人为了吃一次饱饭，下班后就到外面帮别人干活。后来老人的哥哥和姐姐有机会调到江西一家军工厂工作，只剩下他一个人留在兰州。在兰州，吃上白米饭是很困难的事情，只有那些劳动模范才有可能得到这样的待遇。每次看到那些劳动模范吃白米饭，食堂里的其他南方人就羡慕得流口水。就是从这个时候开始，老人下定决心:“老了一定要天天吃白米饭！”

1970年，老人将妻子和两个孩子接到兰州。为了养家糊口，妻子在家门口给工人们缝补衣服，打个补丁可以挣1分到3分钱。要知道，那个时候1分钱可以买个窝窝头。就因为这件事，虽然老人工作时既努力也认真，但有“资产阶级尾巴”，总没有评先进的机会。不过老人一点儿都不在乎，因为两个孩子有窝窝头吃，甚至偶然还可以吃上菜包子，这让他非常开心和自豪。

1978年，湖北建设大化肥厂，老人调动到了湖北。“这样就可以经常吃白米饭了。”这是老人愿意调到湖北的最直接原因。

湖北大化有个农场，由于农场里没有小楼房，距离工厂上班的地方又比较远，需要近一个小时的步行路程，因此大家都不愿意住在农场，而是希望住到生活区里。但这位老人不这么想，他更愿意住在农场里。“住在生活区里不好，不能种菜养鸡，还要交电费、水费。”

改革开放以后，个人可以做小生意了，老人在自家周围种上了蔬菜，养上了鸡，吃不完的蔬菜和鸡蛋就拿到集市上去卖。这样一来，工资就有了节余，老人将节余的钱买了国库券存在家里。国库券是国家为弥补国库收支不平衡发行的一种政府债券，一般为1年。

“你怎么知道买国库券？”笔者问老人。

“很简单啊，国库券是国家借钱，利息比银行高好多，为什么不买？别人不相信政府，我相信，政府还能骗我们老百姓！”

老人的钱越积越多，他就琢磨着，把钱放在银行，即使能拿到利息，但利息也不高，应该让钱生出更多的钱。刚开始，老人拿出少量的现金借给可信的朋友开服装店，自己每天下班后也会到服装店看一看，这样既可以了解服装店的经营情况，有时候还可以帮忙拉拉生意。店主也很高兴，因为他从不要店主一分钱的报酬。老人告诉店主：“你的生意好，我借给你钱就放心了，要什么报酬。”服装店的生意不错，后来越做越大，老人也获得了很高的回报。

尝到甜头后，他加大了投资力度，将一笔钱借给一个鞋商，并帮助他将县城汽车站旁边最好的一个大店面租借了下来。同样，他下班后天天到鞋店里帮忙。对于帮忙，他说，“我也不是为了别的，投入了那么多钱，总得知道他们的生意情况吧，到时候万一有什么事情，也好及时处理。到店里帮忙可以说是一举三得，一是了解他的生意情况、进货价格和卖家以及大概的经营情况；二是可以与店主沟通感情，三是可以帮点小忙。”

1996年，公司进行住房改革，将公派房改成商品房出售，职工自己交一部分钱，房子就可以归个人所有。如果不购买现住房，公司可以补给当事人一笔钱，或者将房子转让给其他人。这一下老人乐了，他除了买下自己的房产以外，还从别人手中买下了3套住房。

“那个时候，你怎么知道房子一定会涨价？”

“中国自古有买房买地的说法，当时我算了一下，价格那么便宜，两万块钱就可以买个小两室的房子，我们厂生活区又有冷气和暖气，一定能租出去。即使不考虑房子涨价，每个月租100块钱，都比把钱存进银行合算。”这就是老人简单的算法。

2002年，老人退休了，老两口到深圳女儿家探亲。女儿刚到深圳工作，租了一套房子，每个月要交1200元的房租。老人一听就受不了了，“每个月白交1200元，这哪里划算！”于是老人就到处游逛，试图为女儿寻找合适的房源。

那个时候，深圳后海的填海工程还没有完成，有几个小区已经开工建设。老人就到那里和业务员聊天，了解情况。最后得出结论，这里靠近香港，而且马上要修深圳湾海关，深圳是内地人向往的地方，虽然现在这里还比较荒凉，但不出10年就会热闹起来，现在在这里买房一定有前途。于是老人就将内地的3套房全部卖了，在深圳后海买了2套房。要知道那时这里的房价每平方米不到2000元，现在已经涨到每平方4万元以上，足足涨了20多倍。

现在老人闲下来了，“不折腾了，要好好享受享受！”老人经常笑着对笔者说。“每个月的退休费有3000多元，房租有3000元的收入，还有银行定期存款和国债利息，这些收入已经不少了。人老了，花钱少，留着也没用，孙子和外孙女上大学的学费和生活费，我都坚决包下来了。”

虽然老人现在生活无忧无虑，“不差钱”，但他仍然保持着节俭的习惯，随手关灯、关水龙头，还在卫生间马桶水箱里放一块砖头以节约用水，这些小事都是他多年来养成的节俭习惯。

“现在的年轻人不像我们这一代，我不习惯，不愿意和他们住在一起。理发要花几百块钱，天天开着空调，没事就上馆子吃饭。我一件衣服穿好几年，他们家里堆了一大堆衣服，还要买，我看不过去。看到了就喜欢说，说了他们不高兴，干脆自己住自己的，这不，现在换到这个小区，离女儿家十几分钟的路程，蛮好！”

这就是发生在笔者身边的真实故事，一位普通工人实现财务自由的故事。这位老人连小学都没有读过，仅有的一点文化还是在工厂“扫盲”上夜校时学到的。至于什么高深的投资理财知识，他根本就没有接触过，但生活教给他最朴实、最实用的投资理财知识。他就是用这种最基本的投资理财常识和持之以恒的精神，最终实现了财务自由，而且还惠及子女。想一想现在社会中的“啃老族”、“拼爹”现象，这些人难道不应该感到脸红吗？

故事讲到这里，大家还会提出“我的收入低，不可能实现财务自由”这样的问题吗？

二、穷留学生坐到北美亿万富翁圆桌上

实现财务自由，许多人就会联想到创业。确实，创业成功既可以达到财务自由，也可以实现人生价值。但是创业艰难，而且创业理财伴随着创业与守业的整个过程，需要的专业知识更复杂。有的人在创业初期就因为理财不善而放弃，甚至负债累累。有的创业成功者则因在守业时投资失误而倒闭。

成功的企业家都是从零积累资本，并不断发展壮大。可以说，创业和守业与投资理财密不可分。

笔者有位朋友叫袁惠松，在加拿大时既是邻居又是同事，他担任伯克希尔多伦多公司经理，是北美亿万富翁成员，还设立了袁惠松文学奖。谈起他的发家史，可以用"艰辛"来形容。

20 世纪 90 年代初，他到加拿大多伦多大学攻读博士。因为家在贫困农村，父母根本无法提供任何经济支援，他只有边打零工边读书。为了赚足学费，他同时兼职多份工作，如在餐厅打杂、送外卖、卖花等，他都干。除了赚取生活费和交学费外，他还要经常寄点钱回老家。

在这种情况下，他还要精打细算，把节约的每一分钱都存起来。按他的话说，恨不得将一分钱掰成两半花。正是这段艰苦的岁月，使他养成了良好的理财习惯，也正是这段时间，他与投资理财结下了不解之缘。

有一次，他看到报纸上宣传加拿大政府提出的新能源投资计划，他就抱着试试看的心理，购买了一家新能源基金。没想到第二年，3000 加元就翻番成了 6000 加元，赶上了他两三个月的打工收入，从此他对投资理财产生了浓厚的兴趣。在加拿大学习期间，除了博士功课，他开始选修经济和金融课程，研究投资理财方面的知识，并为自己制订了一套投资理财规划。就这样一发不可收，财富越积累越多。

他经常跟笔者说："我是从一分钱、一分钱开始理财的。就像滚雪球，紧紧地抓一把雪，然后小心翼翼地在地下滚，雪球越滚越大。怕它破了，总是双手扶着雪球，一点一点地滚动。"

袁惠松就是凭借理财智慧和吃苦耐劳的精神，持之以恒，从一分钱开始做起，最终实现了创业目标以及财务自由。

本章小结

人们追求幸福的脚步永远不会停止，幸福与金钱也绝对无法画上等号，但一贫如洗的幸福一定缺乏物质基础。人们获取的财富是否能够满足需求，是直接关系到人们是否有幸福感的直接因素。

人的需求有五个层次，由低到高是：生理需求、安全需求、社交需求、尊重需求、自我实现的需求。这些需求在不同的时期表现出来的迫切程度是不同的。根据幸福等于获得的需求除以欲望这一公式，当人们达到一个需求层次后，会向更高的需求层次努力，直至实现人生价值。一般人都把满足包括生活基本需求和社会基本需求作为投资理财的现实目标，以达到财务自由，实现人生价值作为最终目标。

实现基本生活目标和社会生活需求目标，所需资金一般是可以量化的。以社会平均收入和实际物价及生活平均费用，可以衡量现有的以及未来可预见的资金是否可以满足个人及家庭的整个消费需求。它们之间的差值，需要我们通过理财规划来完成。关于财务自由，这里无法给出准确的量化标准，因为它受人们追求物质生活的愿望影响比较大。不过一般认为，收入中的被动收入一定要大于或等于日常生活的开支。

人的需求受各种因素的影响，一是受个人当前经济状况与社会地位的影响，二是受到年龄的影响。一个人在不同年龄阶段有不同的需求，未成年人的需求主要是第一和第二层次，即基本的生活需求、健康需求和教育需求；成年人有社交需求和自我实现的需求；人到老年以后，就以基本生活需求为主，适度追求社交需求以及其他需求。

有需求才有获取财富的动力。有的人有追求财富的动力和梦想，但是总与财富距离太远，这是因为缺乏财富思维的缘故。财富思维比获取财富的方法和手段更重要。为什么经常有“富不过三代”的说法？这是因为后人丢弃了前辈的财富思维方式。没有正确的财富思维方式，偶尔赚得一笔钱也会很快流失。要理财，首先要培养自己的财富思维，正确的思维方式才会有正确的行动。

在培养财富思维时，首先要摈弃两个观念，一是过于自信，二是过于自卑。投资理财不是富人的专利。富人理财不当会变成穷人，穷人理财得当也能成为富人。从理财角度看，富人唯一的优势是他们有更多的钱，但如果这些钱无法变成资本，那么他们的财富就会逐渐变少。穷人可以坚持不懈地积累资本，只要这些资本运用得当，会在复利作用下成几何倍数增加，很快成为富人。

总之，个人理财规划的基本目的，就是在合理的理财规划下满足与家庭相适应的需求层次的物质需求，做到全家衣食无忧，孩子得到良好的教育，自己老了不会因为没有钱去过清苦的生活。较高的理财目标是实现财务自由，实现自己的人生价值。要达到这一目标，首先要从思维方式和生活习惯上改变自己，掌握投资理财的基本知识和方法。

第二章　理财规划基础知识

第一节　为什么要做理财规划

一、什么是理财规划

个人（家庭）理财规划是指针对个人或家庭的不同时期，依据收入、支出状况的变化，制定既满足当前开支需求，又能实现不同阶段理财目标的财务管理方案和计划。家庭理财规划要求将家庭财富资源进行科学合理的规划管理，逐步实现每一阶段的财务目标，最高目标是达到财务自由的境界。

理财规划是一个人生活态度、生活习惯、价值观和能力的综合反映。个人在制定自己的理财规划时，短期规划一定要服从中长期规划，中长期规划要以短期规划为基础。整个理财规划要实事求是，可操作性要强，特别是落实到短期规划中要切实可行，只有认真完成每一个短期规划，中长期规划才能够顺利完成。

二、人生规划与理财规划

理财规划是人生规划的重要组成部分，是整个人生规划的经济和物质基础，要做好人生规划，就必须做好理财规划。

1. 个人理财规划是实现人生目标的经济保障

理财的目的是什么？是让自己和家庭的生活得到保障并保持稳定，是让财富不断增长，为最终实现财务自由而努力。

每一个人都有梦想，无论是物质梦想还是精神梦想，都需要基本的经济基础做后盾。理财规划是对已有的和未来的经济资源加以整合，让它们发挥最大效用，避免因经济问题影响人生目标的实现。实现财务自由更是人们追求幸福，实现个人人生目标的理想状态。

理财规划可以帮助普通人过上舒适、稳定的日子。对于有理想有更高精神追求的人来说，做好理财规划，也是为了给事业发展提供物质保障。

2. 做好个人理财规划不仅是为自己

个人理财也是家庭理财，因为它是基于个人和家庭财富管理的一种活动。理财规划不仅是为自己，更是为家人，当然还要兼顾社会责任。

有一个好的理财规划，可以让家庭生活更幸福，让家人更放心，还可以帮助和接济其他亲人和朋友。一个国家和社会是由无数个家庭组成的，如果每个家庭或个人能够过上安稳富足的生活，那么就可以说国富民强了。假如每个人都能够开源节流，就能够大大节约地球有限的资源，为子孙后代造福。

3. 理财规划有利于培养良好的习惯

理财规划并不是简单地买保险、买股票、买基金或者存钱，而是一个系统工程，涉及到赚钱和花钱等一系列方法和习惯。养成良好的习惯，才是落实个人理财规划的前提。

人有很多好习惯和坏习惯，制定和实施理财规划，可以帮助人们改变一些坏习惯，养成好习惯。比如大手大脚，做事无计划，自律性差等，这些坏习惯不仅不利于理财，同样也不利于工作和生活。

三、财富的变化与转移

1. 财富结构的快速发展与变化

个人财富与社会整体财富密切相关，社会整体财富的增加可以提高财富总量，个人财富的相对变化需要看财富的转移方向。导致财富重大转移的主要因素是社会整体变革，导致财富中等程度转移的因素是经济制度变革。重大科技进步可以大幅提高社会财富总量，也可以导致财富的重新分配。

（1）财富的重大重新洗牌主要来源于政体变革。社会政体变革的实质是财富结构出现了失衡，需要对财富进行强制性重新分配，世界历史中的改朝换代都是如此。稳定的社会必须有一个稳定的合理的财富分配结构，理论上来说，当人们对社会贡献相同并获得同样财富的人均结构是最稳定的，但这是不可能的。实际上，占有社会总体财富量与人群数量呈正态分布时，是较稳定的社会分配结构，如图 2–1。一旦极少数人控制了社会绝大多数财富时，社会就面临政体变革。

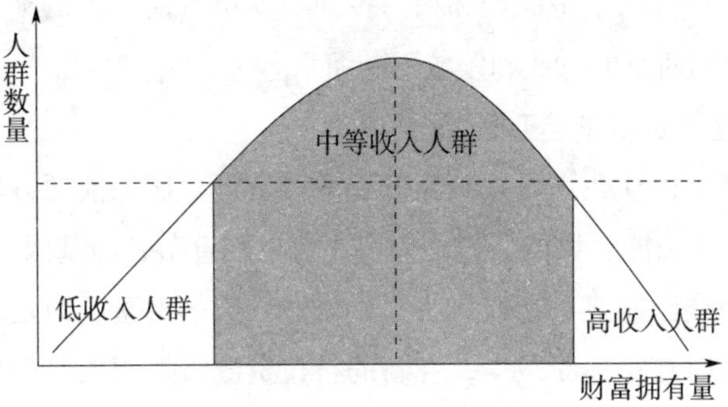

图2–1　稳定的社会分配结构

（2）经济制度的变革主要通过对产业结构和不合理的财富分配进行调整，以维护经济和社会的稳定，避免出现财富分配结构出现重大失衡导致的社会动荡。经济制度变革导致的财富转移，不像政体变革那么激烈。政府通过行政政策、财税和货币政策以及社会保障体系，对经济结构和社会财富结构进行调整，以维持宏观经济的平稳发展和社会秩序的安定。在个人理财规划中，要充分了解和利用经济制度的变化，尽量在财富转移中获利，避免在财富转移中受到损失。

（3）科技变革是因为创造财富的劳动效率出现了重大变化，导致财富增加和财富机构的变化。从某种意义上讲，科技进步是推动社会整体财富增加的源动力。农业技术的进步让封建社会取代了奴隶社会，财富从奴隶主向地主转移；工业革命后，资本主义社会取代了封建社会，财富从地主手中转移到资本家手中。近年来的网络科技发展取代了传统的工业技术，财富又从传统的工业行业向新兴的科技行业转移。

了解财富结构的变化和转移方向，是为了追随财富流动的潮流，从中把握投资理财的方向。我国改革开放30多年以来，无论是体制上还是科技上都出现了非常大的变革和进步。当前中国经济和社会正处于一种制度变革和科技变革的转折时期，这一变革关系到未来财富流动的大方向，谁能把握好这个大方向，谁就是下一阶段的财富拥有者。如果把握不好，则会让手中的财富渐渐流失。因此，目前做好投资理财规划非常关键。

普通老百姓投资理财，虽然不能像企业家那样动用大笔资金投资某一领域，但也可以让自己手中的钱和精力投向与变革方向一致的地方，避免自己的财富随着夕阳西下的行业和领域不断缩水。

2. 社会整体资源的合理配置

科技变革可以让我们寻找到新的能源和资源，比如能源方面先后发现的煤炭、石油、太阳能、风能、核能等，还有生物育苗、转基因、克隆技术等，这些技术发现或已经或正在或将为人类创造巨大的财富。但是现有的社会整体资源和社会财富在不断减少，在新的替代资源被发现或发明以前，社会的整体通胀是无法改变的，如石油、煤炭、水、土地甚至空气等原始自然资源逐渐匮乏。

如何面对资源匮乏和通胀带来的影响？只有通过财富的合理规划。国家和国际社会要对人类整体财富进行规划，个人要对个人恶化的家庭财富进行合理规划，只有通过合理的配置，才能使这些不可再生资源得到充分利用，使社会和家庭的生活质量免受通胀的影响。

3. 收入的快速增长与理财发展形成反差

中国人民银行发布的2013年上半年金融统计数据报告显示，截至2013年6月末，我国人民币存款余额达100.91万亿元，首次突破百万亿元大关，中国人均存款77623元。社会整体收入快速增长，不等于个人的实际财富拥有量也会快速增长，其中个人理财在中间扮演了关键的角色。

与社会收入快速增长相反的是，我国个人理财的现状不容乐观，这表现在以下三个方面。

（1）我国理财市场起步晚，问题多。我国实行市场经济（并非完全的市场经济）以来，个人理财刚刚起步，可供投资理财的产品数量和类型不多，可以说市场规模小，类型单一，并且同质化严重，银行等金融企业服务也不到位。另外，对理财产品的炒作现象十分突出，缺乏有效管理，导致投资理财的风险加大，这已成了限制投资理财发展的一大障碍。

（2）个人理财整体意识淡薄。我国真正打破铁饭碗和大锅饭的时间并不长，国有企业以及一些事业单位旱涝保收现象和意识仍然很强，导致个人理财整体意识淡薄。但是在改革的大环境下，人们终究要面对没有铁饭碗的生活，需要靠自己来养活自己，这就需要强化个人理财的意识。

（3）个人投资理财知识匮乏，能力严重不足。中国股市、债市、房地产等领域为什么炒作之风盛行？这不仅与管理层的管理水平有关，还与个人缺乏投资理财知识和能力有密切的关系。如果说缺乏投资理财意识会让自己的财富贬值，那么缺乏投资理财知识和能力的蛮干和赌博，则是将财富转移给他人。要知道，股市等市场既是理财的市场，也是财富转移的市场。

任何事物都有正反两面，股市、债市等市场既为企业融资和个人投资提供了平台，同时也无法避免地成为一种投机场所。近些年来，就是因为个人投资理财知识和能力的差别，一些人利用证券市场的特性和管理漏洞，使大量财富在这里快速地流动和转移。

四、理财规划是生活的必然要求

1. 平衡现在和未来的收支

如果一个人在任何时期都有收入，而且在任何时候赚取的钱都等于或大于消费的钱，那么就不需要平衡收支之间的差距了，理财规划对这个人来说就不是必须的。

事实上，人的一生中大约只有一半的时间有赚钱的能力。假如一个人能够活到 80 岁，前 18 年基本是受父母抚养，是没有收入的。参加工作后，到 60 岁退休，他必须自己赚钱来养活自己和家人。如果退休后不依靠子女，那么依靠什么来度过后 20 年的生活？

随着人类寿命的增加，80 岁以后该如何过活呢？因此我们需要通过理财规划来平衡现在和未来的收支，让自己的一生都有经济保障。

2. 使资产保值、增值

我们的生活物资等消费品一直处于价格上涨中，房价、肉价、鸡蛋价格等不断上涨，钱越来越不值钱。通货膨胀给人们带来了理财需求和压力，你不理财，资产就会贬值，更谈不上增值。由于通货膨胀使财富和资产缩水，本来用于养老的钱，未来可能连零花钱都不够。

3. 清楚当前个人和家庭的财务状况

人的一生中有各种各样的开支与消费，家庭理财如同一家公司一样，也需要清楚地知道自己的资产负债情况、收支情况以及现金流动状况。如果对这些情况不清楚，那么就会拆东墙补西墙，既影响正常的家庭生活，也会影响你的工作和事业。

4. 抵御不测风险和灾害

“天有不则风云，人有旦夕祸福。”不期而遇的灾难会给家庭或个人带来重大打击，使个人财富和资产快速减少，甚至还有可能倾家荡产。为抵御这些不测与灾难，我们不仅要进行理财规划，以求在突发情况下有足够的财力顺利渡过难关，保证家庭的基本生活开支，也能给自己的事业增加东山再起的机会。

5. 促进家庭和谐与幸福

通过个人理财规划，夫妻及其他家人可以为一个共同的目标而努力，这会将家庭关系拉得更紧密。家庭资产及其结构、家庭收入支出和利润状况明晰化，可以消除家庭关系的“灰色”障碍，理顺家庭经济关系，并使家庭成员和谐团结。个人理财规划的结果也会让家庭经济得到改善，家庭生活质量得到提高。

第二节　个人特征与理财规划

一、不同年龄段的理财规划

人的生命周期中，18 周岁或大学毕业参加工作之前，一般不需要做投资理财规划。一旦参加工作，生活独立后，就应该为自己制定理财规划。

1. 单身期

与人生其他阶段不同，单身期的人刚刚参加工作，处于事业发展初期，收入不高，也不需要赡养父母，家庭负担较小。但大多数单身青年的消费习惯并不好，理财观念的匮乏以及无节制的消费，使他们成了名副其实的“月光族”。结合单身期的特点，理财规划需要注意以下几点。

（1）理财规划越早越好。投资理财是一辈子的事情，早做理财规划，能为以后实现每个理财目标打下良好的基础，也可以更早地实现财务自由。这个阶段，人们即将面临结婚、买车、买房等问题，需要大量的资金作为支持，早作规划，就会减少以后的经济负担。另外，未雨绸缪，也可以达到事半功倍的效果。

（2）培养理财意识及习惯。单身期的人理财意识普遍较淡薄，容易受到周围环境的影响，喜欢追逐新潮，有较多的不良消费习惯。这个时期应该有意识地培养理财观念，多用财富思维方式来思考问题，养成较好的消费习惯：理性合理地消费，切忌大手大脚，尽量强迫自己按一定比例储蓄，不断地积累资本。

（3）多学习理财知识及技巧。人们年轻的时候有非常旺盛的精力，也没有家庭负担，此时是学习的好时机。这一时期要学习投资理财知识和技巧，这些知识和技巧会让你受益一生。

（4）建立良好的信用。一个人的信用是靠时间积累的，良好的信用记录对今后的人生至关重要。贷款或使用信用卡透支后，要养成按时还款的习惯。如没有时间去银行网点，可与银行签订自动还款协议，并确保账户中留有足够的资金。不要将自己的个人身份证借给他人使用，以防止个人身份被盗用。

（5）建立个人财务记录，养成记账的习惯。对自己的每一笔支出和收入都要记账，每月进行总结，了解自己的钱都花在了哪里。这样可以避免一些不必要的浪费，有助于改掉乱花钱的不良习惯。

（6）在理财方式上要注重开源节流。趁自己还年轻，要多思考和实践投资理财的方法，寻找适合自己的理财方式与投资渠道。要学会如何花钱，将钱花到该用的地方。对不该花的钱，要尽量不花，每次花钱前都要问问自己“这钱如果不花会怎么样？”

2. 组建家庭初期

组建家庭初期是指结婚后到孩子出生前后的一段时间，通常这段时间在3~5年，当然也有可能孩子出生较晚，如5年以上。处于这个时期的人，理财规划需要注意以下几点。

（1）合理安排家庭收入与支出。成家以后，由于家庭建设开始起步，因此家庭开支会迅速增加。此时收入并没有明显增加，一般家庭只能靠小两口原有的储蓄或贷款来完成家庭建设。这样一来，合理地安排家庭收入与支出就成为理财的重点。

（2）认真制定和落实理财规划。家庭经济逐步步入稳定，此时应该根据家庭收入、开支进行分析，制定出短期、中期、长期理财规划目标，并严格执行。

（3）以积累资本为主，投资为辅。家庭形成初期，财力仍然不足，需要以积累资本为主，可以投资一些有稳定收益的理财产品，比如储蓄、债券等。有一定积蓄资本的家庭，也可以尝试投资风险较高的基金、股票等品种，但比例一定不要太高。

（4）稳定的工作收入仍然是首选。由于成家初期抵御风险的能力有限，因此寻找有稳定收入的工作，巩固当前工作收入仍然非常重要。没有较大地提高经济收入或事业状况，尽量不要轻易跳槽。

3. 家庭成长期

家庭成长期不仅是一个家庭的主要时期，也是个人事业发展的重要时期，一般是从28岁至50岁这个时间段，持续长达22年。在家庭成长期，家庭日趋稳定，人口、收入和开支都在增加，消费开支的种类也变得更多，比如孩子的抚养和教育费用，赡养老人的费用，房贷和汽车贷款等。在这个时期里，理财需要注意以下几个问题。

（1）广开财路。随着个人的工作能力和各种社会经验不断增加，经济创收能力也在增强，因此这个阶段应该发挥自己的优势，广开财路，让财富尽快增加。

（2）偏重风险组合投资。经过一定时间的资本积累，此时大多家庭都有了一定的积蓄，并且自身的投资理财创收能力也在增强，能够承担一定的投资风险，所以此时应该参与一些风险投资，让财富的增长速度加快。

（3）认真履行理财规划。如果在以前已经制定了长期理财规划，那么这段时间是实现人生财务自由的重要时期，要严格执行已经拟定好的理财规划，也可以根据实际情况对规划进行合理的调整，以便早日实现财务自由，或者为以后的养老构筑坚实的经济基础。

4. 退休前期

退休前期是指子女开始独立到退休以前的 10 至 15 年时间。在这个时期，家庭负担开始减轻，收入仍然在增加，因此退休前期是积累财富的黄金时期。在退休前期这段时间里，理财应该注意以下几点。

（1）注重身心健康，适当加大有益的消费。由于收入不断增加，家庭开支减少，人已进入中老年，此时保持健康的身体和旺盛的精力是非常必要的，在这方面可以适当加大开支力度。

（2）巩固壮大家庭资产，为退休养老做准备。由于距离退休的时间点越来越近，为了保证退休后能够过上幸福晚年，这个阶段应该着手制订养老计划，要在退休前达到财务自由的理财目标。

（3）扩大投资力度，以稳健投资为主。此时家庭资本有一定实力，扩大投资力度，可以加快财富的积累，但应当控制风险，不能让辛苦大半辈子的积蓄付之东流。理财原则上要让稳健的投资资产能够保障退休后的基本开支，如有余力，可以适当加大风险投资力度。

（4）努力实现财务自由。实现财务自由是人生理财的目的，如果以前无法实现财务自由，那么应该抓住这个有利时期来完成。当然，也不能因为追求财务自由采取过激的冒险行为，必须根据家庭实际情况制定理财规划。

5. 退休期

退休期是指退休到百年以后的这段时间。在这段时间里，人们应该以安享晚年为主，身心健康放在第一位，财富放在第二位。退休后的投资理财应该注意以下几点。

（1）保障有利于身心健康的开支。退休后虽然失去了主动收入，基本依靠被动收入来养活自己和老伴，但有利于身心健康的开支不能少。辛苦了一辈子，要让自己有更多的时间和精力享受属于自己的生活。

（2）投资要保守。现有的财产安全是保障养老的物质基础，因此投资要保守，尽量不要参与风险性投资，以定期储蓄和购买国债等为主。如有更多的闲钱和兴趣，可以适当参与一些自己感兴趣和熟悉的中低风险投资品种，控制风险的限度要以娱乐的心态参与。

（3）消费要合理。退休后要根据现有的财富资源，合理地安排晚年的消费。如果在退休前就已经实现了自己制定的财务自由计划，那么就可以按照财务自由计划的开支标准制定消费计划。

（4）做好遗产传承准备。中国文化里，将自己的财富传承给自己的子女是一种文化和传统，退休后可以根据自己和子女的经济状况，来决定给子女多大的物质帮助。

二、投资风格与理财规划

个人投资风格按风险与收益的关系，可以进行等级划分，一般有 3 个等级、4 个等级和 5 个等级等分类方法。下面以 4 个等级划分方法来进行讲解。

1. 保守型

此类投资者对于投资产品的任何下跌都不愿意接受，甚至不能承受极小的资产波动，属于风险厌恶型的投资者。这类投资者首要的目的是保持投资的稳定性与资产保值，但需要注意的是，为了达到上述目标，投资回报率可能很低，这样才能换取本金免于受损和较高的流动性。

（1）理财个性：厌恶风险，不希望用较高的风险换取收益。

（2）理财目标：保本和流动性是首要目的，希望投资收益稳定。

（3）理财方式：以储蓄、国债、保险等理财产品为主要对象。

（4）点评：不求有功，但求无过，适合财富积累初期和养老期间。

保守型投资者应该注意在年轻和中年期选择适当的机会加大风险投资，以提高投资收益率。比如在宏观经济处于稳定走好的时期，可以选择成长性基金或股票等。在投资结构的配置上，可以采取金字塔型投资组合模式，如图 2-2。

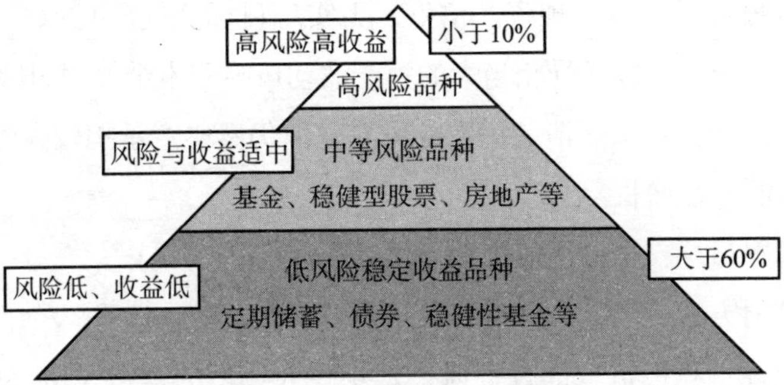

图2-2　金字塔型投资组合模式

2. 稳健型

此类投资者愿意承担一定程度的风险，主要强调投资风险和资产增值之间的平衡，为了获得一定收益，可以承受投资产品价格的波动，甚至可以承受一段时间内投资产品价格的下跌。也就是说，此类投资者可以承受一定程度的资产波动风险和本金亏损风险。

（1）理财个性：投资期望值较高，同时也清楚投资存在风险。

（2）理财目标：获取相对较高的投资收益，让资产实现升值。

（3）理财方式：总会在风险与收益之间找到折中的方式，用时间换取资产升值的空间。

（4）点评：中庸之道，是大多数人采用的投资理财方式。

稳健型投资者可以采用菱形或矩形投资组合方式，如图 2-3 所示。

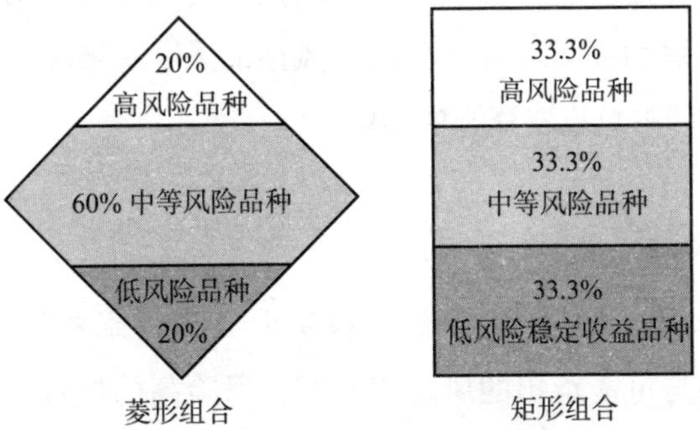

图2-3　菱形和矩形投资组合方式

3. 积极型

此类投资者为了获得高回报的投资收益，能够承受投资产品价格的显著波动。主要投资目标是实现资产增值，为实现目标往往愿意承担相当程度的风险。此类投资者可以承受相当大的资产波动风险和本金亏损风险。

（1）理财个性：虽然清楚潜在的风险，但仍然愿意承担较大的风险波动，以换取较高的财富增长。

（2）理财目标：资产增值为首要目标。

（3）理财方式：风险投资占有投资理财组合的较大比重。

（4）点评：积极进取的投资风格是年轻人典型的理财风格。控制风险是这种投资类型的重要任务。积极型投资风格可以在稳健型投资组合模型基础上，适当加大风险品种的配置比例。

4. 冒险型

此类投资者能够承受投资产品价格的剧烈波动，也可以承担这种波动带来的结果。投资目标主要是取得超额收益，为实现投资目标愿意冒更大的风险。此类投资者能够承担相当大的投资风险和更大的本金亏损风险。

（1）理财个性：相当自信，不惜冒着失败的风险追求极度的成功。

（2）理财目标：资产最大化增值。

（3）理财方式：最大限度地参与高风险投资。

（4）点评：没有金刚钻，别揽瓷器活，不适用一般投资者。为了减少冒险投资带来的高风险损失，投资者需要用一系列的风险防范措施来避免风险的发生和风险的蔓延。有冒险投资倾向的人，首先应该学会控制风险，自律和理性是投资理财的关键。冒险型投资风格的人，一般采用倒金字塔组合配比，即高风险品种占总投资资金的 60% 以上。

三、投资风格测试

“风险越高，收益越大”，高风险投资要有高收益来覆盖。这也就是说，投资预期收益要与可能承担的风险相匹配，风险高的投资，要有较高的预期收益来补偿。投资者千万不要理解为存在高风险的投资品种就会有高收益。

要知道，市场交易带来的风险，往往与收益成反比，即市场交易风险越大，带来的收益就会越低。

比如，有一笔 10 万元的资本准备进行投资，现在有三种选择方案，一种是选择 1 年期的储蓄，其收益率是 3%，无风险；另一种是某种基金，收益率是 10%，但需要承担可能出现的 5% 的损失风险；第三种方案是购买股票，可能获得 20% 的收益率，但也有可能损失 20% 的本金。

那么应该选择哪种投资方案呢？根据风险与收益的关系，可以这样考虑：

储蓄最终收益率＝1年利息率－风险损失率＝3%－0＝3%

基金最终收益率＝基金收益率－风险损失率＝10%－5%＝5%

股票最终收益率＝股票收益率－风险损失率＝20%－20%＝0

从以上分析可以看出，投资基金可能获得的收益率为 5%，大于储蓄收益率的 3%，更大于股票的 0，因此我们可以选择投资基金。

保守型投资者可能连 5% 的基金投资风险也不愿意承担，那么可以选择银行储蓄 3% 的稳定收益。激进型的投资者也可能选择股票，因为他们愿意冒损失 20% 资金的可能性去换取 20% 的收益。如果这些选择是建立在理性分析的基础上，这些选择并没有哪个正确或者哪个错误之分，它们取决于投资者的风险承受能力和投资风格偏好。

为了便于大家了解自身的风险承受能力，下面是一份投资风格与风险承受能力测试卷。它可以帮助大家了解自己的投资风格，评估自己的风险承受能力。评估结果仅供参考，不构成投资建议。

第一步：风险承受能力测试卷

1. 请问您的年龄处于：

A. 30 岁以下；　B．31~40 岁；　C．41~50 岁；　D．51~60 岁；

E. 60 岁以上。

2. 您的家庭预计进行证券投资的资金占家庭现有总资产（不含自住、自用房产及汽车等固定资产）的比例是：

A. 70% 以上； B. 50%~70% ； C. 30%~50%； D. 10%~30%；

E. 10% 以下。

3. 进行一项重大投资后，您通常会觉得：

A. 很高兴，对自己的决定很有信心。

B. 轻松，基本持乐观态度。

C. 基本没什么影响。

D. 比较担心投资结果。

E. 非常担心投资结果。

4. 如果您需要把大量现金整天携带在身上的话，您是否会感到：

A. 非常焦虑。

B. 有点焦虑。

C. 完全不会焦虑。

5. 当您独自到外地游玩，遇到三岔路口，您会选择：

A. 仔细研究地图和路标。

B. 找别人问路。

C. 大致判断一下方向。

D. 也许会用掷骰子的方式来做决定。

6. 假设有两种不同的投资：投资 A 预期获得 5% 的收益，有可能承担非常小的损失；投资 B 预期获得 20% 的收益，但有可能面临 25% 甚至更高的亏损。您将您的投资资产分配为：

A. 全部投资于 A。

B. 大部分投资于 A。

C. 两种投资各占一半。

D. 大部分投资于 B。

E. 全部投资于 B。

7. 假如您前期用 25 元购入一只股票，该股现在升到 30 元，根据预测该股近期有一半机会升到 35 元，另一半机会跌到 25 元，您现在会：

A. 立刻卖出。

B. 部分卖出。

C. 继续持有。

D. 继续买入。

8. 同上题情况，该股现在已经跌到 20 元，而您估计该股近期有一半机会升回到 25 元，另一半机会继续下跌到 15 元，您现在会：

A. 立刻卖出。

B. 部分卖出。

C. 继续持有。

D. 继续买入。

9. 当您进行投资时，您的首要目标是：

A. 资产保值，我不愿意承担任何投资风险。

B. 尽可能保证本金安全，不在乎收益率较低。

C. 产生较多的收益，可以承担一定的投资风险。

D. 实现资产大幅增长，愿意承担很大的投资风险。

10. 您的投资经验可以被概括为：

A. 有限：除银行活期账户和定期存款外，我基本没有其他投资经验。

B. 一般：除银行活期账户和定期存款外，我购买过基金、保险等理财产品，但还需要进一步的指导。

C. 丰富：我是一位有经验的投资者，参与过股票、基金等产品的交易，并倾向于自己做出投资决策。

D. 非常丰富：我是一位非常有经验的投资者，参与过权证、期货或创业板等高风险产品的交易。

11. 您是否了解证券市场的相关知识：

A. 从来没有参与过证券交易，对投资知识完全不了解。

B. 学习过证券投资知识，但没有实际操作经验，不懂投资技巧。

C. 了解证券市场投资知识，并且有过实际操作经验，懂得一些投资技巧。

D. 参与过多年的证券交易，投资知识丰富，具有一定的专业水平。

12. 您用于证券投资的资金不会用作其他用途的时间段为：

A. 短期——0 到 1 年。

B. 中期——1 到 5 年。

C. 长期——5 年以上。

第二步：根据回答情况计算得分

根据每一题选择的答案，从表 2-1 的评分标准中找到得分并计算出总得分。

表2-1　投资风格与风险承受能力测试得分表

序号	1	2	3	4	5	6	7	8	9	10	11	12
A	3	1	9	1	3	0	0	0	1	1	1	1
B	7	3	7	3	5	3	3	3	5	3	3	5
C	9	5	5	7	7	5	5	5	7	7	7	7
D	5	7	3		9	7	7	7	9	9	9	
E	1	9	1			9						

第三步：风险承受能力评估

表2-2　风险承受能力评估表

	保守型	稳健型	积极型	冒险型
得分下限	11	35	75	89
得分上限	34	74	88	100

四、时间价值与复利法则

货币时间价值是指货币随着时间的推移而发生的增值或减值。从经济学的角度而言，当前的一单位货币与未来的一单位货币的购买力是不同的，它们之间的差值就是货币购买力的时间价值。

我们都知道通货膨胀，通货膨胀带来的货币贬值，就是货币时间价值的一种体现。另外，当我们进行某项投资时，在不同方案的选择中，也存在两种方案的货币（或资金）时间价值，因此在作出投资决策时，要考虑货币时间价值对投资结果的影响。

货币时间价值可以用货币的现值与终值来表示和计算。

1. 现值与终值

（1）现值（Present Value，简称 PV）。

现值是在给定的利率水平下，未来的资金折现到现在时刻的价值，是资金时间价值的逆过程。在现值计量下，资产按照预计从其持续使用和最终处置中产生的未来净现金流入量折现的金额，负债按照预计期限内需要偿还的未来净现金流出量折现的金额。

当预期的现金流入需要一个时期才能收到时，或预期的现金流出需要一个时期才会支出时，这些收入或支出的现值要比收取或支付的实际数额为少。等待的时间越长，其现值也就越小。

现值的计算公式为：

$$P=A/(1+r)^n$$

比如 3 年后的 1000 元相当于现在多少钱，假设通胀率为 6%，则：

$P=1000/(1+6\%)^3=839.62$ 元。

下面介绍一下用 Excel 计算现值的方法。

语法格式为：PV（rate,nper,pmt,fv, type）。

rate：为各期利率

nper：为总投资（或贷款）期，即该项投资（或贷款）的付款期总数。

pmt：为各期所应支付的金额。如果忽略 pmt，则必须包含 FV（终值）参数。

fv：为终值（未来值）。如果省略 fv，则假设其值为零。如果忽略 fv，则必须包含 Pmt 参数。

type：数字 0 或 1，用以指定各期的付款时间是在期初还是期末。1 表示付款在期初，0 或忽略则表示付款在期末。

例如，计算 5 年后 10000 元钱相当于现在多少钱，假设通货膨胀率为 3%。

从问题中可以得知：

rate=0.03

nper=5

fv=10000

pmt 和 type 忽略

这样就可以通过 Excel 来计算。如果对财务函数不熟悉，可以一步步进行。首先，打开 Excel，点击"fx"，出现"插入函数"栏，如图 2-4 所示。

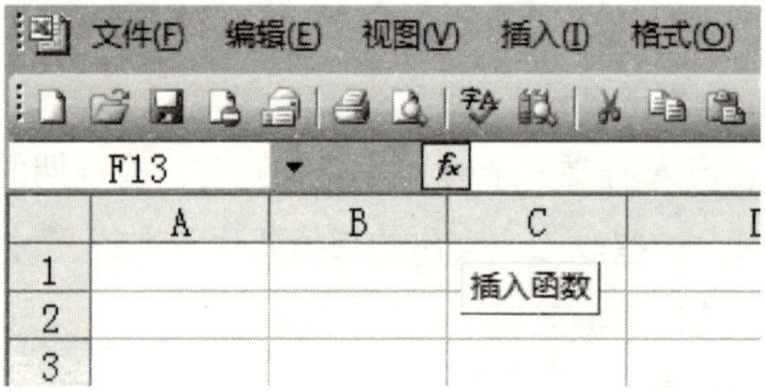

图2-4 插入函数栏

选择"财务"函数类别，如图 2-5 所示。

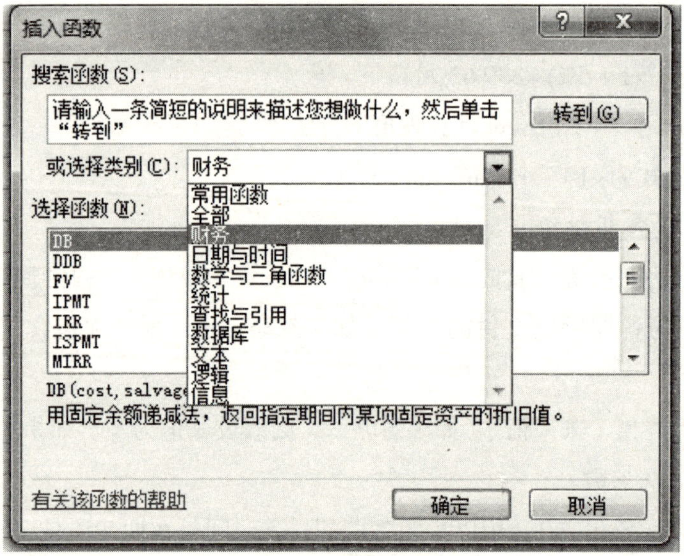

图2-5 选择函数类别

然后在插入函数类别里的财务类别中选择“PV”，即终值函数，如图 2–6 所示。

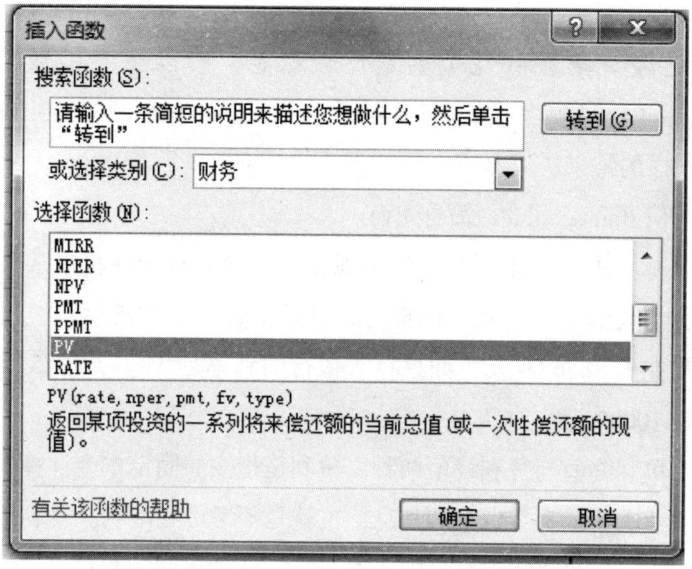

图2–6　在财务类别中选择“PV”，即终值函数

在 PV 函数中有 5 个变量，这 5 个变量的含义前面已经介绍过，也可以通过 Excel 中的帮助获得每个变量的信息。这样可以将 rate=0.03，nper=5，fv=10000 填入。如图 2–7 所示。

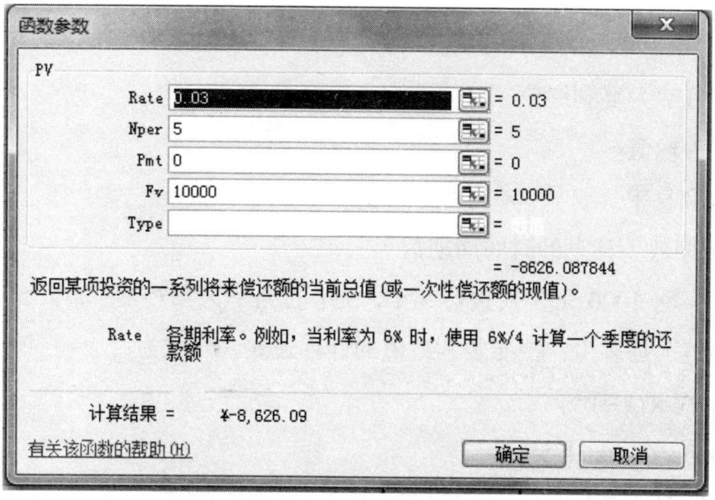

图2–7　填入变量信息

点击确定后，在 Excel 表格中就会显示出最终结果“–8626.09”。为什么为负呢？这是因为如果 5 年后获得 10000 万元，现在就必须支出 8626.09 元，因此为负数。

如果已经对函数的几个变量比较熟悉，可以按照函数公式“=PV(rate,nper,pmt,fv , type)”在 Excel 表格中直接输入“=PV(0.03,5,0,10000)”，也可以得到同样的结果。

（2）终值 (future value，简称 FV)。

终值又称将来值或本利和，是指现在一定量的资金在将来某个时点上的价值。终止与现值是一个相反的概念，计算上也是一种逆运算。比如说前面的例子，现在的 8626.09 元，如果存入银行的利率是 3%，那么 5 年以后的货币数量就是 10000 元。

终值有单利终值与复利终值两种。单利是指按照固定本金计算利息的一种方法，它不考虑利息本身带来的利息，也就是不考虑利滚利。复利是指每经过一个计息期后，都要将所得利息加入本金，以计算下期的利息。这样，在每一个计息期，上一个计息期的利息都将成为生息的本金，即以利生利，也就是俗称的“利滚利”。以单利形式计算出来的终值是单利终值，以复利方式计算的终值是复利终止。目前通常用的计息方式多为复利方式，其计算公式为：

$$FV=PV\times(1+r)^n$$

其中:FV 为复利终值。

PV 为现值。

r 为利息率。

n 为期数（计息的时间周期数）。

例如，将 1000 元存入银行 5 年，5 年的利率为 4.75%，那么 5 年后的本利和（终值）是多少？按照复利终值的计算公式，列式为：

$FV= PV\times(1+r)^n$

$= 1000\times(1+ 0.0475)^5$

$= 1261.16$（元）

2. 年金与年金系数

计算现值的方法中，还有一个概念经常被用到，即年金系数。所谓年金，就是每隔相等时间间隔收到或支付相同金额的款项。如每年末收到养老金10000 元，即为年金。年金现值是指按照一定的利率，把每期期末收入或支付的相等金额的年金折算到第一期初的现值之和，把到期期数收到的年金折成价值之和。

年金现值系数就是按利率每期收付 1 元钱折成的价值。也就是说，知道了年金现值系数，就可以求得一定金额的年金现值之和了。

普通年金现值计算公式为：

$$P=A\times\{[1-(1+r)^{-n}]/r\}$$

年金现值系数公式：

$$PVA/A=1/[r-(1+r)^{n}]$$

两式中:P 是普通年金现值，r 表示报酬率，n 表示期数，PVA 表示现值，A 表示年金，PVA/A 就是年金现值系数。

比如你在银行里面每年年末存入 1200 元，连续存 5 年，年利率是 10%的话，那么这 5 年存入资金的现值为：

资金的现值 $=1200/(1+10\%)+1200/(1+10\%)^{2}+1200/(1+10\%)^{3}+1200/(1+10\%)^{4}+1200/(1+10\%)^{5}=1200\times[1-(1+10\%)^{-5}]/10\%=1200\times3.7908=4548.96$（元）

1200 元是年金，4548.96 是年金现值，$1/10\%-1/10\%\times1.1^{-5}=3.7908$ 就是年金现值系数。

在不同的报酬率、不同的期数下，年金现值系数是不相同的。

年金终值系数指固定的间隔时间相等的期间(如以年为单位)分期支付（存入）1 元金额，经过若干年后按复利计算的累计本利之和。

年金终值系数公式：

$$A_{n}/r=[(1+r)^{n}-1]\div r$$

这里 A_n/r 代表年金终值系数，r 代表利率，n 代表年数。

3. 净现值法则

净现值法则是投资理财决策的常用法则。净现值是指投资方案产生的现金净流量以资金成本为贴现率折现之后与原始投资额现值的差额。净现值法是按净现值大小来评价方案优劣的一种方法。净现值大于零则方案可行，且净现值越大，方案越优，投资效益越好。

（1）净现值（NPV）的计算。净现值法则是将净现值作为一个指标，使用特定的折现率来考虑货币的时间价值，同时也反映了投资所具有的风险的投资理财方法。NPV 的计算模型为：

$$NPV = -C_0 + C_1/(1+r) + C_2/(1+r)^2 + \cdots\cdots + C_n/(1+r)^n$$

或者用以下公式表示第 t 年的 NPV：

$$NPV = -C_0 + \sum_{t=1}^{N} \frac{C_t}{(1+r)^t}$$

式中：

NPV：净现值

C_0：初始现金净流入

C_n：第 n 年的现金净流入

C_t：第 t 年净现金流量

R：折现率

净现值（NPV）的计算方法与现值（PV）的计算方法类似，它们之间的主要差别在于:PV 允许现金流在期初与期末开始，PV 的每一笔现金流在整个投资中必须是固定的，NPV 则是可变的。

（2）净现值法则的决策依据。NPV 法则的决策一般分为四个步骤：

一是将未来各年净现金流以一定的折现率折算为现值。

二是计算各年净现金流现值的和。

三是将净现金流现值的和与最初投资成本进行比较。

四是根据比较结果的正负，判断资本预算的可行性。

NPV 的预测结果可能有以下三种情况：

NPV>0，投资理财规划期结束后，能够达到预期收益目标，并有超额收益。

NPV<0，投资理财规划期结束后，未能达到预定的收益率水平。

NPV=0，投资理财规划期结束后，收益率正好达到预期，而不是投资项目盈亏平衡。

（3）净现值法则的前提条件。从 NPV 的计算模型可以看出，NPV 法则暗含了前提条件和假设：

第一、折现率是固定不变的，也就是说资本结构在产生现金流的各年里不会发生变化，同时资本成本对宏观经济政策的变化也会维持不变。折现率的选取在本质上是对未来收益的一种判断和预测。现实中存在的许多因素影响这种判断和预测，影响折现率选取的因素，在折现率确定后仍然会发生变化，因此折现率不是一个固定不变的值，而是动态的。净现值法则选择的折现率一般分为两类：一是以投资项目的资本成本作为折现率，二是以企业的期望收益率作为折现率即基准利率加风险溢价。在个人理财中，通常以长期国债收益率作为折现率。

第二、现金流是完全可以预测的，并且项目的经济寿命也是确定的，也就是说项目的市场前景是比较明确的。对于个人及家庭来说，就是未来的现金收入和生活支出比较稳定。

第三、投资理财计划能够得到顺利实施。对未来的理财目标进行预算和判断，都是建立在计划得到顺利实施的基础上，因此在制订理财规划时，应该考虑计划本身可能会受到外在因素的影响，计划在这些因素影响下也能够保证顺利实施。

案例：净现值法则在储蓄管理决策中的运用

王先生现在想在两种投资方案中进行选择，第一种是用 35 万元资金购买一个食品加工店，该店设备还有 5 年的使用寿命，第一年预计有 12 万元的收入，以后由于设备老化，每年的收入会按 20% 递减。第二种投资方案是将钱借给别人，每年可以收到 7% 的利息。请问王先生选择哪个方案好？

根据这两种投资方案的信息，可以将第二种方案，即每年可收入 7% 的利息作为折现率，即 r=7%。

根据第一种方案信息，投资 5 年中每年的收入情况如表 2-3 所示。

表2-3　连续5年投资收益表

投资	第1年收入	第2年收入	第3年收入	第4年收入	第5年收入
-350000	120000	96000	76800	61440	49152

$NPV = -C_0 + C_1/(1+r) + C_2/(1+r)^2 + \cdots + C_n/(1+r)^n$

$=-500000+120000/(1+0.07)+96000/(1+0.07)^2+76800/(1+0.07)^3+61440/(1+0.07)^4+49152/(1+0.07)^5$

$=-9391.69$

根据 NPV 法则的判断方法，王先生应该选择第二种方案：将钱借给别人，拿 7% 的利息更划算。

4. “72法则”

该法则是估算资产翻番所需要的时间。该法则的计算方法是用 72 除以收益率的 100 倍，所得数据就是估算出来的资本翻倍所需的年数（或投资周期数）。

例如，将 10000 元投资某一收益率为 9% 的项目，那么要多长时间资产可以达到 20000 元呢？按照 72 法则计算为：

资产翻倍年数 =72 ÷（9% × 100）=8

也就是说需要 8 年的时间。

注意，这个数据是对资产翻倍时间的估算，并不是准确的时间。如果要计算准确的时间，可以用终值计算公式 $FV = PV \times (1+R)^n$ 来计算未知数“n”。

同样我们也可以用 Excel 财务函数 Nper 来计算，这样算得的 n 的具体数字是 8.043，也就是说在 9% 的年获利率情况下，资产翻倍需要 8.043 年。

5.“115法则”

与“72法则”类似，“115”法则是估算资产变成3倍所需要的时间。例如在年收益率为9%时，资产翻3倍所需要的时间计算为：

资产翻3倍所需年数=115÷（9%×100）=12.77年

也就是说需要13年的时间。

同样可以用精确的计算方法计算资产翻3倍需要的时间，其数值为12.748，基本与115法则计算的结果相吻合。

第三节 理财规划的基本原则

一、基本保障原则

无论什么样的理财规划，或者是什么时期的理财规划，保证当前和未来生活应有的品质是最基本的原则，不能以赌徒式的理财方法，冒着影响基本生活的风险去博取未知的收益。

在制定理财规划时，一定要将下列几个因素考虑进去。

（1）未来一年的基本生活费用。在理财规划中，保持家庭现金流动性是非常关键的，要对一年内的生活费用进行评估，做好现金规划。关于现金规划，请参考后面讲解的内容。

（2）可预见的孩子教育与学习费用。孩子的教育费用需要提前做好计划，特别是对于那些重视子女教育的家庭。如果希望送孩子出国深造，费用会更多，需要提前规划。教育费用的重要性仅次于基本生活保障费用，也应该从现有的收入中提前提取，并采用稳妥的理财方式。

（3）医疗保险。人吃五谷杂粮，生病在所难免。小病虽然医疗费用不高，但经常性的支出累积起来也不是小数目。如果一旦得了大病，费用就无法预测，因此根据家庭情况购买医疗保险是有必要的。

（4）家庭应急准备金。在家庭基本保障中，家庭应急准备金是必不可少的。每个家庭都会遇到这样或那样的紧急情况，准备一笔钱作为应对这种情况的支出是必要的。如果没有这笔资金，一旦急需用钱，只能卖掉投资理财产品，这样会放弃应得的收益，甚至还会造成亏损。

（5）必要的休闲娱乐。投资理财的最终目的就是提高生活质量和稳定性，如果单纯为积累钱财而理财，这是本末倒置，很不可取。理财不是变成“铁公鸡”，而是首先合理安排生活，其次是追求财富的最大化。只要不超出家庭经济承受能力（短期或长期），必要的休闲娱乐要保障，这既有利于家庭的和睦，也有利于自己和家人保持良好的健康和旺盛的精力。

二、开源节流原则

理财规划以及投资理财的整个过程中，都是围绕着“开源节流”来实施的，前面已经多次讨论了它的重要性。

开源与节流这两者要兼顾，开源为主，节流为辅，不可偏废。如何合理处理开源与节流的关系，在后面讲解的“蓄财池”中将详细介绍。

三、坚持不懈、循序渐进原则

1. 按照需求迫切性安排理财规划

理财规划贯穿于整个人生，规划自己的财富梦，只要坚持不懈，循序渐进，这种理财方式才是持久和有效的。千里之行始于足下。养成良好的理财习惯，一步一步地实现每个小目标，这样就可以从量变到质变，最终实现自己的财富梦想，达到财务自由的状态。

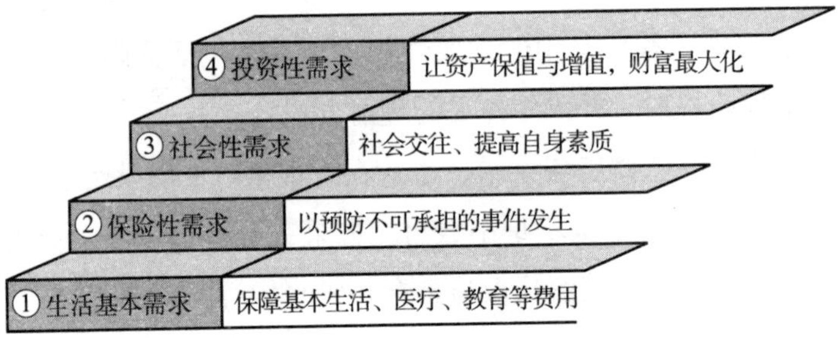

图2-8　投资理财优先顺序

图 2–8 按照人们需求的迫切性列出了投资理财的总体先后顺序。在做理财规划时，需要满足或基本满足前一种需求，之后再能进入下一需求。

2. 按投资理财风险大小安排理财规划

在进行投资理财规划时，要首先从较低风险的投资理财品种入手。当有了一定的风险承受能力和投资能力时，再参与一些中等风险的投资。

对于高风险投资，要严格控制风险。如果是自己亲自参与交易，则必须保证自己有足够的专业判断能力和经济承受能力。

关于各种投资理财品种的风险性，后面会逐一进行分析。

四、周期原则

1. 宏观经济的周期性

经济周期是宏观经济运行的规律，“繁荣—衰退—萧条—复苏”，在每一个经济运行阶段，宏观经济都表现出不同的特点。正是因为经济有周期性，也就注定每种理财产品存在一定的周期性。

在投资理财时，应注意把握宏观经济的这种周期运行规律，尽量避免在经济不景气的时候投资风险相对较高的产品，比如股票、期货等，而应该选择安全稳定的储蓄、国债等。经济复苏以后，一直到繁荣时期，应尽可能选择收益率相对较高的投资品种，以便让资产实现收益最大化。

2. 微观经济同样存在周期性

大部分行业与经济周期有密切的关系。如果投资理财与行业相关，则最好要了解行业发展的周期性，比如股票等。关于这方面内容，可以参考后面的详细介绍。

3. 投资理财短周期与长周期的关系

在投资理财规划实施过程中，都会遇到时间的概念。一个较长周期的投资规划，需要分成若干个短周期，每一个短周期规划组成了整个长周期投资规划；如果投资者能够较好地完成每个短周期规划目标，那么整个投资理财规划目标就可以顺利地实现。原则上短周期规划必须服从长周期理财规划。

另外要注意，不同的投资周期要与投资方法一致，切忌长期短投和短期长投。

第四节　收益与风险

一、投资收益

投资收益的基本衡量指标是投资收益率。投资者的投资期望用收益率期望值来表示。

1. 投资收益率

投资收益率就是投资收益占投资成本的比率。用公式表达为：

投资收益率 ={［（期末价值 – 期初价值）+ 资本收入］÷ 期初价值 }× 100%

例如，以每股 10 元的价格购买某股票，一年后股价上涨到 12 元，并且获得每股 0.5 元的分红。那么投资该股的投资收益率为：

投资收益率 ={[(12–10)+0.5] ÷ 10}× 100% =25%

即投资该股的投资收益率为 25%。

2. 收益率期望值

收益率期望值是投资者根据历史和经验等因素判断，对未来一段时间的投资做出估计，并确定期望达到的收益率。比如前面例子中，前一年得到了 25% 的投资收益率，根据该经验，在第二年的投资中期望获得同样的收益回报，即 25% 的投资收益率，这就是收益率的期望值。

第二年投资结束时，有可能实际收益率高于期望值，也有可能低于期望值，没有人能够百分之百地准确预测。

那么如何科学评估投资收益率的期望值呢？可以引入概率这一概念，在投资之前判断市场出现不同情况的概率。比如第二年是牛市的概率为 50%，平市的概率为 20%，熊市的概率为 30%。在牛市时，该股可以获得 30% 的收益，平市可以获得 5% 的收益，熊市时则出现亏损，即 –15% 的收益。

根据以上这些数据，可以计算出较为合理的收益率期望值。

期望收益率

= 牛市概率 × 牛市收益率 + 平市概率 × 平市收益率 + 熊市概率 × 熊市收益率

= 50% × 30% + 20% × 5% + 30% × (–15%)

= 11.5%

根据以上数据计算可知，比较合理的收益率期望值应该为 11.5%，而不是前一年的 25%。因为后一年的市场情况相比前一年发生了变化。

二、投资风险

前面用假设的例子计算了收益率，但市场会出现意外情况（比如股市崩盘，这在世界各国都曾经出现，中国股票市场 2008 年就出现了从 6124 点狂跌到 1664 点的大熊走势）。市场出现意外情况时，投资的股票不但达不到期望的收益率，还很可能会损失 30% 或 50% 以上，这就是投资带来的风险。

在个人投资理财中，风险管理是非常重要的，它不仅表现在投资决策中，而且贯穿于家庭整个财务管理过程中。比如前面提到的理财规划原则，它们也是一种风险管理。从某种意义上讲，风险管理是投资理财中的关键。

风险有的可以预知，而更多的则是不可预知的。比如自然灾害等，普通投资者事先是无法知晓的。利率、价格、政策的变化，都可能对投资理财带来风险。

个人理财规划的目的是让本金保值与增值，首先是保值。最常见的本金贬值是通货膨胀带来的，如果你的资金在未来一段时间里没有消费，或者获得的收益无法抵御通货膨胀，那么你的本金就损失了一部分。很简单的例子，5 年前你只用花 5 元钱可以吃一顿早餐，而现在你要花 15 元钱才能买到同样的早点，就说明资金出现了贬值。如果进行投资，购买基金、股票或投资房地产，你的本金也要面临这些产品价格下跌造成的本金损失风险。

风险是客观存在的。如何规避风险，在风险出现时将损失降到最低程度，这就需要进行风险管理。个人或家庭理财的风险管理不同于企业，它主要考虑的是保障家庭当前与未来一段时间内的生活开支，保障家庭资产保值，保障意外事故发生后，家庭生活不受重大影响。风险管理同时也包括保证投资能够获得更稳定的收益。

如何在家庭财务规划中管理风险，可以考虑以下几个方面。

1. 明确自身的风险承受能力

每个人和家庭的情况不一样，承受风险能力也各不相同。在理财规划中，评估一个家庭的风险承受能力，必须满足以下四个方面的要求。

首先，要对家庭的经济状况进行评估。家庭经济状况评估主要包括家庭资产负债情况，有多少流动资产、不动产、投资资产？有没有负债，负债的性质如何？家庭资产负债比率和流动比率有多大？这些问题弄明白后，才能评估家庭可以承受的整体风险大小。

其次，对家庭消费习惯定位。这可以从家庭现金流量表或者流水账进行分析，从中得出家庭消费的平均水平和上下限。清楚了家庭的消费水准后，可以防范局部风险给生活带来的影响。

第三，预计未来需求。未来需要多少资金，可以根据家庭财务规划需求目标确定。未来需求包括未来短期内（通常是1年以内）的资金需求和中长期基本生活保障需求。确定了需求的资金量后，就能知道风险对未来生活的影响程度，从而确定承受风险的限度。

第四，自我评估承受风险的精神压力。承受风险的能力不仅表现在物质上，评估精神压力也非常重要。每个人对风险的看法和感受不同，因此风险的精神承受压力只能靠自己的体验和感受来测定，很难有量化标准。不过在做出某种投资前可以想象一下，如果投资损失了多少，你会觉得无法入睡。比如投资股票时，有的人买入以后就精神紧张，股票价格一旦下跌，就吃不香，睡不好，这说明他面对的投资风险已经超出了他的精神承受能力。

2. 分析可能产生的风险事件

人的一生有很多不确定的风险事件，我们可以根据情况，区别家庭面对的主要事件和次要事件，这些事件的风险程度，风险发生的可能性大小，对家庭生活造成的影响深度等。同时考虑管理这些风险的成本大小，然后采取不同的风险控制方法。对那些发生概率较高，造成影响较大的风险，要重点防范。

比如说有个家庭，收入主要来源是丈夫开长途货车，那么防范丈夫出现意外交通事故，就是需要重点防范的风险事件。假如在家庭的3年计划中，孩子出国留学是中心事件，完成筹备资金的目标有一定的风险，那么在这3年时间里，防范“无法完成资金储备”事件发生，就是风险重点防范对象。

此外，还要减少其他风险投资等事件带来的损失。

3. 规避风险

可预见的风险并不是说某项事件标明了“风险”两个字，而是来源于简单的生活常识和分析。比如，我们经常收到类似于中大奖、某某住院需要用钱、法院传票等欺诈短信，这就是可预见的风险。

还有一些非法集资，如“某某熟人介绍，3个月回报100%”等，只要你稍微思考一下，或者做个简单的查证，就可以让事情水落石出，那么这也属于可预见的风险范畴，完全可以规避。

还有，有些保守型理财者认为现在的中国股市就是风险，他们就干脆忽略股市的收益性，不参与股市投资，这也是规避可预见的风险。

另外，有些风险是不可预测的，这类风险很难规避，一般是采取转移、分散和截止风险的方法来控制风险。

4. 转移风险

对不可预测的风险或者风险已经出现时，要善于转移风险。比如购买保险，就是转移风险的典型方法。

5. 分散风险

分散风险是指降低每类风险在同一时间发生的概率，降低风险发生在同一事件的损失程度。大家通常所说的“不要将鸡蛋放在一个篮子里”，就是防止篮子掉下去把所有鸡蛋都摔坏。如果分几个篮子装鸡蛋，即使掉下来一个篮子，其他篮子里的鸡蛋还可以幸免于难，这样就减少了风险发生时的损失程度。

在理财中，分散风险不仅是单纯地预防风险，而是根据“高风险，高收益”的投资原理，对资产进行合理的风险管理，用合理的比率去获取相匹配的收益。

将风险进行分散的投资管理方法，是投资决策的常用策略。后面讲解的投资组合方法，就是在分散风险的前提下，尽量获取最高的收益。

6. 截止风险

当风险已经发生并正在造成损失时，如果你不能预测风险何时停止，也无法预测还将造成多大的损失，那么就应该果断地截止风险。截止风险的方法经常在证券交易中使用，也就是通常所说的“止损”。

在其他投资理财中，同样会遇到截止风险的情况。比如你投资一个生意，发现运营并不是想象的那么顺利，目前已经出现亏损，但你无法找到解决亏损的方法，那么你就应该暂停或停止这项生意，直到有了解决方法为止。

还有一种截止风险的方法是目标截止，即当亏损达到某一设定的数量或百分比时，立即执行截止风险的计划。

7. 自留风险

所谓自留风险，就是当风险已经发生，并造成了一定的财产损失，此时风险造成的损失不会再继续扩大，并有可能出现转机的情况下，不去进行风险处理，以便未来能够减少损失或者能够有盈利。

比如说你以投资的方式购买了一套房产，后来房价下跌，使投资出现了亏损。后来房价下跌到一定程度，如果此时将房产卖出去，会造成加大的损失。此时你就可以采取自留风险的方法，撤销卖房计划或改为出租，等待房价回升后再考虑出售。

总之，个人投资理财的风险管理是一项综合性的系统工程，它贯穿于整个投资理财过程中。风险随时存在，但我们也不能害怕有风险就放弃理财，事实上放弃理财面对的风险会更大。问题是我们要学会风险管理的知识与技能，用不同的方法来预防、规避、转移、分散风险，在风险造成损失后，要果断地截止风险。

三、风险量化分析

1. 标准差风险量化

风险量化是指通过风险及风险相互作用的估算，来评价投资可能出现结果的范围。风险量化用于衡量风险概率和风险对投资目标影响的程度，投资者可以通过对不同投资品种风险量化后的结果进行比较分析，然后得出投资结论。

风险量化分析的依据来源于引起风险的各种因素。对这些风险因素进行计划管理、计算评估，利用投资风险分析工具，从不同角度对风险的未来变化情况给予评价，最终综合得出风险量化结论，提供投资决策。

对于单个项目的风险量化，可以用标准差来进行衡量。标准差也称均方差，是各数据偏离平均数的距离的平均数，它是离均差平方和平均后的方根，一般用 σ 表示。标准差是方差的算术平方根，能反映一个数据集的离散程度。平均数相同的，标准差未必相同。

标准差的计算公式为：

$$\delta_t = \sqrt{\sum_{i=1}^{n} [X_{it} - E(NPV_t)]^2 P_{it}}$$

式中，δ_t 为第 t 年净现值的标准差，其他符号意义同前。

比如前面投资的某股票，风险标准差为

$$\delta = \sqrt{0.5(30\% - 11.5\%)^2 + 0.2(5\% - 11.5\%)^2 + 0.3(-15\% - 11.5\%)^2}$$
$$= 3.9\%$$

也就说，投资该股票的风险标准差为 3.9%。

那么这个数字表示多大的风险呢？一般来讲，标准差表示偏离期望值发生的可能性大小，标准差越大则风险越大。单从 3.9% 这个数字来看，投资该股的风险相对较小。

2. 风险偏好的量化

由于个人性格、家庭状况等因素的影响，不同的投资者对风险的态度不尽相同。有的喜好风险，愿意冒更大的风险去博取较大的收益；有的则厌恶风险，也有的比较折中。这一点在前面讲解投资风格时已经介绍过。

可以用图形来表示或测试一个人对风险的喜好或厌恶程度。

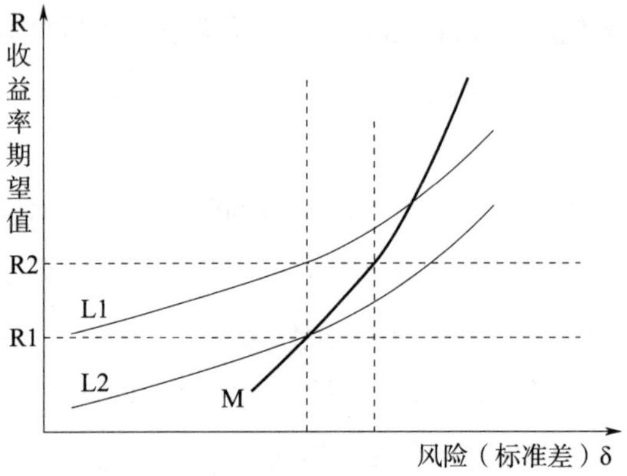

图2-9　收益率期望值与风险之间的关系

图 2-9 表示三个投资品种 L1、L2 和 M 的收益率期望值与风险之间的关系。L1 和 L2 的倾斜情况一样，M 线明显比 L1 和 L2 陡峭。这也就是说，在承担同样风险变化的程度下，L1 和 L2 的收益率期望值变化基本一样，但 L1 在同一风险程度下期望获得更多的收益，L2 相对于 L1 更为理性和保守。L1 或 L2 与 M 比，在风险程度提高幅度相同的情况下，M 可以有更高的收益率期望值与之相匹配，这说明 M 所代表的投资者需要用更高的投资收益来弥补他面对的风险，也就是说 R– δ 关系的表现为 M 线特征的投资者更为保守，更加厌恶风险。

3. 期望值法

期望值法是通过计算投资理财项目的净现值期望值和净现值大于或等于零时的累计概率，来比较投资项目方案优劣、确定项目可行性和风险程度的方法。

期望值是指投资理财的净现值的期望值，净现值是指投资项目效益的现值之和减去各种费用的现值之和所得的差值。净现值大于或等于零的累计概率值越大，项目所承担的风险就越小。

期望值法一般分析步骤如下。

（1）选择净现值作为分析对象，并列举与之有关的不确定性因素。

（2）按照穷举互斥原则，确定各不确定性因素可能发生的状态或变化范围。

（3）估算各种不确定性因素发生的概率。各种不确定性因素在每种情况下发生的概率必须小于等于1、大于等于零，且所有可能发生情况的概率之和必须等于1。这种概率为主观概率，投资者可以根据自身分析能力，或者利用权威分析机构及专家学者的观点，对这些不确定性发生的概率进行主观判断评估，并给出确切的数据。

（4）分别计算各可能发生情况下的净现值 (NPV)。

各年净现值期望值：

$$E(NPV_t) = \sum_{i=1}^{n} X_{it} P_{it}$$

式中，$E(NPV_t)$ 为第 t 年净现值期望值；X_{it} 为第 t 年第 i 种情况下的净现值；P_{it} 为第 t 年第 i 种情况发生的概率，n 为发生的状态或变化范围数。

整个项目寿命周期净现值的期望值计算公式为：

$$E(NPV) = \sum_{i=1}^{m} \frac{E(NPV_t)}{(1+i)^t}$$

式中，E（NPV）为整个项目寿命周期净现值的期望值；i 为折旧率；M 为项目寿命周期长度，E（NPV_t）为第 t 年净现值的期望值。

项目净现值期望值大于零，则项目可行，否则不可行。

（5）计算各年净现值标准差。计算公式为：

$$\delta_t = \sqrt{\sum_{i=1}^{n} [X_{it} - E(NPV_t)]^2 P_{it}}$$

式中，δ_t 为第 t 年净现值的标准差，其他符号意义同前。

整个项目寿命周期的标准差计算公式为：

$$\delta = \sqrt{\sum_{t=1}^{m} \frac{\delta_t^2}{(1+i)^t}}$$

式中，δ 为整个项目寿命周期的标准差。

净现值标准差反映每年各种情况下净现值的离散程度和整个项目寿命周期各年净现值的离散程度，在一定的程度上能够说明项目风险的大小。净现值标准差的大小受净现值期望值影响甚大，两者基本上呈同方向变动，因此单纯以净现值标准差大小衡量项目风险高低，有时会得出不正确的结论。为此需要消除净现值期望值大小的影响，可以利用整个项目寿命周期的标准差系数计算。标准差系数计算公式：

$$V = \frac{\delta}{E(NPV)} \times 100\%$$

式中，V 为标准差系数。一般地，V 越小，项目的相对风险就越小；反之，项目的相对风险就越大。依据净现值期望值、净现值标准差和标准差系数，可以用来选择投资方案。

判断投资方案优劣的标准是：期望值相同、标准差小的方案为优；标准差相同、期望值大的方案为优；标准差系数小的方案为优。

（6）计算净现值大于或等于零时的累计概率。累计概率值越大，项目所承担的风险就越小。

（7）对以上分析结果作综合评价，说明项目是否可行以及承担的风险大小。

案例：期望值法风险量化分析

某投资者以 25 万元购买了一个商铺单位 2 年的经营权，预计：

第一年净现金流量可能为：22 万元、18 万元和 14 万元，概率分别为 0.2、0.6 和 0.2。

第二年净现金流量可能为：28 万元、22 万元和 16 万元，概率分别为

0..15、0.7 和 0.15。

若折现率为 10%，问购买该商铺的投资是否可行？

根据期望值法计算如下：

第一年净现值期望值：

E(NPV1)=22 × 0.2+18 × 0.6+14 × 0.2=18（万元）

第二年净现值期望值：

E(NPV2)=28 × 0.15+22 × 0.7+16 × 0.15=22（万元）

两年综合净现值期望值：

$E(NPV)= E(NPV1) \div (1+i) + E(NPV2) \div (1+i)^t - PV$

$= 18 \div (1+0.1)+ 22 \div (1+0.1)^2 - 25$

= 9.545（万元）

根据前面介绍的整个项目寿命周期的标准差计算公式可以计算：

$\delta 1=2.530$

$\delta 2=3.28$

$\delta =3.840$

整个项目寿命周期的标准差系数计算公式可以计算得到：

V=40.25%

因此可以判断该投资方案是可行的，而且风险较小。

四、决策树在风险控制中的运用

1. 什么是决策树

决策树是一种广泛应用于投资及其他各种决策中的决策方法，因其形成和运行方式呈现树状，故称决策树。每个决策或事件（即自然状态）都可能引出两个或多个事件，导致不同的结果，把这种决策分支画成图形，很像一棵树的枝干。

决策树的构成有四个要素：决策结点、方案枝、状态结点、概率枝，如图 2-6 所示，这是一个由两个方案、三种可能发生的状况构成的最基本的决策树示意图。

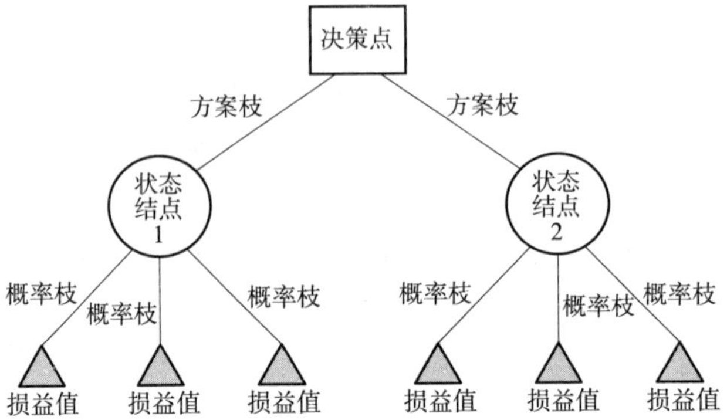

图2-6　决策树示意图

决策树的决策构成就是对风险的评价过程。对每个方案的预期收益或风险与可能发生的状况的概率进行计算，得出每一状态结点的收益或者损失，然后对比不同方案的收益大小或风险程度，从而给最终决策提供依据。

2. 决策树决策应具备的条件

决策树运用于股票投资的决策应具备以下条件：

（1）投资者对不同投资方案有较明确的期望目标。

（2）有两个以上的投资方案提供选择。

（3）投资过程中存在两种以上可能发生的状态。

（4）在不同投资方案下，可能出现不同状态下的收益或损失可以计算。

（5）投资者能够对不同状态下发生的概率进行有效评估。

在以上条件中，与期望值法相似，对不同状态下发生的概率进行有效评估是关键，也是难点。这些概率越准确，结果越正确。

3. 决策树决策方法的运用步骤

（1）绘制树状图，根据已知条件排列出各个方案和每一方案的各种自然状态。

（2）将各状态概率及损益值标于概率枝上。

（3）计算各个方案期望值，并将其标于该方案对应的状态结点上。

（4）进行剪枝。比较各个方案的期望值，并标于方案枝上，将期望值小的（即劣等方案）剪掉，所剩的最后方案为最佳方案。

案例：决策树在投资理财中的运用

王先准备用100万元进行投资，现在有两个方案。方案一是将100万元全部投资到项目1中，投资结果有三种可能，效果好的话有20%的收益率，发生的概率是50%；发生中等情况的可能性是30%，收益率为10%；如果投资效果较差，就会亏损10%，发生的概率是20%。第二个方案有两个项目，用60万元投资项目2，另外40万元投资到项目3，它们的投资结果也分为好、中、差，发生的概率和收益率如表2–4所示。现在王先生需要从这两个投资方案中选择一种。

表2–4 不同投资方案风险概率和收益率（单位：元）

投资方案	项目	投资额	投资效果	发生概率	预期收益率	预期收益	期望值	收益率
方案一	项目1	1000000	好	50%	20.00%	200000	100000	
		1000000	中	30%	10.00%	100000	30000	
		1000000	差	20%	–10.00%	–100000	–20000	
	期望值合计						110000	11.00%
方案二	项目2	600000	好	70%	18.00%	108000	75600	
		600000	中	25%	10.00%	60000	15000	
		600000	差	5%	–5.00%	–30000	–1500	
		期望值合计					89100	
	项目3	400000	好	50%	12.00%	48000	24000	
		400000	中	40%	6.00%	24000	9600	
		400000	差	10%	0.00%	0	0	
							33600	
	期望值总计						122700	12.27%

首先分别计算出两种方案三个项目不同情况下的期望值。方案二由项目2和项目3共同组成，方案二的期望值是这两个项目期望值之和。然后对比方案一和方案二的期望值大小，则得出结论：方案二优于方案一。

绘制决策树图如图2–11所示。

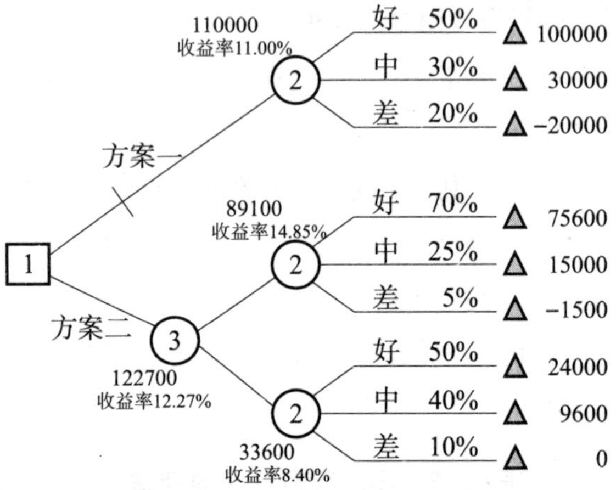

图2-11 决策树分析方法

五、投资组合

投资组合是按照投资者的需求，在承担一定风险的条件下，使投资回报率达到最大化，选择不同投资资产组成一个组合投资模式。对投资组合的有效管理，就是投资组合管理。

投资组合理论研究“理性投资者”如何选择优化投资组合。所谓理性投资者，是指他们在给定期望风险水平下，对期望收益进行最大化，或者在给定期望收益水平下对期望风险进行最小化。

1. 投资组合的有效组合曲线

投资组合中的各项因素之间都存在一定的相关性。所谓相关性，就是指不同事物之间相互影响的关联性。相关性有正相关和负相关，正相关是指一件事物的变化影响另一件事物向同一方向发展；负相关是一件事物变化影响另一件事物向相反的方向发展。

反映不同事物之间的相关性大小，可以用相关系数来衡量。相关系数是用以反映变量之间相关关系密切程度的统计指标。相关系数按积差方法计算，同样以两变量与各自平均值（或期望值）的离差为基础，通过两个离差相乘来反映两个变量之间的相关程度。

相关系数计算公式：

$$\rho_{xy}=\frac{n\sum xy-\sum x\sum y}{\sqrt{n\sum x^2-(\sum x)^2}\sqrt{n\sum y^2-(\sum y)^2}}$$

用相关系数判断变量之间的相关性程度，一般标准为：

当 $\rho_{xy}=0$ 时，x 与 y 不相关。

$\rho_{xy}=1$ 时，x 与 y 完全正相关，线性相关。

$\rho_{xy}=-1$ 时，x 与 y 完全负相关，线性相关。

$|\rho_{xy}|>0.8$ 时，称为高度相关。

$|\rho_{xy}|<0.3$ 时，称为低度相关。

$0.3<|\rho_{xy}|<0.8$ 时为中度相关。

案例：相关系数计算应用

有两种投资产品 A 和 B，根据观测记录，A 和 B 的收益率数据如表 2-5 所示。

表2-5 A和B的收益率数据

序号	A收益率	B收益率
1	30%	12%
2	20%	10%
3	10%	9%
4	5%	3%
5	0	2%

根据以上观测数据，可以计算 A 和 B 之间的相关系数。首先根据相关系数分别计算出 Σx、Σy、Σx^2、Σy^2 以及 Σxy 值，见表 2-6。

表2-6 A和B之间的相关系数

序号	A收益率	B收益率	x^2	y^2	xy
	x	y			
1	30%	12%	0.09	0.0144	0.036
2	20%	10%	0.04	0.01	0.02

续表

序号	A收益率	B收益率	x^2	y^2	xy
	x	y			
3	10%	9%	0.01	0.0081	0.009
4	5%	3%	0.0025	0.0009	0.0015
5	0	2%	0	0.0004	0
Σ	0.65	0.36	0.1425	0.0338	0.0665

将以上数据代入相关系数计算公式后，可以得到结果为0.9942，说明A和B的相关性非常高。

那么投资组合是如何通过不同产品的相关性来选择投资组合的最佳机会呢？情况如图2–12所示。

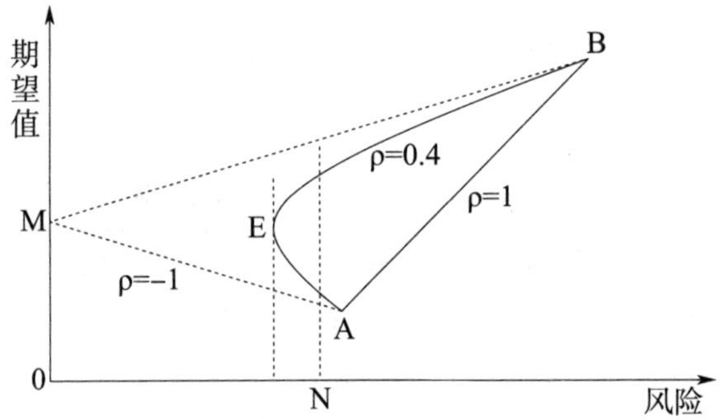

图2–12　A和B的相关性示意图

图2–12中标示有两种投资品种A和B，A产品是风险低收益低的产品，B产品是风险高收益高的产品。如果将这两种产品进行投资组合，那么A和B的相关性就会出现三种情况：一是完全正相关，即相关系数等于1，另一种是完全负相关，相关系数为–1，第三种情况是有一定相关，即相关系数在1和–1之间，图中以相关系数为0.4为例。

在完全正相关时，产品A的价格变动与产品B的价格变动完全一致，即A的涨跌幅与B的涨跌幅度比是一样的，比如生产相同产品的两家上市公司股票价格。当A与B完全负相关时，产品A在开始的时候与B相反，即A涨价时，B反而跌价。当A的风险程度趋于零后，又开始与B的发展方向一致。

例如汽油价格下跌会刺激汽车消费，汽车价格就会上涨，这就是负相关。

完全正相关与完全负相关的关系仅是理论上的，实际上每种产品的相关性介于它们之间。我们在进行投资组合时，一定要考虑投资组合品种之间的相关性变化，然后选择最佳的投资组合区间。

如图 2–12 中相关系数为 0.4 时，那么如何选择投资组合机会呢？图中 E 点位置是 A 和 B 相关系数的拐点。在 A 点至 E 点之间，任何一个更高的收益点承受的风险更低；从 E 点到 B 点，任选一个收益更高的点，风险都在增加。比如图中的 N 点，在风险相同的情况下，在 EB 线之间选择的点的收益率高于 AE 线之间选择的点。也就是说，EB 线就是我们所需要选择的最佳投资组合区域，也就是投资组合的有效组合曲线。投资者选择投资组合时，要保证该组合曲线在 EB 线上，而不是在 AE 线上。

2. 投资组合的方差风险量化

投资组合的方差风险量化，是根据均值与方差来量化和评估风险的一种方式。均值是指投资组合的期望收益率，它是单项投资项目的期望收益率的加权平均，权重为相应的投资比例。所谓方差是指投资组合的收益率的方差。我们把收益率的标准差称为波动率，它刻画了投资组合的风险。

单个投资项目的标准差不是风险，它只是体现单个项目收益与风险的波动情况。如果你的组合中只有一个项目，你面对的是整个风险与收益，因为没有其他项目来缓冲。对于组合来说，我们关心的是整个组合的收益率，而不是组合中的单项收益率。在组合中，一个投资项目的价值不仅仅在于它本身获得的收益，还在于它和组合内其他项目之间的相互作用，对整个组合收益率的影响。

投资组合数量越多，单项投资比率越小，则单项的方差对组合方差的贡献越小，因此在经济领域的某一单项（比如宏观经济的某个小行业，股市里的某只股票等）的风险不构成系统性风险。规避系统性风险的较好方法，就是采用投资组合方式。理论上讲，组合中项目越多，风险越小。但是项目过多，过于分散，又不能满足收益最大化的要求，因此需要对投资组合进行分析。

假设有 A、B、C 组成的一个投资组合，每一个单项都有一个标准差（参考期望值法内容），另外还有一个组合的标准差，这四个标准差都是不同的。

虽然我们关心的是整个组合的标准差，但是每一单项的标准差会对整个组合的标准差产生影响，这就要提出协方差概念。

投资组合的风险主要是由资产之间的相互关系的协方差决定的，这是投资组合能够降低风险的主要原因。协方差用于衡量两个变量的总体误差，而方差是协方差的一种特殊情况，即当两个变量是相同的情况。可能有些人对方差与协方差的理解和计算过程难以理解或不感兴趣，这里就不多作解释。读者可以通过阅读后面的案例加以理解和运用，或者参考其他资料深入理解。

计算整体组合方差的方法是：

a = A 证券的权重 ×A 证券投资收益率的标准差。

b = B 证券的权重 ×B 证券投资收益率的标准差。

c = C 证券的权重 ×C 证券投资收益率的标准差。

设 A、B 证券相关系数为 x。

A、C 证券相关系数为 y。

B、C 证券相关系数为 z。

组合方差 = $a^2+b^2+c^2+2xab+2yac+2zbc$

下面用案例来帮助理解投资组合的决策模式。

案例：投资组合的方差决策模式

现有某投资者想以 30% 国债、40% 基金和 10% 的股票 A 及 20% 的股票 B 作为一年的投资组合。在不同的经济背景下，这些投资产品会有各种不同的市场表现。表 2-7 是相关数据统计和期望值收益率及方差、标准差数据。

表2-7　相关数据统计和期望值收益率及方差、标准差数据。

经济状况		收益率			
状况	概率	基金	股票A	股票B	国债
好	0.3	8%	4%	10%	3%
中	0.5	5%	6%	4%	3%
差	0.2	3%	9%	–5%	3%
期望收益率		5.00%	6.50%	2.50%	3.00%

续表

经济状况		收益率			
状况	概率	基金	股票A	股票B	国债
方差		0.030%	3.250%	0.293%	3.000%
标准差		1.732%	1.804%	5.410%	3.000%

基金与股票 A 的协方差计算为：

单项协方差 = 状态发生概率 × 基金偏离值（收益值减期望值）× 股票 A 偏离值，即：

经济状况好的情况下：a1=0.2 × 3% ×（−2.5%）= −0.00015

经济状况中的情况下：a2=0.5 × 0 × −0.5% = 0

经济状况差的情况下：a3=0.3 × −2% × 2.5%= − 0.00015

相关系数，X=a1+a2+a3=−0.0003

同理，可以分别计算出基金与股票 B，股票 A 与股票 B 的相关系数，即：

Y=−0.000975

Z=0.0009

根据前面介绍的投资组合方差计算公式，可以求得：

投资组合方差 =0.000012266

该投资组合的方差数值较小，说明该组合比较稳定。

在实际分析中，可以有多个投资组合选项，投资者可以对不同组合的方差进行对比，根据自己的投资风格选择合适的投资组合。理性的投资者应该着重考虑方差较小的投资组合。

3. “4321法则”

“4321 法则”是一种常用的资产组合配置方法，即资产配置方面采取 40% 固定资产、30% 金融资产、20% 储蓄资产、10% 保险，并且采取恒定混合型策略，即某种资产价格上涨后，减少这类资产总额，将其平均分配在余下的资产中，使之恒定保持一个 4321 的比例。

“4321 原则”的特点是，阶梯式或金字塔型的资产配置显现出该法则的稳健性。它要求投资者将大部分资产放在低风险投资领域，同时也兼顾了风险投资。

“4321 原则”较适合中产阶级家庭以及稳健型投资者，多数家庭可以参考该法则制定理财规划。

本章小结

本章首先介绍了理财规划的概念、重要性和理财规划的基本原则。理财规划是人生规划的重要组成部分，是针对个人或家庭的不同时期，依据收入、支出状况的变化，制定既满足当前开支需求，又能实现不同阶段理财目标的财务管理计划方案。理财规划也是一个人的生活态度、习惯、价值观和能力的综合反映。理财规划的基本原则包括保障基本生活原则、开源节流原则、循序渐进和遵循周期投资原则。

其次，本章分析了个人特征对理财规划的影响。不同年龄阶段的人有不同的个性和家庭经济背景，因此在单身期、组建家庭初期、家庭成长期、退休前期和退休期等五个时期都应根据它们不同的需求和特点制定合理的理财规划。

进行理财规划还要知道货币的时间价值。用于量化财富的货币是随时间的变化发生改变的。现有的货币量（财富）在不同的理财规划下，在未来某一时间点的货币量（财富）可能是不一样的。衡量货币的时间价值，可以用现值和终值来表示。一般使用较多的方法是净现值法和年金计算方法，较简单的估算方法有“72 法则”、“115”法则等。

另外，本章重点讨论了收益与风险的关系。“高风险、高收益”是相对的，是指投资如果承担高风险，就必须要有相应的高收益与之匹配；反之，如果不想承担投资风险，也就意味着要相应降低收益预期。投资理财时需要知道自己的风险偏好和经济承受能力，看看自己是适合保守、稳健或者是积极型中的哪一种，并根据这几种风格做出相应的投资理财决策。风险决策是投资理财中必须掌握的基本技能，本章也介绍了期望值法、决策树法和投资组合法等决策方法。

个人理财规划包括的内容可以分为多个部分，按照人生需求和时间的紧迫性以及重要性划分，主要和常见的是现金规划、保险规划、教育规划、养老规划以及房产规划和投资规划等，这些内容将在以后逐一介绍。

第三章　现金规划与储蓄

第一节　家庭现金规划概述

一、什么是家庭现金规划

现金规划就是确保有足够的现金来支付计划中和计划外的费用，并且你的消费模式是在你的预算限制之内。

现金规划中的现金是指广义的现金，除了货币现金外，还包括流动性较强、较短时间内就可以变现，并且不会造成较大损失的一切家庭资产，比如银行活期和短期存款，可在证券市场交易的有价证券等。

二、现金规划的作用

1. 保证家庭现金流动性

现金规划可以确保家庭有足够的资金支付计划中和计划外的费用。比如说，在计划以内的 1 年时间生活开支，3 年以后的孩子上大学费用，每人每年的保险费用，5 年以后购买房产的资金，以及投资需要的资金等，这些都需要通过现金规划来安排。在计划以外，还要安排家庭紧急储备金来应对突发事件的费用支出。

2. 控制家庭的合理消费

现金规划还可以将家庭消费控制在预算范围之内。每个家庭都应该有一个合理的消费范围，消费底限是不影响家庭的基本生活，上限是不能过度消费和铺张浪费。

合理控制消费，可以通过现金规划来理性地安排生活，根据家庭的经济状况和生活习惯给予合理的评估，并对未来消费加以限制。

比如，根据某一城市的物价水准和工资标准，家庭基本生活开支是4000元。对自己家庭以往的生活统计，平均每月生活开支是5500元。在制定现金规划时，就可以根据整体理财规划要求的松紧程度，将每月生活费用控制在5500元，上下浮动10%。这样既不会影响家庭生活质量，也可以保证理财规划的实施。

3. 发挥资金的创收效能

在现金规划中，可以利用不同时间周期银行储蓄、投资理财产品的功能，合理安排资金的运作，在不影响正常支出的情况下，用当前现金满足当前开支，用各种类型银行储蓄或者其他短期金融工具来满足未来的开支。

例如，可以用收入满足1年的开支，将其余的现金购买某种理财产品（包括银行储蓄），未来几年之后，就可以将理财产品产生的收益作为生活开支。

4. 现金规划是其他规划的基础

个人或家庭理财规划成功与否，在很大程度上取决于现金规划是否正确。教育规划、养老规划、房产规划、投资规划等，都需要从现金规划中提取资金。现金规划的好坏，直接或间接地影响其他规划的实施和结果。

三、现金规划考虑的基本因素

1. 持有现金的成本

对于金融资产来说，通常流动性和回报率是呈反方向变化的。现金具有很高的流动性，因此必将伴有一定的机会成本。现金的机会成本，在金融资产里一般看作是进行活期储蓄的所得。如果你持有现金，就意味着你放弃收益。要在资本的流动性和收益之间进行权衡，就必须要进行合理的现金规划。

2. 紧急备用金的重要性

（1）我们每个人都会碰到意外收入突然减少甚至中断的情况，若没有一笔紧急备用金可以动用，就会陷入财务困境。如因为失业或失能（因为身心遭受意外伤害，导致无法工作，在保险术语上称之为失能）导致收入中断，就会面临生活费用、房产和车贷等月供款脱钩，或者面临房租、水电气等日常必须开支的巨大财务压力，或者面对紧急医疗、意外灾害而导致的费用超支。为了避免这些情况带来的财务风险，就需要一笔紧急预备金来应付这些突发情况。

（2）假如有突发事件发生，需要大量资金，而我们已把资金投入到收益较高的投资项目上去，没有建立紧急准备金，这样就会导致我们不得不将投资变现。将高收益投资变现，将会付出巨大的成本，并且大多数投资还会损失掉大量的收益。紧急备用金则能够很好地防止出现这类损失，能够保证自己在投资规划上的正常运作。

3. 预留现金应考虑的因素

（1）风险偏好程度。风险偏好程度越高，预留现金应该越充足，这样一旦出现风险，才不至于影响生活所需的正常开支。

（2）持有现金的机会成本。现金的机会成本越多，收益性越大，就应该多预备一些现金。一旦机会来临时，可以有相应的资本投入。

（3）现金收入来源和稳定性。现金收入来源越多，收入越稳定，预留现金可以相应地减少。相反，现金性收入不多或不稳定，就需要多备一些现金。

（4）现金支出渠道和稳定性。现金支出越稳定，越容易进行计划，预留现金的计划性就稳定。相反，现金支出不稳定，就应该多预留部分现金，以应对现金支出的变化。

（5）非现金资产的流动性。非现金资产流动性强，预留现金可以适当减少，相反则需要增加。比如，股票属于流动性较强的非现金资产，在急需用钱时可以随时卖掉股票。房地产则属于流动性较差的资产，变现能力远不及股票，预留现金时，就不应该考虑房地产资产变现因素，可以适当考虑股票资产。

（6）现金规划策略。现金规划的策略不同，自然会影响到预留现金的比例和数量。较宽松的策略会保证较舒适的生活现状，预留现金就会相对较多，但对财富积累和未来的生活质量会有负面的影响。相反，相对偏紧的现金规划策略，会牺牲当前的一些现金消费，但可以为未来的经济打好基础。一般提倡相对均衡的现金规划策略为宜。

（7）预留现金与流动性相匹配。一般情况下，持有的现金较少，需要保持资产的高流动性；持有现金较多，家庭资产的流动性可以适当收紧。

四、现金规划的一般工具和特点

1. 货币现金

货币现金的流动性最强，基本无收益性。在通货膨胀条件下，货币现金不仅没有收益，反而会贬值。货币现金一般只用于短期的生活花销。

2. 储蓄

储蓄包括活期储蓄、定活两便储蓄、整存整取定期储蓄、零存整取定期储蓄、整存零取储蓄、存本取息储蓄、个人通知存款、定额定期储蓄等。

储蓄流动性较强，但收益率较低。储蓄期越短，收益率越低。一般情况下，一年的定期储蓄利率与 CPI 增速较接近，但它们的相关性并不强。

从 2001 年到 2009 年数据对比中，相关系数为 0.487，这还没有考虑房地产涨价因素。一般情况下，储蓄的收益率要低于 CPI 涨幅，也就是说钱存在银行基本是属于贬值的。

3. 货币市场基金

货币市场基金指仅投资于货币市场工具的基金。货币市场基金功能类似于银行活期存款，但收益率高于银行存款，且风险较低。

货币基金为个人提供了一种能够与银行中短期存款相替代，相对安全、收益稳定的投资方式，能够为投资者带来一定的收益，又有很好的流动性。

货币基金没有认购费、申购费和赎回费，只有年费，收益免征利息税，因此投资成本较低。在现金规划中，保守的投资者可以考虑这种工具。

4. 信用卡

信用卡是银行或其他财务机构签发给那些资信状况良好的人士，用于指定的商家购物和消费，或在指定银行机构存取现金的特制卡片，是一种特殊的信用凭证。信用卡是一种非现金交易付款的方式，也是一种简单的信贷服务。

刷卡消费享有免息期，到期还款日前还清账单金额不会产生费用。取现无免息还款期，从取现当天收取万分之五的日息，银行还会收取一定比例的取现手续费。

信用卡本身是非常不错的非现金消费工具，但需要注意盲目消费、过度消费，同时要注意安排好信用卡还款，不然会产生较高的还款利息。另外就是要注意信用记录。

5. 其他银行融资

在现金规划中，如果出现紧急情况，还可以使用质押贷款方式。质押贷款包括凭证式国债质押贷款、存单质押、保单质押融资、典当融资，此外还包括动产、房地产、财产权利质押三种。一般这些质押贷款不被使用，只有在出现紧急情况时才会使用。

五、不同职业收入特性分析

1. 工薪阶层

工薪阶层是以工资所得作为家庭收入的主要来源，其特点是收入稳定，增长缓慢，其他收入来源有限。对于工薪阶层，理财规划中，对现金流量的控制和管理就显得非常关键。

依靠薪水养家的人应该建立紧急储备金，以应对不时之需。同时，工薪族应该注意尽早开始进行储蓄，并采取强制措施，将自己劳动收入的一部分按百分比存入银行，或者购买收益稳定的金融产品，越早开始这项计划越好。

为什么越早储蓄越好呢？比较一下就知道。

有甲、乙两人，甲 22 岁，从大学毕业参加工作，就开始固定每月花 1000 元购买长期国债或储蓄类产品，综合收益率为 10%。两年后，24 岁的乙也开始参与甲的这种理财计划。那么 20 年后，理财计划完成时，会出现什么样的结果呢？

计算得知，他们两人的总资产相差 14 万元。如果到 60 岁退休时，甲的资产比乙的资产多 77.9 万元。这就是为什么越早着手理财越好的原因。

2. 佣金受雇人

这类人的收入主要是依靠佣金和底薪收入。他们一般集中在保险、证券、地产、汽车销售等行业，主要从事市场销售工作，收入不稳定。当市场好的时候，其收入比一般拿固定工资的人高；在市场不景气时，他们的收入又较低。这类人应该注意旺季储蓄，淡季补贴。

那么在这种收入波动很大的情况下，如何做好储蓄规划呢？这里引入边际储蓄率的概念。所谓边际储蓄，就是用来测度收入增加引起储蓄增加程度的一个概念，边际储蓄率就是用于储蓄的钱占收入增加部分的百分比。

例如，有一个家庭的月收入增长了 10000 元，他们打算把其中的 4000 元存到银行，那么其边际储蓄率就是 40%。

根据不同的收入和家庭开支情况，可以设定不同的边际储蓄率。与平均收入对比，可以将旺季收入增加的部分用于储蓄，部分用于弥补淡季的家庭开支。

例如，有一位推销员平均每月收入可达到 1 万元。10 月份收入为 8000 元，11 月市场转淡，收入降至 5000 元。如果家庭平均开支是 6000 元，那么应该如何储蓄为好？

首先考虑边际收益率。平均收入减平均开支后，每月平均可以结余 4000 元。但考虑收入不稳定，需要留一部分资金备用，因此可以用 60% 的边际储蓄率来分配超出平均数的收入部分。因此，

10 月份储蓄 =（8000–6000）× 60% = 1200 元。

11 月份收入为 5000 元，少于生活开支的 6000 元，因此要从储蓄里拿出 1000 元弥补。

一年的储蓄 =（平均收入 – 基本支出）× 12 × 60%

=（10000–6000）× 12 × 60%

= 28800 元

3. 自主经营创业者

自主经营的创业者的收入不同于工薪阶层，他们的收入是与生意好坏捆绑在一起的，因此自营者应该更加关注生意经营，做好预算，将生意收入与家庭开支进行切割，且不可混为一谈。

在现金规划方面，也可以借鉴前面的佣金受雇人方法，对生意进行评估，选择一个合理的兼顾家庭与生意的边际储蓄率，这样既不影响生意的资金周转，也可以保证家庭的长远储蓄计划。

第二节　家庭财务分析

前面介绍了现金规划的基本内容。现金规划离不开家庭财务分析，家庭财务分析又离不开家庭财务报表。下面首先来介绍家庭资产负债表、收支表以及家庭现金预算表。

一、家庭资产负债表

我的财富在哪里？

我的财富有多少？

我的财富结构是怎样的？

我的家庭存在财务危机吗？

我的财富为我创造新的财富吗？

这些问题都可以从家庭资产负债表中找到答案。

家庭资产负债表是对家庭某一时间点的资产进行总结，以反映家庭财务资产状况的财务报表，它既可以帮助人们清楚自己的财富资源，也可以帮助报表使用者监控和调整自己的资源分配，以达到理财的最佳效果。

1. 家庭资产负债表模板

家庭资产负债表的内容没有企业资产负债表那么复杂，使用者可以根据自己家庭的实际情况进行添加、删除和调整。表 3–1 是王先生的家庭资产负债表案例，供读者参考。

表3–1　王先生家庭资产负债表（单位：元）

资产项目			金额	负债项目		金额
流动资产	货币型资产	货币现金	4500.00	流动负债	信用卡透支	4200.00
		活期存款	9000.00		短期应付款	65000.00
		1年定期	30000.00		消费贷款	3600.00
		短期应收款	10000.00		每月按揭	18000.00

续表

资产项目			金额	负债项目		金额
流动资产	货币型资产	其他特别账户	0.00	流动负债	其他短期贷款	20000.00
		小计	53500.00			
	短期投资	股票	20000.00			
		债券	0.00			
		基金	0.00			
		外汇	0.00			
		保单现金价值	0.00			
		其他	0.00			
		小计	20000.00			
	合计		73500.00		小计	110800.00
	自用	自住房房产	3600000.00		长期应付款	150000.00
		机动车	0.00		长期贷款	1850000.00
		小计	3600000.00			
	长期投资	长期储蓄	240000.00			
		股票	100000.00			
		基金	65000.00			
		退休金账户	150000.00			
		投资性房产	0.00			
		黄金	8000.00			
		收藏	0.00			
		其他	0.00			
		小计	563000.00			
	合计		4163000.00		小计	2000000.00
总资产		4236500.00		总负债		2110800.00
净资产		2125700.00				

2. 资产负债表的恒等式

家庭资产负债表与企业资产负债表都是依据“总资产 = 负债 + 净资产”

这个恒等式来制作的。如表 3–1 中，总资产（4236500 元）= 负债（2110800 元）+ 净资产（2125700 元）。

3. 清偿比率

清偿比率是衡量家庭资产的风险指标，是净资产与总负债的比值。在家庭资产负债表中，重点要看净资产有多少。当净资产为正时，说明你的家庭具有清偿能力；如果净资产为负，则说明你的家庭已经资不抵债。

我们也可以用清偿比率来表示：

清偿比率=净资产 ÷ 总负债

当清偿比率大于 1 时，说明家庭具有清偿能力。一个家庭的理财目标应该将这一比率维持在 1 以上。对于一般家庭来说，清偿比率最好在 2 以上，也就是说当家庭遇到特殊情况时，除了清偿债务外，还能有一部分资产剩余，这样可以保证家庭的后续开支与东山再起。

如表 3–1 所示，清偿比率 =2125700 元 ÷ 2110800 元 =1.01，这说明家庭总体财务控制在合理范围内，基本无风险。

4. 流动比率

与描述企业流动性风险一样，流动比率在家庭财务管理中也有非常重要的作用。流动比率是衡量家庭短期债务清偿能力，也就是衡量家庭流动性风险程度的指标。

通俗地说，当你的家庭万一丧失了收入来源，你依靠现存的流动性资产支付短期债务时，你的家庭能够维持多久。

流动比率=流动资产 ÷ 短期（流动）负债

对于普通家庭来说，一般这个比率应该维持在 1 以上。也就是说，万一家庭丧失收入，在可预见的未来某一段时间（如 1 年），你可以将家庭流动资产变现以抵御短期负债的压力，避免家庭出现短期财务危机。

为保守起见，家庭还应该根据具体情况留有一定余地，以保证家庭的日常开支，这也就是我们经常所说的家庭紧急预备金。

家庭资产流动比率与企业资产流动比率的安全边际有差别，一般企业需要尽量维持在 2 左右。

例如表 3–1 中，流动比率 =73500 ÷ 110800=0.66，这说明该家庭流动性不好，短期财务存在风险，短期资产无法还清短期债务，容易造成被迫变卖长期资产或者影响信用，需要提高流动资产配置。

5. 投资资产比率

投资资产比率是指在家庭资产结构中用于投资的资产比率，即：

投资比率 = 投资性资产 ÷ 总资产

投资资产比率反映一个家庭的投资理财程度，以及达到财务自由的差距。这一比率越大，说明家庭财务自由的程度越高。

表 3–1 中，投资比率 =（20000+563000）÷ 4236500=13.76%。从这个数字来看，其投资比率并不高，但如果考虑自用房占有总资产的 85%，该投资比率可以调节为 91.59%，其投资比率非常可观。

二、家庭收支表

我的钱从哪里来的？

我的钱到哪里去了？

这段时间是赚了还是亏了？

我的投资收入有多少，占我的总收入比率有多大？

这些问题可以用家庭收支表来回答。

1. 家庭收支表模板

家庭收支表是家庭财务管理的重要财务报表之一，它反映了家庭一段时间（如月、季、半年、年）内的财务活动状况。从家庭收入及开支的对比中，可以看出家庭这一段时间里发生的与当初预算的差距，从而给使用者提供调整依据。

家庭收支表由三部分组成，即现金收入、现金支出和现金盈余。表 3–2 是王先生家庭收支表案例，供读者参考。

表3-2 家庭收支表（单位：元）

编制人：		时间：	
收入	金额/月（或年）	支出	金额/月（或年）
一、工资收入		一、日常支出	
1.工资	28000.00	1.衣	1200.00
2.奖金	2600.00	2.食	2000.00
3.佣金	0.00	3.住	
4.养老金和年金	1680.00	租房费用（或按揭）	13520.00
5.其他收入		物业管理费	420.00
工资收入小计	32280.00	家具电器	0.00
		水电气	360.00
二、投资收入		其他费用	600.00
1.利息	1600.00	4.行	
2.股息	0.00	车贷	0.00
3.证券出售	3280.00	汽油费	0.00
4.房产出租	0.00	维修费	0.00
5.其他投资收入	0.00	交通费	460.00
投资收入小计	4880.00	5.教育费	1600.00
		6.娱乐交际费	600.00
三、其他收入		8.医疗费	220.00
1.退休金	0.00	9.奉养费	2000.00
2.保险满期金	0.00	10.保险支出	
3.遗产	0.00	家财险	70.00
4.礼金与赠与	1200.00	寿险	800.00
5.其他	0.00	车险	0.00
其他收入小计	1200.00	健康险	76.00
		日常支出小计	23926.00
		二、投资性支出	
		1.储蓄支出	6000.00

续表

编制人：		时间：	
收入	金额/月（或年）	支出	金额/月（或年）
		2.证券投资支出	5000.00
		3.投资性房产支出	0.00
		4.投资性保险支出	0.00
		5.其他	0.00
		投资性支出小计	11000.00
		三、其他支出	0.00
总收入	38360.00	总支出	34926.00
现金盈余	3434.00		

2. 现金盈余

现金盈余情况是家庭收支表最终结果的反映，它是用总收入减去总支出的结果。保证现金盈余大于零，是家庭理财的最基本任务之一。

现金盈余=总收入-总支出

该项数据大于零，说明在这段财务周期里家庭是有盈余的；如果现金盈余是负数，说明这段财务周期里，该家庭的理财有一定问题，下一时间周期要进行调整，或增加收入部分，或减少支出部分。

例如表 3-2 中，现金盈余 =38360 元 -34926 元 =3434 元，说明王先生的家庭收支情况在规划范围以内并取得了 3434 元盈利。

3. 财务自由比率

该比率是根据前面讲的财务自由的定义来设定的，即投资收入与家庭日常支出的比率。

财务自由比率=投资收入÷日常支出

它是衡量家庭财务状况与达到财务自由状态的差距。如果该比率大于等于 1，那么说明该家庭已经实现了财务自由目标。该项比率如果非常小（比如小于 30%），那么说明距离财务自由还有较远的路要走。

财务自由比率与很多因素有关，特别是对于家庭收入较低，或还没多少积蓄的年轻家庭来说，投资收入的成长需要一个过程。只有原始资本达到一定程度时，财务自由比率才会加快增长。因此，家庭投资理财越早越好。

表 3–2 中，财务自由比率 =4880 元 ÷23926 元 =20.4%，说明该家庭的被动收入还太少，距离财务自由仍有较大的距离。

4. 储蓄比率

储蓄比率是从税后收入中扣除各种开支后，提取的用于储蓄的现金盈余比率。

储蓄比率=现金盈余÷税后收入

储蓄比率兼顾了投资与保持适度流动性的特点。一年以内的储蓄是家庭流动资金管理的重要工具，3 年、5 年既可以作为长期无风险的稳定投资工具，也可以用于特殊情况时的现金来源。

储蓄比率不像清偿比率和流动比率那样有一定的合理值，它是根据家庭总收入以及开支的情况拟定的。一般收入高、消费趋于谨慎的家庭会有较高的储蓄比率，相反则较低。在家庭理财规划时，应该根据家庭的收入和开支合理确定某一比率并坚持不懈，不要轻易更改。

表 3–2 中，储蓄比率 =6000 元 ÷32280 元 =18.59%，考虑到有证券投资 5000 元和自有住房房贷支出 1350 元，有 18.59% 的储蓄率是属于合理的。

5. 投资收益率

它是投资成本与投资收益的比率，是反映投资效率的一个数据指标。

投资收益率=投资利润÷投资资本

如果某家庭只有银行定期储蓄，那么投资收益率就是银行定期利率。如果是某一项投资组合，那么就应该用该投资组合所得到的总收益与投入的成本总额进行比较。

表 3–2 中的投资收益为 4880 元，查表 3–1 资产负债表可以知道，王先生的投资资本为短期投资 20000 元加上长期投资 563000 元，即 583000 元，则，

投资收益率 =4880 ÷ 583000=0.84%

即王先生的总投资月收益率为 0.84%，年化收益率 10%，总体收益率还是不错的。

三、家庭现金预算表

家庭现金预算表是对家庭未来一段时期内的现金流入及支出的预算。它主要有三个内容，收入预算、支出预算和现金规划平衡。

1. 现金收入预算

现金收入预算是对家庭可以支配的未来现金收入进行预算。所谓可支配收入，是指可以纳入家庭内部的收入，不包括需要偿付的收入，如借款、交税等。

2. 现金支出预算

现金支出预算是对未来一段时间里的家庭现金支出进行估计，并作出预算方案。在进行支出预算时需要了解家庭的消费习惯，日常开支情况，并对未来家庭开支项目进行规划。我们可以根据以往的开销记录，看看哪些是日常必须支出的，哪些是可以节流的，再看看预算时期内是否有其他需要新增的支出，比如添置家具、新增教育费用等。对花费的估计应注意适中，不要过少，否则不但影响正常的家庭生活质量，也会加大以后执行和实施的难度。

3. 现金规划平衡

现金规划的目的是让现金收入与支出达到平衡。这里所说的平衡，并不是指收入与支出相等，而是收入要大于或等于支出。

为了避免期内出现赤字，可以采取多种方法，比如将当期内的某些支出放到下一期内，通过改变消费习惯来减少支出，通过增加现金收入来弥补支出等。

4. 家庭现金预算表模板

表 3–3 是家庭现金预算表的一个案例模板。

家庭现金预算表包括预算计划与实际发生金额两个部分，在内容项目上分为收入和支出。制作该表的目的是对未来一段时间家庭现金收入和支出做出评估和计划，制定预算标准；对上一报表期完成情况进行检讨，总结经验和发现问题。

表3-3 家庭现金预算表（单位：元）

项目		预算金额	实际金额	差值	说明
薪水	工资性收入1	11000	11000	0	
	奖金性收入1	1200	1200	0	
	工资性收入2	8000	8000	0	
	奖金性收入2	800	800	0	
	小计	21000	21000	0	
理财	储蓄利息收入	650	650	0	
	基金分红	1200	800	–400	
	股票收入	1000	750	–250	
	房租收入	0	0	0	
	小计	2850	2200	–650	
其他现金收入		0	0	0	
收入合计		**23850**	**23200**	**–650**	
日常费用	吃	1500	1250	250	
	住(租金)	2500	2500	0	
	穿	300	620	–320	多买了衣服
	交通	300	250	50	
	水电气	400	360	40	减少开空调时间
	通讯	200	180	20	
	娱乐	300	230	70	
	医疗	200	0	200	
	教育	1000	1200	–200	购买书籍增加
	美容健身	400	200	200	
	社交	500	150	350	减少外出午餐
	保险费	100	80	20	
	其他费用	500	100	400	零花钱减少
	日常支出小计	8200	7120	1080	

续表

项目		预算金额	实际金额	差值	说明
理财	零存整取	3000	3000	0	
	3年定期	5000	5000	0	
	证券投资	5000	5000	0	
	储蓄投资支出小计	13000	13000	0	
支出合计		21200	20120	1080	
现金结余		2650	3080	430	
本月总结					
本月达到预算目标。 收入方面：基金与股票投资由于市场原因出现下降。 支出方面：通过一定的节俭，减少开支1080元。					

表3-3是家庭现金预算表模板样式，读者可以根据自己的实际情况进行修改。其总体原则是收入与支出要基本平衡，作出预算后应该按照预算计划严格执行。

家庭现金预算表与家庭收支表的作用和管理目的不一样。收支表是对过去一段时间的家庭"经营"状况进行记录，目的是总结过去的家庭收入与支出的结构和结果，反映的是家庭一段时间里总体的收支状况。

制作家庭现金预算表的主要目的是面向未来，是对未来一段时间的收支进行规划预算，特别是制定家庭支出上限，同时总结预算完成情况。

另外，家庭现金预算表的内容是针对包括货币现金、银行转账等在内的各种现金流进与流出，而家庭收支表涵盖了各种流动资产与固定资产在内的全部家庭资产的财务变化情况。因此家庭现金预算表更加具体，对日常生活的收支管理更加明确。

四、家庭流水账

大家都知道，流水账是最方便也是很重要且实用的记账方式，它完整地记录了家庭每项收入和开支的具体时间、数目、用途以及其他较为详细的信息，为回顾分析家庭财务情况提供了第一手的信息。家庭流水账也是制定现金预算表和家庭收支表的信息来源。

流水账没有什么固定的格式，但应该记录以下内容。

（1）具体时间。

（2）收入或支出。

（3）分类项目。

（4）数量。

（5）开支的必要性（必须、可选、不应该）。

（6）详细描述。

特别注意的是第（5）项，家庭理财就是开源节流，它是反省家庭支出情况的重要一环。在一个理财计划实施的初始阶段，要依据理财规划对每一项开支的必要性作出严格的审定，夫妻双方要达成共识。如果发现开支项里有较多的“可选”和“不应该”，那么就应该引起高度警惕，在下一财务预算中加以控制。表 3–4 是一个简单的流水账模板。

表3–4　简单的流水账模板（单位：元）

时间	项目名称	收入	支出	评价	备注说明
2013/10/1	女装1		–82	浪费	穿了两次就不喜欢
2013/10/1	女装2		–150	可免	同样款式的还有一件
2013/10/1	女装3		–56	必要	
2013/10/1	儿童牛仔裤		–65	必要	
2013/10/1	餐馆晚餐		–120	必要	
2013/10/2	伙食费		–95	必要	
2013/10/3	电费		–230	必要	
2013/10/3	交水费		–80	必要	
2013/10/5	工资1	11000			
2013/10/5	奖金	1800			
2013/10/5	零存整取		–3000		
2013/10/5	3年定期存款		–5000		
……	……		……	……	

续表

时间	项目名称	收入	支出	评价	备注说明
2013/10/30	孩子数学补课费		-1200	必要	
2013/10/31	股票投资收入	3200			
2013/10/31	购买基金		-5000		
小计		16000	-15078		
本月结余	922				

第三节　储蓄管理

一、储蓄管理概述

家庭储蓄管理是对现有资金和未来资金进行合理的银行储蓄规划，以达到各期现金预算平衡，并为投资储备资本的家庭资产管理模式。货币是有时间价值的，科学地进行储蓄管理，可以避免现有资产的损失，最大程度地利用现有资源。

（1）储蓄管理可以为家庭建设做好准备。一般工薪阶层的收入虽然稳定，但收入并不很高，在添置较大的家具或房屋装修时需要大量的资金，这些钱从哪里来？这就需要储蓄，需要提前计划好。

比如，假设一年后你需要重新装修一下房子，并更换一套家具，预算需要 12 万元，那么在进行现金规划时就应该规划进去。

在未来的一年时间里，如何来攒足这 15 万元呢？在这个过程中有多种方法，可以每个月留 1 万元在活期账户，但这种方法货币会贬值。那么用什么方法既可以达到积累 12 万元的资金，又可以最大程度地让这些钱产生效益呢？这就要进行储蓄管理。

（2）储蓄管理可以为投资做好准备。投资需要资本，资本从哪里来？虽然资本来源有很多的途径，但一般人必须要走积累资本这个过程。

储蓄管理是介于日常生活的现金管理和投资管理之间的桥梁。较好地利用储蓄管理，既可以保障家庭生活的正常开支平衡，也可以为未来投资打好资本基础。同时，储蓄本身就是一种稳定的基本无风险的投资。

储蓄管理需要注意，首先要清楚自己的长期和中期财务目标，并在此基础上考虑货币的时间价值，充分利用短期、中期、长期储蓄以及其他储蓄方法的特点。

二、储蓄与利率

储蓄收益主要来源于利息，而利息的多少取决于银行利率。银行利率并不是商业银行自己随便制定的，而是受到央行基准利率的约束。

1. 基准利率

基准利率是金融市场上具有普遍参照作用的利率，其他利率水平或金融资产价格均可根据这一基准利率水平来确定。

基准利率是利率市场化的重要前提之一，在利率市场化条件下，融资者衡量融资成本，投资者计算投资收益，管理层对宏观经济的调控，客观上都要求有一个普遍公认的基准利率水平作参考。从某种意义上讲，基准利率是利率市场化形成机制的核心。

在中国，以中国人民银行对国家专业银行和其他金融机构规定的存贷款利率为基准利率。基准利率是中央银行实现货币政策目标的重要手段，制定基准利率的依据只能是货币政策目标。当政策目标重点发生变化时，利率作为政策工具也会随之变化。

不同的利率水平体现不同的政策要求。当政策重点放在稳定货币时，中央银行贷款利率就应该适时调高，以抑制过热的需求；相反，则应该适时调低。

2. 银行利率

银行存款方式有多种，如活期、整存整取、零存整取等。存入银行的钱叫做本金，取款时银行多支付的钱叫做利息，利息与本金的比值叫做利率。一般来说，利率根据计量期限标准的不同，表示方法有年利率、月利率、日利率。

银行存款利率以及贷款利率都受到央行基准利率的约束。基准利率是人民银行公布的商业银行存款、贷款、贴现等业务的指导性利率，各金融机构的存款利率目前可以在基准利率基础上下浮10%，贷款利率可以在基准利率基础上下浮20%。

3. 储蓄与利率

通俗地说，储蓄实际上就是储蓄人将钱借给银行，然后从银行里获得一点利息。从借款人的角度来看，利率是使用资本的单位成本，是借款人使用贷款人的货币资本而向贷款人支付的价格；从贷款人的角度来看，利率是贷款人借出货币资本所获得的报酬率。

如果用r表示利率，用I表示利息额，用P表示本金，则利率可用公式表示为：

$$r=I/P$$

三、储蓄的种类

大部分家庭来收入来源多为工作收入，在家庭开支已经稳定在某个范围内时，增加家庭工作收入是提高储蓄的重要途径。降低家庭支出也可以提高储蓄，但它有个极限，这个极限就是要保障家庭基本生活的支出。第三种提高储蓄的方法是增加投资理财的收入，这种方法有两层含义，一层是通过提高资本金数量来获得更多的收入，另外一层是在同样的资本金下，通过提高理财技巧来提高收入。

下面介绍常见的几种银行储蓄种类。

1. 活期储蓄存款

活期储蓄存款是指银行不规定存期，储户随时可以存取款，存取金额不限的一种储蓄方式。其优点是随时可存，随时可取，金额不受限制，灵活方便，适应性强。活期存款的缺点是无约束性，利息低，长时间贬值。

活期存款储蓄方式多用于短期少量的闲置资金。一般情况下，在半年（甚至3个月）没有计划用于开支以内的资金（如3000元以上），不应该存为活期存款。比如有10000元闲钱，如果存活期，半年的利息所得是19元。如果将它存为半年的定期储蓄，利息所得是154元，如果存1年则是330元，3年为1300元，5年为2400元。

2. 定期储蓄存款

定期储蓄存款是储户在存款时约定存期，一次或按期分次存入本金，整笔或分期、分次支取本金或利息的一种储蓄方式。

定期储蓄存款的特点是：

（1）存款期限固定，存期较长，金额较大，利率高，存款相对稳定。

（2）适合于城乡居民生活结余款和积少成多的大宗用款存储。

（3）对储户来说，参加定期储蓄存款有利于合理地、有计划地安排生活。

（4）定期储蓄的不足之处是，如果储户需要提前支取本金，则已存期间的利息按实际支取日的活期存款利息率计算。

3. 整存整取

整存整取是指银行和储户约定存期，整笔存入，到期一次性支取本息的一种储蓄。

整存整取特点是手续简便，保密性好，利率和稳定性较高。整存整取适合于较长期不用的款项，较大的生活节余款以及个人积累款的存储。

4. 零存整取

零存整取是银行为适应储户将零星小额节余款积零成整的需要而设置的储蓄方式。零存整取定期储蓄为每月固定存款，存期分1年、3年、5年，存款金额由储户自定，一般5元起存，由银行发给存折，每月记存一次，中途如有漏存，应在次月补齐，到期凭存折支取本息。零存整取的特点是需要月月存储，利息比整存整取低，比活期高。

5. 存本取息

存本取息是一种定期储蓄的衍生品种，是指约定存期，整笔存入，分次取息，到期还本的储蓄方式。

存本取息一般是5000元起存，存期分为1年、3年、5年，由储蓄机构发给存款凭证，到期一次支取本金；利息凭存单分期支取，具体支取时间由储户和储蓄机构协商确定，一个月或几个月均可。

如果储户需要提前支取本金，则要按定期存款提前支取的规定计算存期内利息，并扣除多支付的利息。

6、定活两便储蓄

定活两便储蓄是银行为那些存款数额较大，又需要频繁支出的储户而设置的特殊储蓄方式。

定活两便储蓄的特点是，既可以在存期较长的情况下按照规定获得较多的利息收入，又可以享受活期储蓄的支取之便。储户在存款时不必约定存期，银行根据储户存款的实际存期按规定计息，一般是50元起存，由储蓄机构发给存单。存单分记名和不记名两种，记名式可以挂失，不记名式不挂失。

由于定活两便储蓄会增加银行的利息支出，许多储蓄所实际上并不办理此项业务。

四、储蓄中的学问

根据银行不同的利率情况和家庭现金规划需要，选择不同的储蓄方法或组合方式，以获取最大的利息报酬，是制定储蓄计划的指导思想。

下面介绍几种储蓄的方法和技巧。

1. 阶梯存储法

假定准备储蓄5万元，可分成5个1万元，分别开设1年、2年、3年、4年（3+1）和5年期存单各一个。一年后，你就可以用到期的1万元，再去开设1个5年期存单。以后每年如此,5年后手中所持有的存单全部为5年期。只是每个1万元存单的到期年限不同，依次相差1年。

特点：这种方法既可以获取高息，又不影响资金的灵活使用，既可以跟上利率调整，又能获得5年期存款的高利息。适用于保守型家庭长期投资的一种方法。

表3–5是阶梯储蓄法的描述。第一列表示1至5年存期不同的5个储蓄

单，这样在以后的每年都有一个存单到期，如果这5年中没有其他需要开支这些资金，那么5年后这5个存单都是利息较高的5年定期存单。这样既保证了每年可能出现的资金需求，也保证了获取利息的最大化。

表3–5　阶梯储蓄法

起始	1年后	2年后	3年后	4年后	5年后	6年后	7年后
1年期	如无急需转5年期					如无急需转5年期	
2年期		如无急需转5年期					如无急需转5年期
3年期			如无急需转5年期				
4年期				如无急需转5年期			
5年期					如无急需转5年期		

案例：王先生想保有4万元资金作为每年的应急储备金，如果存1年以上的定期，万一要用就必须取出来，这样就会损失应得的利息。如果存活期，万一不需要，就会浪费资金。那么如何进行储蓄呢？这时可以考虑使用阶梯式储蓄法。

将4万元平均分拆成4笔存款，其中3笔分别存3个月期、6个月期、1年期定存，每到期一个，如果没有需要，就转为1年期定存。最后一笔先存3个月定存，到期后转存6个月期定存，到期后再转存一年期定存。这样，每3个月都至少有一笔1万元的存款到期，可分享期间加息后的高收益，而且9个月后，4笔存款均可享受1年期定存利息。

依照阶梯储存法，王先生在3个月和9个月后如果分别动用其中的1万元，则第1年的利息收入为：

10000元 ×2.6%/4+10000元 ×(2.8%/2+3%/2)+10000元 ×3%+10000元

×(2.6%/4+2.8%/2)=860 元

如果简单地存活期存款，利息只有 140 元。

2. 月月存储法

月月存储法又称十二张存单法。

具体操作步骤为：假如每月固定拿出 1000 元来储蓄，每月开一张 1 年期存单，当存足 1 年后，手中便会有 12 张存单，而这时第 1 张存单开始到期。把第一张存单的利息和本金取出，与第二年第一个月要存的 1000 元相加，再存成 1 年期定期存单。以此类推，手中时时会有 12 张存单。一旦急用，只要支取近期所存的存单就可以了。

特点：此种方法非常适合每月有一定盈余的家庭，不仅能够很好地聚集资金，又能最大限度地发挥储蓄的灵活性，即使急需用钱，也不会有太大的利息损失。既可减少利息损失，又能解燃眉之急，满足工薪家庭应急之需。与阶梯储存法比较，月月储蓄方法更适合每一笔资金较小，频率较快（每月）的资金收入储蓄，而阶梯储蓄法更适合大笔资金。

案例：王先生每月有 2000 元的结余，原来是每 3 个月存一次 1 年定期，这样就浪费了其中两个月的 4000 元结余，因为它们只能存为活期。如果王先生采用月月储存方式，则充分利用了他结余资金的时间价值。

3. 四分存储法

假设现有 10 万元资金，一年内要使用一笔钱，但用钱的具体金额、时间并不确定。为让这 10 万元钱尽可能获取更高的利息，那么可以选择四分存储法。即把资金分别存成 4 张存单，但金额一个比一个大。例如可以把 10 万元分别存成 1 万元、2 万元、3 万元、4 万元共 4 张。当然也可以进一步细分成更多的存单。这样一来，假如需要 1 万元，只要动用 1 万元的存单便可以了，避免了只需要 1000 元，却要动用大笔存单造成的利息损失。

特点：可以减少不必要的利息损失。

4. 利滚利存储法

这是存本取息储蓄和零存整取储蓄有机结合的一种储蓄方法。假如现有 3 万元现金，可以先把它存成存本取息储蓄。一个月后，取出存本取息储蓄的第一个月利息，再用这第一个月利息开个零存整取储蓄账户。以后每月把利息取出后，都存到这个零存整取的储蓄账户上。

特点：一笔钱能取得两份利息，只要长期坚持，也会有不错的回报。

第四节　现金管理模型——蓄财池

一、蓄财池模型

图 3–5 可以反映出个人投资理财的过程，从这张图中可以知道钱应该放到什么地方。我们可以把工资等家庭收入放进这个“蓄财池”。

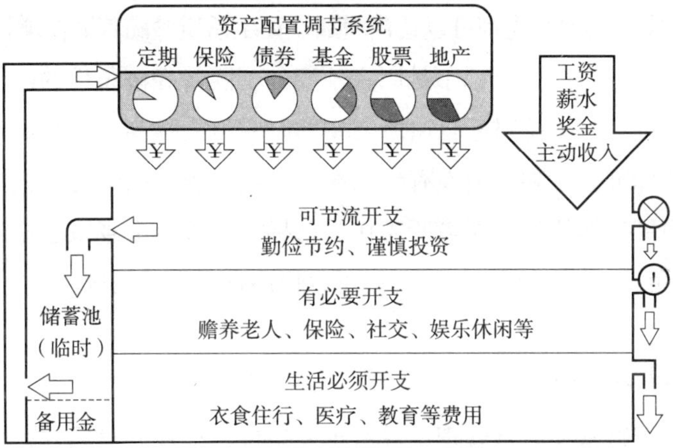

首先，生活必需开支。这部分开支主要是满足日常生活需要，保证家庭的基本生活质量。这部分是必需开支的，放在这里当然属于放对了地方。

其次，有必要开支。这部分开支是指在通常情况下应该开支的部分，如果出现特殊情况，也可以暂缓开支或者取消它们。比如孝敬父母的费用，必要的人情交往开支，还有必要的娱乐休闲开支以及瓜果零食等。

第三，可以不用花费的钱。这部分消费可以通过以下方式来确认：如果你不花费这些项目，是否对你的生活、社会交往或精神产生负面影响？如果答案是“否”，那么无论是多少钱，都尽量节省下来。比如日常生活中要注意随手关灯，节约用水等，还有网购、逛街等一时兴起的购物欲。

第四，储蓄池。这部分资金是结余的净现金流量，它们是用以投资的资本金，也是紧急备用金的来源。对家庭现金管理的目的，就是要尽可能地提高这部分资金的比率和数量，为后面投资理财做好资本金准备。这部分钱主要来源于每月的净收入，可以将它们临时储存在银行，多采用1年期以内的短期存放方式。一旦有机会和需要，就将它们投入到相应的投资项目或其他规划项目中。

第五，资产配置调节系统。根据宏观经济情况，个人投资风格等，通过这个调节系统，将资本金科学合理地进行组合，进行投资，让钱生钱。生出来的钱重新注入到这个蓄财池里，进行循环流动。

最后，蓄财池放大。这个蓄水池的各个部分可以相应扩大。随着财富的增长，生活开支、其他开支都可以适当增加，让生活质量随着财富增长而提升。

一个人财务自由的目标不是固定不变的，随着经济条件的改善，生活的标准也随之提高，维持财务自由所需要的财富也会提高，因此需要动态规划财务自由的标准。比如，当没有什么积蓄，收入也不高的时候，为了积累资本，可以将最基本的生活保障所需作为目标。当资本金越来越多，被动收入超过了原有的基本生活保障，此时就可以提高日常生活质量。

二、强迫自己理财

合理分配财富在财富管理中具有重要地位，把钱放对地方，关系到一个人是否可以实现财务自由。有的人不开心了就会拿钱撒气，开心了同样要花钱助兴，总之，花钱本身能够给人们带来一种刺激。但理财与花钱并不是好朋友，强迫自己理财，是步入理财的必由之路。

1. 增加储蓄的动力

围绕自己最渴望实现的一个目标来给自己添加动力，并将它分解为“我现在该干什么？”。

例如，“5年内我想买部15万元以上的车”，那么每个月就要存2500元钱。此时可以单独开一个存折，每个月将这笔款存入买车的专用账户。

还可以用可视量化的方法，将细碎的零钱积累起来。比如可以每天将口袋里的散钱抽出10元或5元放在一个盒子里，每个月将这些零钱转到一个开设的单独账户。看见自己零碎的钱逐步攀升，也会增强储蓄的动力。

2. 合理制定预算

根据“蓄财池”原理，首先需要强迫自己做合理的预算。在进行现金预算时，既不能过于苛刻，这样会难以执行；也不能太过放松，太放松就没有效果。根据以往的经验和统计，按照蓄财池的三种开支进行分类，最后确定一个开支范围。

比如，以前的消费习惯结构是，必须开支的有2000元，在正常情况下有必要开支的有1000元，可节流的开支有1000元。那么在进行预算时，可以将有必要开支的部分压缩20%~30%，将可节流的开支压缩30%~50%。请注意，这里是压缩开支，而不是完全删除，也不是不加约束。

3. 强迫记账

每天抽点零碎时间，将自己当天所有的花费记一个流水账。如果记不清具体的数字，哪怕记个大概也可以。养成习惯后，你就不会认为这是件烦恼的事情了，反而认为很有乐趣。

可以将平时买东西的小票丢进一个盒子里，每周闲暇的时间，将这些小票拿出来输入到Excel流水账中。一段时间后，再翻开这个流水账，你会发现其实平日里浪费了好多钱。不信？你就统计一下一年里不该花的钱，这个数字会大出你的所料，哪怕你自己觉得已经很注意了。

4. 强迫储蓄

无论每个月的收入有多少，强迫自己拿出10%~25%的收入用于储蓄。

储蓄既可以作为紧急储备金，也是为投资积蓄资本，与你的收入多少并没有多大关系。如果收入低，为了未来仍然能够过上殷实的生活，现在只能艰苦一点，拿出一定比率的收入储蓄起来。同样，如果收入高，要想维持相应的生活标准或达到财务自由，仍然需要储蓄，以防万一。

5. 强迫投资

现金管理是为投资做准备，“先储蓄，后投资”。在美国，很多中产家庭都习惯于每月抽出一部分钱长期投资，他们认为买股票或股票型基金能致富，买政府公债只能保住财富。

那些已经长期进行投资的人有一个共同的经验：不要将钱闲置在银行里，别相信黄金、珍奇收藏品等玩意儿，要把心放在股票上，这才是建立财富的开始。

在成熟的市场经济体系中，投资股票的长期年平均收益在12%左右，在中国股市，大部分投资者是亏损的，这是因为很多人不是“投资”，而是“投机炒作”。真正将股票作为长期投资的人，平均年收益率一定不低于12%。

案例：孩子上大学的学费是如何解决的

李太太的孩子刚上高一，成绩不错，她希望孩子读完大学二年级后到国外去深造。根据目前这所大学的收费和当地生活情况估算，完成4年本科和研究生学业需要80万元人民币。夫妇两人都是工薪阶层，每月有1.57万元收入，目前有点储蓄想作为紧急储备金，不想动用，此外再没有其他收入来源。根据以往的消费习惯，家庭每月平均日常开支情况如表3–6所示。

表3–6　李太太每月日常家庭平均开支情况

序号	项目	数量
1	物业管理费	–200
2	水电气	–250
3	基本生活费	–1500
4	教育费	–1200
5	交通费	–300
6	通讯等	–500
7	衣物等	–500
8	社交娱乐	–850
9	零花	–500
合计		–5900

现在有一个投资理财产品，投资5年期的收益率是7%的，3年为5.8%，

1 年的投资收益率是 4.5%。根据这个情况，李太太是否可以在 5 年后积蓄 80 万元费用供孩子出国读书？如果要实现这样的目标，李太太一家在现有条件下如何安排生活比较好？

其实这个问题是计算现值，并根据现值计算每月需要节流下来多少钱用于投资，如何安排这些投资款项。

假设李太太每年需要储蓄 M 元用于以上投资理财计划，那么第一年可以投资 5 年期的理财产品；第二年可以投资一个 3 年期和一个 1 年期的；第三年可以投资一个 3 年期的；第 4 年可以投资两个 1 年期；最后 1 年智能投资 1 年期。这样，待 5 年整个投资期结束后，李太太的财富终值应该是 80 万元。

即：

第一年投资 M，5 年后的终值为：$M \times (1+0.07)^5$

第二年投资 M，4 年后的终值为：$M \times (1+0.058)^3 + M \times (1+0.045)$

第三年投资 M，3 年后的终值为：$M \times (1+0.058)^3$

第四年投资 M，2 年后的终值为：$M \times (1+0.045)^2$

第五年投资 M，1 年后的终值为：$M \times (1+0.045)$

这样，它们之和应该等于 80 万，

$M \times (1+0.07)^5+M \times (1+0.058)^3+M \times (1+0.045)+ M \times (1+0.058)^3+M \times (1+0.045)^2+ M \times (1+0.045)=800000$ 元

解方程，M=134196，即每年需要投资 134196 元，每月需要储蓄 11183 元用于投资这项计划。李太太家月收入 1.55 万，那么用于家庭开支的钱只有 15700－11183=4517 元。

目前李太太家的日常开支是 5900 元，如果他们没有新的收入来源，要完成该项理财任务，就必须压缩开支。建议如表 3–7。

如表3–7　调整后的家庭日常开支

序号	项目	原开支	计划开支	变动
1	物业管理费	–200	–200	0
2	水电气	–250	–250	0

续表

序号	项目	原开支	计划开支	变动
3	基本生活费	–1500	–1500	0
4	教育费	–1200	–1200	0
5	交通费	–300	–300	0
6	通讯等	–500	–350	–150
7	衣物等	–600	–300	–300
8	社交娱乐	–850	–200	–650
9	零花	–500	–200	–300
合计		–5900	–4500	–1400

前 5 项属于必须开支的项目，因此无法压缩，后 4 项可以根据消费习惯进行节流。为了达到目的，必须要有付出。如果李太太不想改变原来的生活标准，那么只有想办法每月多挣 1400 元钱了。

三、学会花钱

"学会花钱"，说起来很简单！花钱谁不会？如果你的钱会源源不断地流入你的口袋，你想花多少就有多少，这当然不是问题。事实上这是天方夜谭里的故事。

即使你有花不完的钱，如果将钱用到不该用的地方，反而害了自己，吸毒就是最典型的例子。学会花钱，就是要用投资理财的观念去看待花钱的方式。理财中，"节流"是一项重要课题，但节流不等于吝啬，不是让人变成一毛不拔的"铁公鸡"，该花的钱一定要花。

1. 消费的颜色

根据投资理财对人们物质和精神生活的影响，可以将消费分成四种颜色，用以区分花钱消费的效果，如图 3–2 所示。

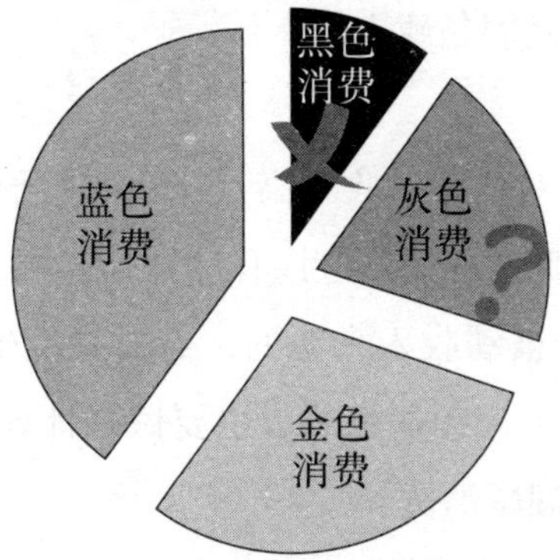

图3–2　消费的四种颜色

（1）蓝色消费：是指日常生活和娱乐休闲的消费。这部分消费属于必要的，是人们赖以生存和日常生活的花销。比如衣食住行、旅游等。

（2）金色消费：是指人们用以提高自身能力以及创造新的财富投入的开支。如学习培训、有益的社交、投资等。

（3）灰色消费：这部分消费是那些产生不了任何价值，也没有带来任何物质及精神享受的消费，也就是浪费的开支。如无节制的购物、水电浪费、毫无意义的聚餐等。

（4）黑色消费：对个人、家庭以及社会带来危害的消费，比如吸毒、吸烟、酗酒等。

我们要学会花钱，就是要将钱花在蓝色消费和金色消费这两个地方，避免灰色消费，杜绝黑色消费。

2. 该花钱的地方

那么钱要花在什么地方才算是会花钱呢？在以下几个方面的花销是大家不应该考虑“节流”的：

（1）花钱学本事：投资自己，提升核心竞争力。

（2）花钱塑形象：你的形象价值百万。

（3）花钱为健康：身体是革命的本钱。

（4）花钱为家人：幸福家庭，人生港湾。

（5）花钱建关系网：人缘好，财路宽。

（6）花钱谋发展：发展是硬道理。

3. 花钱要有计划

花钱总是与收入相对应的，收入高，花钱的胆子自然就越大，也就花得多。但无论收入高还是低，花钱都应该有计划有节制，要进行支出管理。

收入低且没有多少被动收入来源的，需要降低生活标准，尽量多储蓄；收入高且有一定被动收入来源的家庭，也要做好计划，保证未来的生活品质不会降低，同时要注意健康消费。

本章小结

现金规划是理财规划中最重要也是最迫切的部分。它是直接安排和解决家庭眼前生活的规划，也是安排人生财务规划的起点，为其他规划打基础、做准备的规划。如果没有一个好的现金规划方案，不仅直接影响家庭短期生活质量和家庭稳定，也会影响养老规划、交易规划、投资规划等，因此要引起高度的重视。

本章介绍了现金规划的内容和工具，并分析了不同职业的特点以及现金规划的注意事项。收入和支出稳定是做好现金规划的关键因素，收支越稳定，现金规划越容易把控。对于收入和支出不稳定的家庭，现金规划的重点是要平衡收入与开支的关系，把握好边际储蓄问题，在收入高的时候预留资金为收入降低做好准备，并尽量储蓄一部分资金用于应急和理财。

家庭财务报表是个人理财的基础知识，资产负债表是以某一时间点对家庭历史积累的财务状况的反映，从整体反映家庭的资产结构和财务风险程度。清偿比率反映家庭整体财务风险，流动比率反映家庭财务的短期风险，投资资产比率用于衡量被动收入的来源和数量距离财务自由的距离。家庭收支表类似于企业的利润表，是过去一段时间里家庭“经营”状况的体现，现金盈余的多少直接反映了这段时间家庭的收支状况，如果连续出现现金盈余为负，则需要采取措施，调整现金计划。如果连续出现较多的现金盈余，也要注意加大投资理财的力度，减少现金储备，以防货币贬值。家庭现金预算表是对家庭未来一段时间现金收入与支出的直接计划安排，直接关系到家庭生活开支的安排，也是其他规划的前提和基础。

储蓄管理既是现金管理的一部分，也是投资管理的内容。本章介绍了银行储蓄的几种基本品种，并对它们的特点做了介绍。每种储蓄方法都有其特点，要根据不同的现金管理目标，选择不同的储蓄产品或者进行储蓄组合。储蓄产品有不同的特性，储蓄也有技巧和方法，充分利用这些方法和技巧，可以提高手头现金的增值效率。本章介绍了阶梯储蓄法、月月储蓄法、四分储蓄法和利滚利储蓄法，它们都是日常生活中值得借鉴的储蓄方法。

本章最后介绍了现金管理的“蓄财池”模型，它是根据家庭资金来源与需求开支流程和路径来规划的。模型主要是以家庭需求先后来安排现金流，尽量将现金放到该放的地方，即“储蓄池”，再通过资产调节，将这些临时的资金用于投资理财和家庭规划。蓄财池中的“节流”主要体现在下面三层的可节流开支，它们是财富再生产的资本来源，因此理财规划中首先需要学会花钱，钱要花对地方。

第四章　保险

第一节　保险概述

一、保险是什么

保险是指投保人根据合同约定，向保险人支付保险费，保险人对于合同约定的可能发生的事故，因其发生所造成的财产损失承担赔偿保险金责任，或者当被保险人死亡、伤残、疾病或者达到合同约定的年龄、期限时，承担给付保险金责任的商业保险行为。

从经济角度看，保险是分摊意外事故损失的一种财务安排；从法律角度看，保险是一种合同行为，是一方同意补偿另一方损失的一种合同安排；从社会角度看，保险是社会经济保障制度的重要组成部分，是社会生产和社会生活“精巧的稳定器”；从风险管理角度看，保险是风险管理的一种方法。

（1）保险主体。保险合同的主体，只包括投保人与保险人。被保险人、受益人、保单所有人，除非与投保人是同一人，否则都不是保险主体。

（2）投保人。是指与保险人订立保险合同，并按照保险合同负有支付保险费义务的人。投保人可以是自然人，也可以是法人。

（3）保险人。保险人又称“承保人”，是指与投保人订立保险合同，并承担赔偿或者给付保险金责任的保险公司。保险公司在中国有股份有限公司和国有独资公司两种形式。保险人是法人，公民个人不能作为保险人。

（4）被保险人。是指根据保险合同，其财产利益或人身受保险合同保障，在保险事故发生后，享有保险金请求权的人。投保人往往同时就是被保险人。

（5）受益人。是指人身保险合同中由被保险人或者投保人指定的享有保险金请求权的人，投保人、被保险人可以为受益人。如果投保人或被保险人未指定受益人，则他的法定继承人即为受益人。

（6）保单所有人。是指拥有保险利益所有权的人，很多时候是投保人、受益人，也可以是保单受让人。

二、保险的分类

1. 财产保险与人身保险

根据保险标的的不同，保险可分为财产保险和人身保险两大类。

财产保险是指以财产及其相关利益为保险标的的保险，包括财产损失保险、责任保险、信用保险、保证保险、农业保险等。它是以有形或无形财产及其相关利益为保险标的的一类补偿性保险。

人身保险是以人的寿命和身体为保险标的的保险。当人们遭受不幸事故或因疾病、年老以致丧失工作能力、伤残、死亡或年老退休时，根据保险合同的约定，保险人对被保险人或受益人给付保险金或年金，以解决其因病、残、老、死所造成的经济困难。

2. 商业保险与社会保险

商业保险是指按商业原则经营，以营利为目的的保险形式，由专门的保险企业经营。所谓商业原则，就是保险公司的经济补偿以投保人交付保险费为前提，具有有偿性、公开性和自愿性，并力图在损失补偿后有一定的盈余。

社会保险是指在既定的社会政策指导下，由国家通过立法手段对公民强制征收保险费，形成保险基金，用以对其中因年老、疾病、生育、伤残、死亡和失业而导致丧失劳动能力或失去工作机会的成员提供基本生活保障的一种社会保障制度。社会保险不以营利为目的，运行中若出现赤字，国家财政将会给予支持。

商业保险与社会保险比较，社会保险具有强制性，商业保险具有自愿性；

社会保险的经办者以财政支持作为后盾，商业保险的经办者要进行独立核算，自主经营，自负盈亏；商业保险保障范围比社会保险更为广泛。

3. 个人保险和团体保险

个人保险是为满足个人和家庭需要，以个人作为承保单位的保险。

团体保险一般用于人身保险，它是用一份总的保险合同，向一个团体中的众多成员提供人身保险保障的保险。在团体保险中，投保人是“团体组织”，如机关、社会团体、企事业单位等独立核算的单位组织，被保险人是团体中的在职人员。

已退休、退职的人员不属于团体的被保险人。另外，对于临时工、合同工等非投保单位正式职工，保险人可接受单位对其提出的特约投保。

4. 自愿保险和强制保险

按保险的实施方式分，保险可分为自愿保险和强制保险。

自愿保险是投保人和保险人在平等互利、等价有偿的原则基础上，通过协商，采取自愿方式签订保险合同建立的一种保险关系。具体地讲，自愿原则体现在：投保人可以自行决定是否参加保险、保什么险、投保金额多少和起保的时间；保险人可以决定是否承保、承保的条件以及保费多少。保险合同成立后，保险双方应认真履行合同规定的责任和义务。

一般情况下，投保人可以中途退保，但另有规定的除外。比如《保险法》第三十四条明确规定：“货物运输保险合同和运输工具航程保险合同，保险责任开始后，合同当事人不得解除合同。”但当前世界各国的绝大部分保险业务都采用自愿保险方式办理，我国也不例外。

强制保险又称法定保险，是指根据国家颁布的有关法律和法规，凡是在规定范围内的单位或个人，不管愿意与否都必须参加的保险。

5. 共同保险和重复保险

按照承保方式分类，可以分为共同保险和重复保险。

共同保险也称“共保”，是由几个保险人联合直接承保同一保险标的、同一风险、同一保险利益的保险。共同保险的各保险人承保金额的总和等于保险标的的保险价值。这种风险转嫁方式是保险人对原始风险的横向转嫁，但仍属于风险的第一次转嫁。

重复保险是指投保人以同一保险标的、同一保险事故、同一保险利益分别与两个或两个以上保险人订立保险合同的一种保险。重复保险的各保险合同中保险金额之和超过保险标的的保险价值。

6. 原保险与再保险

原保险是发生在保险人和投保人间的保险行为。再保险是发生在保险人与保险人之间的保险行为。再保险是保险人通过订立合同，将自己已经承保的风险，转移给另一个或几个保险人，以降低自己所面临的风险的保险行为。简单地说，再保险即“保险人的保险”。我们把分出自己直接承保业务的保险人称为原保险人，接受再保险业务的保险人称为再保险人。

再保险是以原保险为基础，以原保险人所承担的风险责任为保险标的的补偿性保险。无论原保险是给付性还是补偿性，再保险人对原保险人的赔付都只具有补偿性。再保险人与原保险合同中的投保人无任何直接法律关系。原保户无权直接向再保险人提出索赔要求，再保险人也无权向原保户提出保费要求。另外，原保险人不得以再保险人未支付赔偿为理由，拖延或拒付对保户的赔款；再保险人也不能以原保险人未履行义务为由拒绝承担赔偿责任。

再保险是在保险人系统中分摊风险的一种安排。被保险人和原保险人都将因此在财务上变得更加安全。利用再保险分摊风险的典型例子就是承保卫星发射保险。该风险不能满足可保风险所要求的一般条件。保险人接受特约承保后，将面临极大的风险，一旦卫星发射失败，资本较小的公司极有可能因此而破产。最明智的做法是将该风险的一部分转移给其他保险人，由几个保险人共同承担。

7、按保险是否以盈利为目的分类

盈利保险是以盈利为目的的商业保险，商业保险基本上都是盈利保险。

非盈利保险是指有些保险的经营目的不是为了盈利，而是以提高整个社会的福利或者达到一种互助共济的宗旨的互助合作保险。

三、保险的作用

保险的本质是一种经济关系，它是面临共同风险的众多经济单位或个人，为补偿灾害事故或其他约定事件所产生的损失而建立和使用保险基金形成的经济关系的总和。简单地说，保险是在不可预测的风险出现时可以弥补或减少损失的程度。

总体来说，保险的作用有宏观作用和微观作用。宏观层面，保险可以发挥社会稳定器的作用，保障社会经济的安定；发挥社会助动器的作用，为资本投资、生产和流通保驾护航。根据个人保险的不同作用，保险的微观作用有以下几个方面。

从经济风险角度讲，保险具有风险转移、风险平摊、风险补偿以及抵押贷款与收益功能。

1. 转移风险

买保险就是把自己的风险转移出去，接受风险的机构就是保险公司。保险公司接受风险转移，是因为可保风险还是有规律可循的。通过研究风险的偶然性去寻找其必然性，掌握风险发生、发展的规律，为众多有危险顾虑的人提供了保险保障。

2. 均摊损失

转移风险并非灾害事故真正离开了投保人，而是保险人借助众人的财力，给遭灾受损的投保人补偿经济损失，为其排忧解难。保险人以收取保险费用和支付赔款的形式，将少数人的巨额损失分散给众多的被保险人，从而使个人难以承受的损失，变成多数人可以承担的损失，这实际上是把损失均摊给有相同风险的投保人。所以保险只有均摊损失的功能，没有减少损失的功能。

3. 实施补偿

分摊损失是实施补偿的前提和手段，实施补偿是分摊损失的目的。

其补偿的范围主要有以下几个方面：

一、投保人因灾害事故遭受的财产损失。

二、投保人因灾害事故使自己身体遭受伤亡或保险期满应结付的保险金。

三、投保人因灾害事故依法对他人应付的经济赔偿。

四、投保人因另一方当事人不履行合同所蒙受的经济损失。

五、灾害事故发生后，投保人因施救保险标的发生的一切费用。

4. 抵押贷款和投资收益

随着保险业务的深入发展，保险已成为企业及个人的一种信用凭证，可以在特殊情况下用于抵押贷款。另外，还有一些保险品种不仅可以起到保险目的，而且还可以获得一定的投资收益。

5. 延续生命的价值

如果一个人过早地离开人世，保险可以延续他完成对家庭对社会的一些责任，减少或避免家人因失去原有收入造成的生活困难。

如果没有保险，当人离开这个世界后，他们的生命不仅没有价值，而且还需要家人为他支付大笔钱，让家庭遭受进一步的损失，甚至背负上沉重的经济负担。

6. 为养老做准备

一个人退休后，就会失去工作收入，余下的几十年时间里就必须依靠被动收入来养活自己，大部分人则需要靠保险。我们无法预测自己能够活到多少岁，也许你准备了活到 80 岁的费用，但也可能活到 90 岁、100 岁甚至更长，那么在这些以后的“多活”的年岁里，如果拥有保险，就为自己提供了收入来源，可以过上与以往一样的生活。

7. 避免健康问题带来的风险

“月有阴晴圆缺，人有旦夕祸福。”生病以及其他原因造成的身体健康问题很难避免，小病可能无所谓，一旦出现大的健康问题，就会影响家庭收入，医疗费用也会消耗家庭大量钱财，在这种情况下，以后的生活怎么办？这时保险就能发挥重要作用。

8. 合法避税

保险具有合理合法避税的功能。由于中国的贫富距离越来越大，因此国家推出遗产税势在必行。利用保险可以合法地向子女及家人转移财富。

9. 为孩子教育提供资金

中国是个非常重视孩子教育的国家，很多家长都在为孩子的未来教育做准备。储备教育金是非常稳妥的选择，保险含有对投保人重大疾病或者投保人发生意外伤害豁免保险费的保障，让为孩子存储教育金的计划不因意外风险的发生而中断。

四、保险与风险

大家都知道，保险的核心作用就是控制风险，对可能出现的风险进行管理。所谓风险，就是不确定性的事件发生，导致事实与预期不一样的结果出现。

从风险的形式可以分为两大类。

1. 投机风险

投机风险是指可能产生收益或者会造成损失的风险。这种风险导致的结果有三种情况：获得收益、没有损失、遭受损失。也就是说，它既存在可能获利的机会，又有受损的可能性。

比如在证券市场或者外汇市场进行投资活动时所面对的收益不确定性，就是投机风险。投机风险的发生常常与个人投资（或者说投机）决策的选择密切相关，同时也与社会经济环境的变化紧密相连。

因为投机风险多为个人行为，因此保险公司一般不承担投资风险所带来的理赔，也不接受投资风险的投保。

2. 纯粹风险

纯粹风险是指只有损失机会，而无获利可能的风险。这类风险只有受损与不受损两种结果，比如交通事故，发生了就会产生损失，不发生就没有损失。预防纯粹风险主要是回避风险、预防风险、自留风险和转移风险等四种方法。

与投资风险不同，纯粹风险可以具有可保性，保险公司承保纯粹风险，不承保投机风险。不过并非所有的纯粹风险都是可保风险，纯粹风险成为可保风险也必须满足一定的条件，这些满足条件的纯粹风险称为可保风险。

一般来说，作为可以在保险公司投保的风险必须符合以下条件：

（1）风险必须是非投机性的。

（2）风险必须是偶然和意外的。

（3）风险发生的概率是可以预测的。

（4）风险造成的损失是明确的。

（5）对于保险人，风险造成的损失不能是巨灾损失。

3. 人身风险

人身风险是指对身体和生命产生威胁的风险，即人的生老病死、残疾等因素导致的风险，也称为人生保险。这类风险会导致预期收入减少，额外费用增加。

人身风险包括大病风险、失能风险、活得太短的风险、活得太长的风险。这些风险都会造成大笔费用开支和收入大幅下降，导致个人和家庭生活受到巨大的影响，甚至无法保证最基本的生活需求。应对人身风险的保险是保险的基本内容，比如人生保险、健康保险、意外伤害保险等。

4. 财产风险

财产风险是家庭财产因自然灾害、意外事故等原因导致财产毁灭、损失和贬值的风险。

财产风险的损失一定是在风险发生后出现的损失，比如地震或火灾后房屋的重建，交通事故发生后汽车的维修等。为了减少财产风险发生后的损失，投保人可以通过投保财产保险的方法来转移和分散风险带来的损失。

5. 责任风险

责任风险是指在工作或生活中，由于自己的失职疏忽，给他人造成的损失赔偿风险。

比如仓库管理员由于不小心引起火灾，给公司带来巨大损失，个人需要承担一定的责任，并受到惩罚，这样就会给个人及家庭带来经济损失。

五、保险公司与保险代理人

1. 保险公司

保险公司是采用公司组织形式的保险人，经营保险业务。保险公司享有收取保险费、建立保险费基金的权利。同时，当保险事故发生时，有义务赔偿被保险人的经济损失。

保险公司主要有两大类：人身（寿）保险公司和财产保险公司。与人身保险公司签订了保险合同后，被保人就享有人身保险合同内的保险金请求权。同样，与财产保险公司签订了保险合同的人，就享有合同范围内的财产索赔请求权。

2. 保险代理人

根据保险人的委托，在保险人授权范围内代为办理保险业务，并依法向保险人收取代理手续费的单位或者个人。

保险代理是代理行为的一种，属于民事法律行为。保险代理行为的主体是保险代理人，既是代理保险公司的业务，也以被保人的名义进行工作，他既要履行与保险公司签订的代理合同条款，也要维护被保人的权利和义务。

通常保险代理人分为专业代理人、兼业代理人和个人代理人三种。

（1）专业保险代理人，是指专门从事保险代理业务的保险代理公司。

（2）兼业代理人，是指受保险人委托，在从事自身业务的同时，指定专用设备、专人为保险人代办保险业务的单位，主要有行业兼业代理、企业兼业代理和金融机构兼业代理、群众团体兼业代理等形式。

（3）个人代理人，是指根据保险人的委托，在保险人授权范围内代办保险业务并向保险人收取代理手续费的个人。个人保险代理人又分为保险代理从业人员和保险营销员。

六、保险产品的定价模式

保险产品与其他商品一样，也是根据成本、市场因素以及国家法律法规等进行定价的，既要考虑盈利，又要顾及社会和市场效应，比如利率、费率、事故发生率以及投保量等。如果现实中以上因素超出了预计的数据，那么保险公司也会面临经营风险。

这里以人寿保险为例，来看一看保险公司是如何对保险产品进行定价和如何盈利的。

1. 预定利息率

保险公司对未来资金运用收益率的预测而为保单假设的每年收益率，通俗地说就是保险公司提供给消费者的回报率，主要是参照银行存款利率和预期投资收益率来设置的。目前我国的人寿保险预定利率上限仍然维持 1999 年 6 月开始的 2.5%。随着保险业务的市场化不断加深，保险预定利率放开也会加快脚步。

预定利率的高低和保险产品的价格直接相关。过低的预定利率提高了保险产品价格，在一定程度上也降低了保险产品的吸引力。

2. 预定费用率

它是指保险公司在一年内正常运营的基本开销的一项费用比率。包括业务员的佣金（提点），公司的经营费用，各种奖励，公司内勤的工资，国家的税金等。

目前，保险业务员的佣金不允许超过总保费的 5%，公司的总费用（含业务员最高总保费 5% 的佣金）不能超过总保费的 8%。

3. 预订死亡率

由生命表（图 4–1）可以得知每一年龄的死亡率，死亡率为计算将来要支付死亡保险金的保险费（称为死亡保险费）的基础，这种计算保费用的死亡率称为预定死亡率。

年龄 x	死亡概率 q_2	尚存人数 l_2	死亡人数 d_2	生存人数年数 l_2	x岁以后生存人年数总和 t_2	平均预期再生存年数 e_2
0						
1						
2						
⋮						
99						
100						
⋮						

图4–1 生命表

七、保险公司的盈利模式

保险公司的运作也是一种商业模式，以盈利为目的。保险公司通过卖出保险产品（保单）得到保费收入，并将保费进行投资，这两项之和就是保险公司的收入来源。

当事故发生后，保险公司依照合同进行理赔，这就是保险公司的业务支出。收入与支出的差值就是保险公司的盈利。

保险公司的盈利模式以及保险公司的竞争优势体现在以下三种率差上。

1. 利差益

利差益是指资产运用的实际利益率大于责任准备金计算所采用的预定利率时产生的利益，即实际收益率减去预定利息率。

例如，某家保险公司的投资收益率是 7.5%，那么它的利差益就是 7.5% 减去预定利息率 2.5% 等于 5%。通常这 5% 的收益不会都分给客户，而是按可分配盈余来确定。

2. 费差

公司刨去所有的费用支出（包括业务员的佣金）所剩结余，也是分红的一部分。 综上，某一个险种总的利差益加这个险种总的费差益，再加上这个险种总的死差益，就是该险种的分红了。由于各个险种是独立核算的，所以每个险种的分红是不同的！

3. 死差益

也称赔付率差，是指保险公司实际的风险发生率低于预计的风险发生率，即实际死亡人数比预定死亡人数少时所产生的盈余。

第二节　常见保险产品及特点

一、人身保险

人身保险是指以人的生命、身体以及劳动能力作为保险标的保险。被保险人发生死亡、伤残、疾病、衰老等原因丧失劳动能力，或生存到保险期限届满时给付被保险人（受益人）保险金的一种商业保险。人身保险包括人寿保险、健康保险以及意外伤害保险三大类别。

1. 人寿保险

指以被保险人的寿命作为保险标的，以生命或身体为表现标的，以人的死亡为保险金给付条件的一种人身保险。人寿保险可以帮助被保人的家庭建立健全的财务计划，确保被保人在遭受意外时家庭经济保持稳定状态。

人寿保险具有保险和储蓄双重功效，所有人寿保险也可以作为一种储蓄工具。在保险期间内，投保人可以得到保险金额，同时也可以获得分红红利。人寿保险制度可以是被保人在半强制状态下储蓄，为一些没有自制力的人提供保障。

人寿保险可分为生存保险、死亡保险、两全保险等。

（1）生存保险。是指以被保险人的生存为给付保险金条件的人寿保险。当被保险人于保险期满或达到合同约定的年龄时仍然生存，保险人负责给付保险金。生存保险主要是为老年人提供养老保障或者为子女提供教育金等，因此生存保险以储蓄为主，亦被称为储蓄保险。

生存保险的特点有：

第一、生存保险是以被保险人生存到保险单规定的日期为给付条件的人寿保险。即被保险人生存是给付保险金的唯一条件。

第二、生存保险的主要目的是为了满足被保险人生存到一定期限之后的特定需要，例如子女教育资金、婚嫁金或被保险人的养老金等。

第三、生存保险具有很强的储蓄性。

（2）年金保险。指以生存为给付保险金条件，在约定期限内给被保险人给付保险金、给付周期不超过 1 年的一种人寿保险。年金保险种类繁多，大体可以分为以下品种。

按照交费方式有：趸交年金，指一次交清保费之后，按约定时间领取保险金的年金保险；期交年金，指分期交付保费，按约定时间领取保险金的年金保险。

按照被保险人数区分有：个人年金，指以一个被保险人的生存作为保险金给付条件的年金保险；联合年金，指两个或两个以上被保险人作为保险金给付条件的年金保险；最后生存者年金，指两个或两个以上被保险人中至少尚有一个生存作为年金给付条件，且给付金额不发生变化的年金保险，这种年金的给付持续到最后一个生存者死亡为止；联合生存者年金，是指以两个或两个以上被保险人中至少尚有一个人生存作为年金给付条件，但给付金额随着被保险人人数的减少而进行调整的年金保险。

按照给付变动区分有：定额年金，指按固定数额给付年金，不随投资收益水平变化的年金保险；变额年金，指给付金额按资金账户的投资收益水平进行调整的年金保险。

按照给付日期区分有：即期年金，指保险合同成立后，按期给付保险金的年金保险；延期年金，指保险合同成立后，按约定的时间给付保险金的年金保险。

按照给付方式区分有：终身年金，指年金领取人可以终身得到保险金的年金保险；定期生存年金，指以被保险人在一定时期内生存为保险金给付条件，若被保险人身故就停止给付保险金，若被保险人一直生存就给付到期满的年金保险；最低保证年金，指防止领取人过早死亡、丧失领取年金权利的年金保险。

（3）死亡保险。指以被保险人死亡为保险金给付条件的一种人寿保险。死亡保险的保险利益包括，为帮助克服安葬死者所遇到的经济困难而提供物质帮助，如丧葬补助金或丧葬费；为保障死者生前供养亲属的基本生活而提供的物质帮助，如抚恤金或遗属年金。

死亡保险包括定期死亡保险、终身死亡保险、普通终身寿险、限期交费终身寿险、趸交终身寿险等。

定期死亡保险，指被保险人在固定期限内死亡的普通人寿保险，保险人依照保险合同的规定给付保险金。如果被保险人在保险期间届满时仍然生存，保险合同即行终止，保险人无给付义务，也不退已交的保险费。

定期人寿保险有以下主要特点：保险费相对较为低廉，但没有储蓄与投资收益；可以延长保险期限；可以变换保险类型；保险公司对投保人有比较严格的选择限制，比如身体状况、年龄等。从事比较危险的工作、急需保障的人，和家庭经济境况较差，子女年岁尚小，自己又是家庭经济主要来源的人，比较适宜选择定期人寿保险。

终身死亡保险，也称为终身寿险，指向被保险人提供终身死亡保障的一种普通人寿保险，被保险人在保险有效期内无论何时死亡，保险人都向其受益人给付保额。

终身死亡保险的显著特点有两方面，一是保单具有现金价值；二是可以得到永久性保障。

保单的现金价值是投保人退保或保险公司解除保险合同时由保险公司向保险人退还的那部分金额。保单的现金价值大小取决于保单的保额、持有时间和保单的缴纳期限等，一般终身人寿保险保单的准备金和现金价值随着时间的延长而增长，直至到达保单保额。保单所有人既可以中途退保并领取退保金，也可以在保单现金价值的一定限额内贷款，具有较强的储蓄性，因此终身人寿保险的费率较高。为解决不同年龄阶层的人支付能力的差距，往往采取均衡保费的费率制定方法，使得每年所交保险费有固定的标准，不会随年龄增长而增长，也就是年轻时比年老时交的多。

终身死亡保险的另一个优点是使被保险人得到永久性的保障。通常被保险人的年龄以 100 岁或 105 岁为限，若被保险人在 100 岁或 105 岁时仍生存，也可以领取终身保险金。终身死亡保险按照交费方式又可分为普通终身寿险、限期交费终身寿险和趸交终身寿险。

普通终身人寿保险也称终身交费终身寿险，投保人按照合同规定定期交纳保险费（通常为按年交纳，也可按每半年或每季、每月交纳），直至被保险人身故。

限期交费终身寿险是指投保人按照保险合同约定的交费期间按期交纳保险费的一种终身寿险。一般有两种情形：一是交费期间约定为 10 年、15 年或 20 年，由投保人自行选择；二是交纳时限定为被保险人年满 60 岁或 65 岁时止。在同一保险金额下，交费期越长，投保人每次交纳的保费越少，反之亦然。在终身保险中，投保限期交费终身寿险的人较多。

趸交终身寿险是指投保人在投保时一次性交清全部保费。趸交终身寿险可以避免因停交保费而致保单失效的情况发生，但由于保费需一次交清，因此金额较大。

除以上人寿保险品种外，还有万能寿险、可调整寿险、变额人寿保险、变额万能寿险、生死合险等。

（4）万能寿险。这种保险除了同传统寿险一样给予生命保障外，还可以让客户直接参与由保险公司为投保人建立的投资账户内资金的投资活动，将保单的价值与保险公司独立运作的投保人投资账户资金的业绩联系起来。大部分保费用来购买由保险公司设立的投资账户单位，由投资专家负责账户内资金的调动和投资决策，将保户的资金投入到各种投资工具上。对投资账户中的资产价值进行核算，并确保投保人在享有账户余额的本金和一定利息保障前提下，借助专家理财进行投资运作的一种理财方式。万能寿险将可变保费、保额和定价因素分别提供给被保人选择，被保人也可以选择相应的缴付标准作为一种终身寿险。缴付标准越高，保单的现金价值增长就越快。

万能寿险的特点有，首先保险人向被保人分别列出各定价因素，每个保单都确定了定期扣除的死亡率费用、保单现金价值的增值利率、收取的经营费用等项目，有利于被保人清晰明了地知道投保情况。其次，万能保险具有灵活特性，无论在投保初期还是持有期间，投保人可以选择需要的保额和保险期限。一般万能保险有两种计划，一是保金不变，保费适中，保费等于保单保额；二是保金不断增加，等于保单保额与现金价值之和。

在万能寿险的基础上，衍生出变额万能寿险，它是将万能寿险的保费、死亡保险金和变额寿险的投资灵活性、风险性结合起来的一种人寿保险。

（5）可调整寿险。指允许保单持有人根据情况变化调整原来的险种，包括寿险额度、缴费水平，并由保险公司依据投保人的需求设计保险计划。

（6）变额寿险。变额人寿保险简称变额寿险，这是一种终身寿险，其死亡保险金与现金价值会随着分立账户基金的投资业绩上下波动。变额人寿保险实质上是一种证券化的人寿保险。

（7）生死保险。这是一种双重赔付的人寿保险，如果被保人在保险有效期内死亡，则保险人给付死亡保险金；如果被保人在保险有效期内仍然生存，保险公司则给保险人生存保险金。保险公司给付保险金后，合同随即终止。生死保险的保险费是同一时期生存保险与死亡保险净保费之和，所以其保费比单纯的生存保险或死亡保险要高。

2. 健康保险

健康保险是以被保险人的身体为保险标的，使被保险人在疾病或意外事故所致伤害时发生的费用或损失获得补偿的一种保险，是为被保人因疾病或伤残而导致的财务损失风险提供保障的保险。在商业保险中，保险人较少单独经营健康保险，一般是将健康保险作为一种附加险与人寿保险和意外伤害险合并办理，个人与团体都可以购买健康保险。

构成健康保险所指的疾病必须满足三个条件：

（1）必须是由于明显非外来原因造成的。

（2）必须是非先天性原因造成的。

（3）必须是由于非长期存在的原因造成的。

按照保险责任，健康保险分为疾病保险、医疗保险、收入保障保险等。

（1）疾病保险。是指以保险合同约定的疾病的发生为给付保险金条件的保险。通常这种保单的保险金额比较大，给付方式一般是在确诊为特种疾病后，立即一次性支付保险金额。

疾病保险的基本特点有：

第一、作为一种独立的险种，个人可以任意选择投保疾病保险。

第二、疾病保险条款一般都规定了一个等待期或观察期，观察期结束后，保险单才正式生效。

第三、为被保险人提供切实的疾病保障，且保障程度较高。

第四、保险期限较长。

第五、保险费可以分期交付，也可以一次交清。

（2）医疗保险。是医疗费用保险的简称，指以约定的医疗费用为给付保险金条件的保险，即提供医疗费用保障的保险。医疗费用是病人为治病而发生的各种费用，不仅包括医生的医疗费和手术费用，还包括住院、护理、医院设备等的费用。医疗保险包括普通医疗保险、住院保险、手术保险、综合医疗保险以及残疾收入补偿保险。

① 普通医疗保险。给被保险人提供治疗疾病时相关的一般性医疗费用，主要包括门诊费用、医药费用、检查费用等。这种保险保费成本较低，比较适合于一般社会公众。由于医药费用和检查费用的支出控制有一定的难度，所以这种保单一般具有免赔额和费用分担规定，保险人支付免赔额以上部分的一定百分比，保险费用则每年规定一次。每次疾病所发生的费用累计超过保险金额时，保险人不再负责任。

② 住院保险。是对医疗过程中由于住院发生的费用的保险，一般作为一项单独的保险品种出现。住院保险主要包括住院房间的费用、住院期间医生治疗费用、利用医院设备的费用、手术费用、医药费等。住院时间长短，将直接影响其费用的高低，因此这种保险的保险金额应根据病人平均住院费用情况而定。为了控制不必要的长时间住院，这种保单一般规定保险人只负责所有费用的一定百分比。

③ 手术保险。只负责被保险人因实施手术而支出的医疗费。手术医疗保险属于单项医疗保险。手术医疗保险可以单独承担，也可以作为意外保险或人寿保险的附加险承保。手术医疗保险可以采用补偿给付方式，也可以采用定额给付方式。采用补偿方式给付的手术医疗保险，只规定作为累计最高给付限额的保险金额，被保险人在保险期内无论一次施行手术治疗还是多次施行手术治疗，只要实际支出的手术治疗费未超过保险金额，保险公司就要按实际支出的手术医疗费给付医疗保险费。

④ 综合医疗保险。是指包含普通医疗、住院、手术等发生的费用进行保险的综合性保险。综合性医疗保险的内容要以保险合同为基准，因此在投保时，投保人需要仔细查看收益范围和免责条款等内容。

⑤ 残疾收入补偿保险，又称丧失工作能力收入保险、收入损失保险、收入保险等，是对被保险人因疾病或遭受意外事故而导致残疾、丧失部分或全部工作能力，不能获得正常收入或使劳动收入减少造成损失的补偿保险。它

并不承保被保险人因疾病或意外伤害所发生的医疗费用。

（3）收入保障保险是指当被保险人由于疾病或意外伤害导致残疾，丧失劳动能力不能工作，以致失去收入或减少收入时，由保险人在一定期限内分期给付保险金的一种健康保险。

残疾指由于伤病等原因在人体上遗留的固定症状，并影响正常生活和工作能力。通常导致残疾的原因有先天性的残障、后天疾病遗留、意外伤害遗留。收入保障保险对先天性的残疾不给付保险金，并规定只有满足保单载明的全残定义时，才可以给付保险金。

给付期限为收入保障保单支付保险金最长的时间，可以是短期或长期的。短期补偿是为了补偿在身体恢复前不能工作的收入损失，而长期补偿则规定较长的给付期限，这种一般是补偿全部残废而不能恢复工作的被保险人的收入。

3. 意外伤害保险

意外伤害保险是保险人对被保人在保险有效期内因遭受外来的、明显的和剧烈的意外伤害导致残疾或伤亡而约定的保险。它以被保险人身体作为保险标的，以被保险人因遭受意外伤害而造成的死亡、残疾、医疗费用支出或暂时丧失劳动能力为给付保险金条件。根据这个定义，意外伤害保险保障项目包括死亡给付、残疾给付、医疗给付和停工给付。意外伤害保险时间一般不超过1年。

意外伤害保险主要包括个人意外伤害保险、团体意外伤害保险、航空意外伤害保险、旅游意外伤害保险、住宿旅客意外伤害保险、出国人员意外伤害保险等险种。意外伤害保险也可以作为附加险附加于各种人身保险合同。

（1）保险公司对意外伤害险的界定。伤害必须是人体的伤害，人工装置以代替人体功能的假肢、假眼、假牙等，不是人身天然躯体的组成部分，不能作为保险对象。伤害必须是意外事故所致，只有同时具备“外来”、“剧烈”、“偶然”三个条件，才能构成该合同的保险事故。所谓“外来”，是指伤害纯系由被保险人人身外部因素作用所致，如因交通事故、不慎落水、遭雷击、蛇咬、煤气中毒等。如果伤害由自身疾病引起，则不属意外事故。所谓“剧烈”，是指人体受到强烈而突然的袭击形成的伤害。如果伤亡系由被保险人长期操劳或磨炼所致，如地质勘探作业，运动员多年运动致腰及关节损伤等，就不是意外事故。所谓“偶然”，是指被保险人不能预见、不希望发生的事故。

（2）意外伤害保险的特点，首先是短期性，意外伤害保险是短期险，通常以 1 年期为多，也有几个月或更短的，比如各种旅客意外伤害保险，保险期限为一次旅程。其次是灵活性，人身意外伤害保险中，很多是经当事人双方签订协议书，保险金额亦是经双方协商议定的(不超过最高限额)，保险责任范围相对灵活。投保手续十分简便，当场付费签名即生效，无需被保险人参加体检，只要有付费能力，一般人均可参加。再就是保费低廉，一般不具备储蓄功能。在保险期终止后，即使没有发生保险事故，保险公司也不退还保险费。所以一般保费较低，保障较高。

（3）意外伤害保险责任期限。意外伤害保险责任期限是被保险人遭受意外伤害之日起开始计算的一定期限，通常为 180 天。如果被保险人在遭受意外伤害后，在责任期限内身故或残疾，而且意外伤害是被保险人身故或残疾的直接原因，那么保险公司给付保险金。如果责任期限结束时还不能确定最终是否造成残疾及残疾程度，那么就以这一时点的情况确定残疾程度，保险公司按这一残疾程度给付残疾保险金，这种情况通常需要医疗专家小组作出鉴定。

（4）投保意外伤害险需要注意以下事项。

第一、应通过正规途径寻找诚信的销售人员。可以选择一家有良好口碑的保险公司，登录官方网站或者直接拨打公司客户服务热线电话，请对方为您推荐一名优秀的销售人员；有不少保险公司还推出了网上投保意外险的服务，投保更加便捷。

第二、与销售人员充分沟通，选择一个适合的保险计划。

第三、确定合适的意外险保额。意外险保额可以以个人年收入的 5~7 倍来简单确定。如果想获得更为精确的额度，可以采用“家庭需求法”来衡量。

第四、未成年人保险。家长多担心孩子出意外，而意外险则能提供相应保障。家长可以选择针对性强的意外险，最好将烫伤、烧伤、跌落、气管异物等儿童常见的意外保险责任涵盖在内。

第五、成年人保险。对于成年人而言，往往日常工作较为繁忙，工作压力大，频繁出差等原因，面临的意外风险相对较高，意外险保障显得尤为必要。同时，由于成年人在家庭中的经济地位更重要，因此此类人群投保意外险的保障额度可以更大一些，一般要保证一旦丧失收入能力后，仍能在未来5~7年维持80%的收入水平为宜。

第六、老年人保险。老年人是意外风险高发的群体，但多数意外险产品考虑到风险成本问题，会把投保年龄控制在60周岁以下甚至更低，因此老年人要重视未来意外风险的规避。变通的办法是在未到投保年龄限制以前购买意外险，以续保的方式突破投保年龄限制。老年人因意外导致的骨折较为常见，因此意外医疗这一块需要老年人特别关注。在选择相应产品时，可以侧重考虑那些意外医疗补贴额度高，最好是能够不限制理赔次数的意外伤害险。

二、财产保险

财产保险是指投保人根据合同约定，向保险人交付保险费，保险人按保险合同的约定，对所承保的财产及其有关利益，因自然灾害或意外事故造成的损失承担赔偿责任的保险。

财产保险是以财产及其有关利益为保险标的。广义上，财产保险包括财产损失保险（有形损失）、责任保险、信用保险等。与家庭有关的仅指财产损失保险，主要有家庭财产保险及附加盗窃险、机动车辆保险、自行车保险、房屋财产保险、家用电器专项保险等。

1. 家庭财产保险

简称家财险，是个人和家庭投保的最主要险种。凡存放、坐落在保险单列明的地址，属于被保险人自有的家庭财产，都可以向保险人投保家庭财产保险。但是并不是所有财产都可以作为投保标的物。保险人通常将损失发生后无法确定具体价值的财产，日常生活必需的日用消费品，法律规定不容许个人收藏、保管或用于的财产、处于危险状态下的财产，以及保险人从风险管理需要出发声明不予承保的财产列为不可保财产。一般而言，普通家庭财产保险对以下家庭财产不予承保。

（1）金银、珠宝、钻石及制品，玉器，首饰，古币，古玩，字画，邮票，艺术品，稀有金属等珍贵财物。

（2）货币，票证，有价证券，文件，书籍，账册，图表，技术资料，电脑软件及资料，以及无法鉴定价值的财产。

（3）日用消耗品，各种交通工具，养殖及种植物。

（4）用于从事工商业生产、经营活动的财产和出租用做工商业的房屋。

（5）无线通讯工具，笔，打火机，手表，各种磁带、磁盘、影音激光盘。

（6）用芦席、稻草、油毛毡、麦秆、芦苇、竹竿、帆布、塑料布、纸板等为外墙、屋顶的简陋屋、棚、柴房、禽畜棚，与保险房屋不成一体的厕所、围墙、无人居住的房屋以及存放在里面的财产。

（7）政府有关部门征用、占用的房屋，违规建筑，危险建筑，非法占用的财产，处于危险状态下的财产。

（8）其他不属于普通家庭财产保险和投资保障型家庭财产保险列明的家庭财产。

2. 盗窃险

盗窃险是家庭财产保险的附加险，必须与主险同时投保，不可单独投保。

（1）保险责任。存放于保险地址室内的保险财产，因遭受外来的、有明显痕迹的盗窃损失，保险人负赔偿责任。

（2）除外责任。

① 被保险人及其家庭成员、服务人员、寄居人的盗窃或纵容他人盗窃所致保险财产的损失。

② 在发生火灾以及雷电、洪水等自然灾害时，保险财产被盗窃而造成的损失。

（3）赔偿处理。

① 被保险人在保险财产遭受保险责任范围内的盗窃损失后，应当保存现场，向当地公安部门如实报案，并在 24 小时内通知保险人，否则保险人有权不予赔偿。

② 赔款后破案追回的保险财产，应当归保险人所有。被保险人如果愿意收回该项被追回财产，其已经领取的赔款必须退还给保险人。保险人对被追回财产的损毁部分可以按照实际损失给予补偿。

3. 机动车辆保险

它是以机动车辆本身及其第三者责任等为保险标的的一种运输工具保险。其保险客户主要是拥有各种机动交通工具的法人团体和个人；其保险标的主要是各种类型的汽车，但也包括电车、电瓶车等专用车辆及摩托车等。机动车辆是指汽车、电车、电瓶车、摩托车、拖拉机、各种专用机械车、特种车。

当前，除了国家强制机动车所有人必须购买的交强险，其他机动车保险分为两大类。这两类保险共包含两类基本险种：一类是基本险，包括车辆损失险和第三者责任事故险。另一类是车主自愿投保的附加险，主要包括全车盗抢险、车上责任险、玻璃单独破碎险、自燃损失险、不计免赔特约险等险种。

4. 房屋财产保险

是指以房屋及其附属设备为保险标的的保险，分属于企业财产和家庭财产两个险种。国有企业、集体企业、国家机关、事业单位、人民团体等都可以以被保险人的身份将有关房产投保企业财产险；私人所有的房屋可投保家庭财产险。

与一般人身保险相比，房屋财产保险具有以下特点：

（1）房屋财产保险的可保危险受自然力的制约程度较大，因此房屋财产保险合同内容的标准化程度较高，稳定性较强。

（2）除了房屋工程保险和贷款抵押住房保险之外，房屋财产保险是短期性合同，合同的有效时间一般为 1 年。

（3）房屋财产保险合同是补偿性合同，可以用货币形式衡量和确定承保的房屋财产及其派生利益的价值，并且依此确定损失赔偿金额，实现经济补偿。

（4）房屋财产保险合同存在代为求偿问题，保险人在承担赔偿责任后，有权从被保险人处获得向第三方责任人追偿的权利。

（5）房屋财产保险合同具有可转让性，它可以随承保的房屋财产标的的产权转移而转让给新的可保利益人。房屋财产保险合同转让必须办理有关房屋财产保险合同变更等合法手续。

三、责任保险

责任保险是一种以被保险人对第三者依法承担的民事损害赔偿责任作为保险标的的一种保险。即投保人向保险公司交纳一定数量的保险费后，如果因其过失、疏忽造成他人的人身伤害及财产损失，依法应承担赔偿责任时，由保险公司予以赔偿的一种保险。它属于广义财产保险的范畴，又具有自己的独特内容和经营特点。

根据保险公司业务划分，责任保险可分为公众责任保险、产品责任保险、雇主责任保险、职业责任保险和第三者责任保险五类。

1. 公众责任保险

公众责任保险又称普通责任保险或综合责任保险，它以被保险人的公众责任为承保对象，是责任保险中独立的、适用范围最为广泛的保险类别。

所谓公众责任，是指致害人在公众活动场所的过错行为致使他人人身或财产遭受损害，依法应由致害人承担的对受害人的经济赔偿责任。公众责任的构成，以在法律上负有经济赔偿责任为前提，其法律依据是各国民法及各种有关的单行法规制度。

此外，在一些并非公众活动场所，如果公众在该场所受到了应当由致害人负责的损害，亦可以归属于公众责任。因此各种公共设施场所、工厂、办公楼、学校、医院、商店、展览馆、动物园、宾馆、旅店、影剧院、运动场所，以及工程建设工地等，均存在公众责任事故风险。这些场所的所有者、经营管理者等均需要通过投保公众责任保险来转嫁其责任。

公众责任保险有以下特点，首先是保险标的无形。该险种的保险标的是被保险人的法律责任，为无形标的。其次，公众责任保险适用范围较广。该险种可适用于工厂、办公楼、旅馆、住宅、商店、医院、学校、影剧院、展览馆等各种公众活动场所。再就是表现形式丰富。主要有普通责任、综合责任、场所责任、电梯责任、承包人责任等，在我国主要表现为场所公众责任。

2. 职业责任保险

职业责任保险是指承保各种专业技术人员由于工作上的疏忽或过失造成合同一方或他人的人身伤害或财产损失的经济赔偿责任的保险。职业责任保险费率的确定是一个非常复杂的问题。各种职业都有自身的风险与特点，因此也需要有不同的费率。

以投保人为依据，职业责任保险可以分为普通职业责任保险和个人职业责任保险两类。普通职业责任保险多以单位为投保人，以在投保单位工作的个人为被保险人。个人职业责任保险多以个人为投保人和被保险人，保障的也是投保人自己的职业责任风险。

以被保险人从事的职业为依据，职业责任保险可以分为医疗责任保险、律师责任保险、保险代理人责任保险、保险经纪人责任保险、会计师责任保险、建筑物责任保险、设计师责任保险、兽医责任保险、教师责任保险等众多业务种类。这种划分是保险公司确定承保条件和保险费率的主要依据。

3. 第三者责任险

第三者责任险指被保险人或其允许的驾驶人员在使用保险车辆过程中发生意外事故，致使第三者遭受人身伤亡或财产直接损毁，依法应当由被保险人承担的经济责任，保险公司负责赔偿。

若经保险公司书面同意，被保险人因此发生仲裁或诉讼费用的，保险公司在责任限额以外赔偿，但最高不超过责任限额的30%。绝大多数地方政府将第三者责任险列为强制保险险种，不买这个保险，机动车便上不了牌，也不能年检。

四、投资连结保险

投资连结保险指包含保险保障功能，并至少在一个投资账户上拥有一定资产价值的人身保险产品。投资连结险保单的现金价值直接与保险公司的投资收益挂钩。缴付的保费一部分用来购买由保险公司设立的投资账户中的投资单位，一部分购买寿险保障。投资账户内的资金由保险公司的投资专家负责投资运作，客户享有全部投资收益，同时承担相应的投资风险。

1. 投资连结保险的特点

（1）投资功能。保费在扣除了相关费用后，将按比例分配进行投资，客户享受投资收益，当然也会承担投资风险。同股票、基金类似，投连账户中的资产由若干个标价清晰的投资单位组成，资金收益体现为单位价格的增加。

（2）保险功能。投资连结保险也是一种保险产品，具备保险保障功能，为客户提供死亡、意外、重大疾病等保障，保障责任可多可少。客户购买保障发生的费用，及其他投连产品规定向客户收取的管理费用，均定期从客户的投资账户中扣除。

（3）自主功能。投连产品当中可包含多个不同类型（根据投资对象分类）的投资账户供客户选择，客户购买后，资金将直接进入其选择的投资账户。客户可以根据资金的风险偏好进行投资决策。

（4）灵活性强。客户可以随时申请在投资账户间进行资金转换，也可以无需采取传统保单借款、退保等操作方式，在符合合同要求下，随时部分领取合同下保单账户价值。

（5）信息发布透明。客户可随时通过公司专门的服务系统或为其服务的业务员查询投资账户的变化情况；各种信息内容必须按保监会要求执行，各项公告存放在办公场所，供保单持有人查阅。

（6）资金管理透明。保险人为每个客户单独设立保单账户，记录其投资单位数量及变化状况；投资及管理的每项费用比例，均明确列于合同条款之中。

（7）专家服务。投资账户内的资金由保险公司专家进行投资管理，客户享有投连账户中的全部资金收益，保险公司不参与任何收益分配，只收取相应管理费用，同时客户要承担对应的投资风险。

2. 投资连结保险与万能保险、分红保险的比较

前面介绍过的万能保险也有保险与投资双重功能，另外还有一种常见的保险，也具备这两种功能，即分红保险。分红保险的保单持有人可以分享保险公司的经营成果，保单持有人每年都有权获得建立在保险公司经营成果基础上的红利分配，简单地说就是分享红利，享受公司的经营成果。

表4–2　投资连结保险、万能保险与分红保险的比较

	投资连结保险	万能保险	分红保险
投资风险	客户自己承担	客户与保险公司承担	客户与保险公司承担

续表

	投资连结保险	万能保险	分红保险
投资收益	不固定	不固定，但保底	分红不固定
资金运作	专门账户（单独运作）	专门账户	专门账户
保　费	固定交费或灵活交费	固定交费或灵活交费	固定交费
身故给付	以当时账户价值为基数计算	保额 + 当时账户价值	保额+红利
手续费	透明	透明	不透明
利益来源	投资运作	投资运作	利差/死差/费差
资产管理费	透明	不透明	不透明

第三节　保险规划

一、保险规划考虑的问题

保险规划是指在家庭主要收入来源还未出现异常问题时，对家庭财务提前作出安排和计划。家庭保险规划与家庭财务规划密不可分，在制定保险规划时，需要考虑家庭未来的财务目标，比如购房买车、子女教育费用、养老等。这些目标一般是在一切都顺利的情况下制定的，如果中间发生了意想不到的事情，家庭的整体财务规划就会受到极大影响。为了减少这些不确定因素给家庭生活带来的困扰，在做保险规划时，首先需要提出各种意外发生后的家庭财务需求。

（1）未来财务目标有哪些。什么时候购买什么样的房产？有购车计划吗？子女教育费用从哪里来？养老金的来源有哪些，够用吗？

（2）生病了怎么办。人的一生小病不断，虽然每次可能花钱不多，但累计起来也会损失很多钱。如果生一场大病，就会让家庭陷入困境，因此医疗保险是必须考虑的。生病之后，我的工作还能保住吗？我的收入会受到多大程度的影响？社会基本保险能帮我多大的忙？我应该有什么样的医疗标准？

（3）万一残疾了怎么办。谁能保证我们一生平安？万一出了事故导致残疾，我们是否要考虑这种情况下如何让家庭能够有起码的经济来源？如何减少照顾病人产生的费用？能否长期负担残疾的医疗费用？

（4）突然离开人世怎么办。虽然这个问题令人不开心，但谁也无法保证自己能够长命百岁。如果这种事情真的发生了，那么下面这些问题就需要考虑：家庭收入从哪里来？家庭财务状况能够保证后人的正常生活吗？子女教育费需要多少？父母需要赡养吗？丧葬费要多少？

（5）家庭财产遭受巨大损失怎么办。地震、火灾、洪水等天灾人祸时常发生，交通事故、失窃、失手不是每个人都能避免的。有些人就是因为以上原因，让打拼大半辈子的财富付之东流。我住的地理位置安全吗？我上下班开车安全吗？我有多少财产可能出现丢失或损坏？如果你已经积累了一定的财富，为了防止这些财富出现意外损失，财产保险是必须要考虑的。

二、不同年龄段与保险规划

人一生的身体状况、性格特征、生活习惯和家庭责任等，都会随年龄的变化发生改变，因此在安排保险规划时，需要结合不同年龄阶段的保险需求来考虑。

1. 未成年时期

这个时期是从 0 岁持续到 18 周岁。

在 13 岁以前，孩子的健康是关键，这个时期应该以健康保险为主。从 6 岁至 18 岁（甚至延长到研究生毕业），孩子的教育是父母最关心的事情，因此教育资金需要提前做准备，可以考虑教育险。

在未成年时期，家长应该未雨绸缪，为孩子买些健康险和教育险是有必要的。

2. 单身期

这个时期一般是从学校毕业参加工作到结婚前的这段时间。

单身青年个性冲动，喜欢追求潮流，但收入较低，开销很大，很多人是不折不扣的“月光族”。根据这个特点，单身期应该为自己买一份意外伤害险以及责任保险较好。

从投资理财来说，年轻人最大的本钱就是年轻，可以创造复利效果。如果能稍微节约一点，提前进行投资，在复利力量的作用下，随着时间的流逝，到中老年后就会有一笔可观的财富。

3. 成年期

从成家立业到孩子成年前这段时间，家庭收入和资产不断增长，同时承担的家庭责任也较多，健康状况却开始下降。这个时期需要注意意外伤害险、人身保险、健康保险以及财产保险的安排。

4. 中年期

人到中年，必须考虑“老了谁养？”这个问题。趁现在收入较高，家庭经济状况较好，要提前做好养老规划，需要多储备一些钱财。

中年人既要加大投资理财力度，努力提高收入，还要注意保障人生和家庭财产安全，因此参与一些投资性保险、健康保险、财产保险和责任保险是很好的选择。

5. 老年期

人到了老年的时候，没有更多的奢求，消费也低了，投资欲望也少了，身体健康却成了影响生活质量最关键的因素。

有的人通过大半辈子拼搏挣来的房子、车子、票子可能无法用完，如何传承给自己的子女，也是这些老年人需要考虑的问题。

对于老年人，需要有一份养老保险和医疗保险。在购买保险的时候，可以有意识地运用资金购进投资型保险，以子女为保险受益人，这样可以合理合法地进行避税。

三、保险的需求与选择

要根据需求目的来选择保险产品。如今的保险产品市场可谓是五花八门，如传统险、教育险、医疗险、万能险、投连险等，名目繁多。不管保险产品如何组合变化，都离不开人生保险、财产保险和责任保险三个方面，其他的衍生产品和保险功能，都是基于这三个方面。大家在分析自己的保险需求，选择合适的保险产品时，也要基于这三个方面。

1. 我需要保险吗

并不是每个人都需要保险的，保险的目的是在意外发生后，给受保人一定的经济补偿。保险公司在计算保险产品价格时，会对整个市场进行测算，其中一个重要因素就是意外事故发生概率的大小。

购买保险产品是为了防止万一发生意外事故，导致家庭财务陷入灾难，生活难以为继，或者出现财务危机。纯粹从经济角度看，购买保险是一种消费，是花钱买止损。

如果你的家庭有足够的资金弥补这种可能出现的损失，同时发生这种事情的概率非常小，那么买不买保险就显得不那么重要了。不过对于大多数人来说，购买保险是给自己和家庭上一把经济和心理的安全锁，购买之后，可以更安心地生活与工作。

2. 我需要什么样的保险

前面说过，不同年龄阶段有不同的保险需求，同时每个人的工作环境和性质不同，生活习惯不同，都会影响风险发生的概率和程度。

比如，工作环境较危险的建筑、海运、运输等行业，如果长期在室外工作，那么人身保险是主要的考虑对象。如果工作环境很安全，身体状况良好，家境较富裕，那么财产保险是重点考虑的。

如果购买保险的目的是准备孩子未来的教育储备资金，那么就可以选择教育险。总之，既然购买保险是一种消费，那么就应该将钱花在正确的保险品种上。

3. 我需要买多少钱的保险

首先要考虑家庭基本状况，包括人员结构、经济实力，还要考虑投保产品所指的事件发生的概率大小。购买保险的数量要基本满足意外事故发生后自己所期望的理赔标准，既不要花钱太多，也不要太少。

四、人寿保险分析与计算

人寿保险的保险金额，要根据投保人缴付保险费的能力来确定。如果保险金额定得过高，一旦未来家庭或个人经济状况恶化，就会因无力缴纳保费而中断保险，影响保障的程度或带来财务损失。保险金额定得过低，则不足以保障受益人家庭生活的安定。

签订保险合同，一定要深思熟虑，既有长远打算，又要根据家庭实实在在的需要和能力，确定适度的保险金额。一般常见的寿险估算方法有收入倍数法和需求分析法。

1. 收入倍数法

就是用家庭年收入乘以一个任意倍数，如 3、5 或 10，得到的数额就是人寿保险的需求。这种估算方法是基于家庭收入，根据家庭经济能力来确定购买人寿保险额度的方法。

比如通常所说的"双十定律"，就是根据收入倍数法来简单评估保险金额。所谓双十定律，指的是"保险额度不要超过家庭收入的 10 倍"，以及"家庭总保费支出占家庭年收入的 10% 为宜"。

举例来说，一个年收入 10 万元的白领人士，同时也是一家之主，他的寿险保障总额度可以简单界定在 100 万元以下，有能力的话就买足这 100 万元额度，没有能力的可以减半 (配偶也有相当收入的话)，实力相当的可以买到七成。

一个年收入 15 万元的家庭，所有家庭成员每年用于寿险保费的支出，简单来说控制在 5%~10% 为宜。多了就会增加财务压力，影响其他的消费和投资，过少则无法达到足够的保障需求。

2. 需求分析法

这种方法是根据家庭的整体需要来确定人寿保险的额度。一般来说，在确定保险金额时，可以考虑疾病医疗费、子女教育金、退休养老金、丧葬费、遗属生活费，还有债务等其他特别费用。同时，还要考虑各自的生活标准、社会及工作地位、家庭负担等因素。

具体计算时，首先估算家庭所有的经济需求和开支。其次计算现有的和确信可得的资产资源，这部分资产可以是投资性的，自用住房、汽车可以不用计入。第三，统计家庭的负债等特殊开支。第四是购买人寿保险的年限，比如10年。根据这四项考虑，就可以计算出投保金额。计算公式为：

保险金额=每年生活费用×N+负债金额−资产

也就是说，当家庭收入来源突然中断时，保险金额可以使这一家人在之后的N年中仍然拥有同样的生活水平，并在此基础上计划未来，重新出发。

案例：王先生需要购买多少人寿保险合适？

王先生今年35岁，是家庭收入的主要来源。王太太也有工作，但收入不高。他们有一个10岁的孩子。家庭财务基本情况可以参考表4–3。为了防止万一，他想购买一份人寿保险，那么他购买多少额度的人寿保险比较合适呢？

根据王先生目前的家庭需求和资产负债情况，以及对预期收入的分析，可以得出表4–3。该表包括四部分：需求分析、收入分析、资产负债分析以及最终需要的人寿保险数量。

表4–3　王先生家庭财务分析表

项目			孩子参加工作前	配偶退休前	配偶退休后
需求分析	1	每一时间期年数	12	15	22
	2	每月生活费支出	–3500	–2500	–2200
	3	孩子教育月支出	–1200	0	0
	4	家庭幸存者医疗月支出	–300	–300	–300
	5	每年需求支出小计	–60000	–33600	–30000
	6	每一时间段需求	–720000	–504000	–660000
	7	生活总需求	–1884000		
	8	社会救助收入	1175	0	1250

续表

需求分析	9	幸存配偶收入	2200	2200	0
	10	其他养老金等收入	0	0	900
	11	每年收入	40500	26400	25800
	12	每一时间段预期收入	486000	396000	567600
	13	家庭储蓄	120000		
	14	投资	100000		
	15	团体保险	65000		
	16	预期总收入	1734600		
负债分析	17	住房抵押贷款	–335000		
	18	其他负债及贷款	–15000		
	19	总负债	–350000		
需求	20	孩子工作前12年需求	–299000		
	21	人寿保险总需求	–499400		

五、财产保险分析

财产保险不同于人寿保险、医疗保险等分析与计算方法，财产保险主要考虑的是财产损失补偿，因此投保人需要清楚投保标的的详细情况，如价值、风险种类和风险发生的概率。

1. 标的的价值

财产保险的标的物必须是具有一定价值的物件。家庭财产保险的保险金额由投保人依据投保财产的实际价值估计而定。若估价过低，会使保障不足；若估价过高，一方面保费将随之增加，另一方面，实际灾害发生时，保险人将根据补偿原则，以投保财产的实际价值作为赔偿上限，因而被保险人也不可能靠此获利。投保人明智的做法是，对投保财产作出客观合理的估价，使保险金额尽可能接近所投保财产的实际价值。

2. 风险的种类

根据保险责任的不同，普通家庭财产险又分为灾害损失险和盗窃险两种。灾害损失是指地震、洪水、火灾等一系列自然灾害和意外事故造成的损失。

对于损失发生后无法确定具体价值的财产，日常生活所需的日用消费品，法律规定不容许个人收藏、保管或拥有的财产，处于危险状态下的财产，以及保险人从风险管理需要出发，声明不予承保的财产，保险公司是不予承认的。

另外，由于战争、军事行动或暴力行为，投保人的故意行为，以及由于电机、电器、电器设备使用过度、超电压、碰线、弧花、漏电、自身发热等原因造成的本身损毁引起的财产损失，保险公司也不予承保。

3. 风险发生的概率

有的财产遭受损坏的概率相对较大，比如汽车；有的则较小，如存在银行里的黄金，因此汽车需要保险，黄金则不需要。

对于同一种财产，在不同的地方也会有不同的风险发生概率，比如处于地震多发带的房产，会比非地震带的房产出现房产损失的风险高，因此前者更需要财产保险。

同样，对于车险，如果开车频率高，居住和工作环境复杂，这样会使汽车更容易遭受伤害，对他人的伤害概率也会增加，这种情况下需要投入更多的车险和责任险等。

六、阶梯分析法与保险选择

根据人的年龄阶段与保险需求的紧迫性因素，可以参考阶梯法购买保险，如图 4–1 所示。图中最基本的是社会保障体系，其他的可以根据家庭经济情况与自身特点，比如年龄、工作性质、健康状况等进行需求分析，然后选择适当的商业保险。

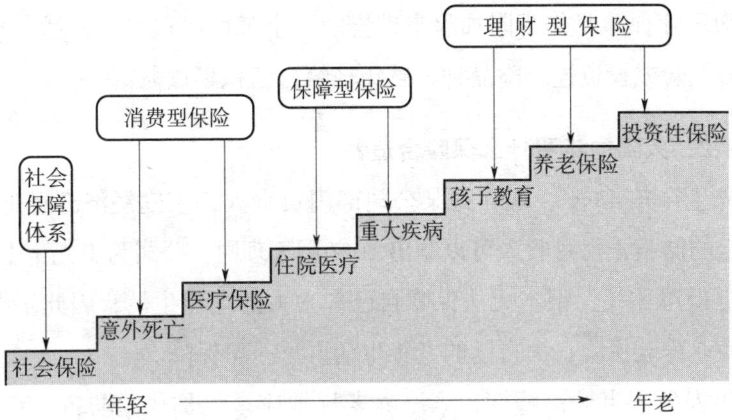

图4-1　阶梯分析法投保

案例1：年轻人应该购买什么保险

今年25岁的小王是独生子女，大学毕业后参加工作3年，在市场部工作，经常出差，工作压力也比较大。工资每月3500元，虽然不高，但父母健在并都有工作，因此无家庭负担。谈了个女朋友，目前还没有结婚，他们都喜欢自己或和朋友一起旅游。

前几天公司聘请一个投资理财专家到公司进行讲座，他考虑自己是否也应该买个保险，以防万一。

案例分析：

小王的特点是年轻、单身，经常出差旅行，收入不是很高。小王购买保险的需求主要是防止万一，因此建议小王首先应该考虑意外险，其次是医疗保险，再次是考虑重大疾病保险。

“天有不测风云，人有旦夕祸福。”小王经常出差，并喜欢旅游，这增加了事故发生的概率。给自己买一份意外人身保险，这是最起码的保障。

虽然小王还年轻，但现在的人工作压力大，很多人处于亚健康状态，小王可以在最基本的社保基础上，再购买一些商业医疗保险，这样基本上就可以解决大病、小病的大部分医疗费用了。

一般医疗保险是作为附加险来销售的，小王可以选择一种适合自己收入情况的万能险或投资连结险品种，趁年轻给自己积累点财富。

案例2：人到中年买什么保险合适？

王先生今年43岁，现在是某公司部门负责人，家庭经济已经走出困境，有了一定的储蓄，每月收入可以拿出40%用于理财。公司为王先生上了社保，但是他觉得单凭社保根本无法保障自己和太太的老年生活，因此正在考虑购买一份商业养老保险，为自己的老年生活再添一份保障。

中年人处于事业高峰期，家庭养老规划应该增加风险防范类型的保险。中年人在退休前，应该给自己和家庭储备一笔养老金，这样到了退休的时候，能够获得更优越的物质保障。王先生的想法是非常正确的，那么应该如何规划保险呢？

根据王先生目前的情况看，王先生已经有了社会保险，目前经济状况较好，并且比较稳定。按照阶梯分析法，建议王先生用8%~10%家庭收入全面进行保险规划。规划的原则是保障全面，首先考虑保费相对较低的意外险、医疗险、重疾险等保障型险种，在为自己准备了充足的保障且经济仍然宽裕的情况下，再购买养老保险产品。王先生的投资理财技能不是很好，因此建议王先生购买投资连结保险。

保险规划是养老规划的一部分，王先生也可以根据自己的投资理财风格，确定一个适当的投资理财组合，除了投资连结保险外，还可以选择其他的投资理财产品，比如国债、基金等。

本章小结

保险规划是对整个人生和家庭生活及发展风险的预防性规划。“天有不测风云，人有旦夕祸福。”人的一生不可避免地面临着“生、老、病、死、残”的风险，也面临家庭财产遭到突发事件侵害的风险。正是由于这些不可避免的风险，保险显得尤为必要。

风险包括投机风险和纯粹风险，只有满足一定条件的纯粹风险才是可保风险。根据需求和功能不同，可保风险分为人身风险、财产风险和责任风险，各类保险产品也是根据这些进行设计的。

人们购买保险一般是通过保险代理人。保险代理人制度是保险公司推销保险产品的通用方式，是市场化的产物。保险代理人是保险公司与投保人之间的桥梁，既代理保险公司的业务，也以投保人的名义进行工作。他们既要履行与保险公司签订的代理合同条款，也要维护投保人的权利和义务，因此购买保险时选好保险代理人非常重要。

本章介绍了人身保险、财产保险和责任保险，保险的分类及其作用。在三大类保险中，人身保险是重点，它包括人寿保险、健康保险和意外伤害险。其中人寿保险的品种最复杂，可分为生存保险、死亡保险、两全保险，以及年金保险、万能寿险等。总之，这些保险产品都是围绕对生存风险的财务补偿。为了适应市场需求，还有一些保险公司设计了兼顾保险与投资双重作用的保险产品，比如年金保险、万能寿险、投资连结保险等。

虽然保险非常重要，但也不是越多越好。购买保险本身是一种保障型的消费形式，够用就行，可以用收入倍数法和需求分析法来评估家庭购买保险的花销。保险的“双十定律”是通常采用的收入倍数法，指的是“保险额度不要超过家庭收入的10倍”，以及“家庭总保费支出占家庭年收入的10%为宜”。阶梯分析法是典型的需求分析方法的一种，它是根据人们需求的层次进行划分的，最先满足的是基本生存需求，其次满足消费型和保障型需求，最后才是投资理财的保险需求。

第五章　房地产

第一节　自住房购房规划

一、自住房规划的重要作用

房地产不但具有极大的使用价值，而且具备保值、增值的特性，因此投资房地产具有极大的吸引力。对于普通民众来说，房地产投资主要是居住类、商业类房产。一般人都是首先购买自主房，然后再投资房产用于商用，或者“炒房地产”。

提前做好房地产规划，具有以下几个方面的重要意义。

（1）避免陷入财务困境。购房是家庭理财中最大的开支，因此必须提前做好规划。有的人因为没有事先做好购房规划，最后出现财务危机，以至于房产被银行拍卖，生活陷入困境。

（2）提前准备资金。购房是一笔大开支，普通家庭的收入很难在短时间内拿得出这么一大笔开支。家庭理财规划中有很多目标，购房与其他目标会发生重合，如果不提前做好购房规划，那么只能望房兴叹。

（3）应对价格变化。物价在变，房价也在变，如果不做好房产规划，错失购房机会，就会付出更大的代价。

（4）实现购房愿望。做好房产规划，可以避免因收入和支出的变化让购房愿望破灭。生活中经常会出现这样或那样意想不到的开支或收入变化，如果没有提前进行规划，当意想不到的事情发生后，可能导致无法支付每月的按揭，被迫拍卖房产。

（5）为换房升级做好准备。买来一套房后并非就万事大吉，实际上随着收入的变化和工作的变动，都会导致换房或另购房。那么该不该换房？什么时候换房才划算呢？这也需要做好房产规划。

（6）防止成为房奴。老百姓买房一般都需要从银行贷款，那么如何用最划算的方式还贷？如何选择银行房贷计划？中途是否可以另换一家银行呢？这些也是需要做好规划的。

（7）房地产投资获利更丰厚。大家都知道，房产除了自己居住外，还可以进行投资，既可以出租，也可以高价转卖。但并不是买房就能获益的，有的人投资房地产后却倾家荡产，因投资房产不当而破产的明星富豪比比皆是。房地产实际上是个风险较高的投资品种，只有做好房产投资规划，掌握时机，量力而行，才可以控制风险，获取收益。

二、买房还是租房

买房还是租房，相信很多刚刚成家的年轻夫妇都在讨论这个问题。实际上，从使用价值来说，房子的功能就是满足人们居住的需求，从这个角度讲，只要花较少的钱满足这种需求就可以。但是除此之外，买房与租房还有其他的不同。租房是房客，受到房东的制约，因此租房者面临一些不确定性因素，比如涨价、拒租等。从心理角度看，买房与租房的感觉也不同，买房可以成为房产的拥有者。

最近一些年来，中国房地产价格一路上涨，让没有房子的人揪着一颗心，买也不是，不买也不是。因此买房还是租房，涉及到个人的心理感受和房地产未来价格的变化。其实，如果不是出于房地产投资的想法，对于住房的刚性需求，可以用成本比较法和净现值法来决定买房还是租房。

1. 成本比较法

成本比较法就是比较买房与租房的成本，然后选择其中更划算的方案。下面用一个例子来说明。

王先生看中广州某地一套60平方米的房子，房子可租、可售。租金是每月 3000 元，并且要收取 3 个月的押金。如果出售，房价是每平方米 1.8 万元。买房的话，王先生可以获得 70% 的房屋贷款，贷款利率为 6 %。

现在分别计算王先生租房和购房的成本情况。

租房年成本：3000 元 ×12 个月 +3000 元 ×3（月）×3%（银行存款年利息）=36270 元。

买房年成本：60 平方米 ×18000 元 / 平方米 ×70%×6% =45360 元。

比较一年的租房成本和买房成本后得出结论：租房要比买房划算。

但是租房还是买房，还需要考虑几个重要的问题：一是房租每年是否会上浮；二是房价会不会上涨；三是买房的税收和其他费用等。

买房的居住成本以后不会再发生改变，也就是说以后每年的居住成本是固定的，而房租是会调整的。假设房租上涨幅度为 R 时，租房成本与买房成本相等，则有方程：

3000 元 ×R×12 月 +3000 元 ×3 月 ×3%=45360 元

解得，R=25.25%

也就是说，如果房东上调房租累计达到 25.25% 的时候，租房就划不来。假设房东每年将房租上涨 5%，那么 5 年后租房就不划算。如果房东每年提高 3% 的房租，那么 8 年后房租成本就会超过购房。

另外还要考虑房价的变化情况。如果房价看涨，购房后，未来如果出售房子，获取的资本回报就会升高，这样即使现在买房的成本较高，未来出售仍然很划算。

这里可以用成本率来比较。

租房成本率为：36270÷（60×18000）=0.0336，即 3.36%。

购房成本率为：45360÷（60×18000）=0.042，即 4.2%。

也就是说，购房的成本率比租房的成本率高 0.84%。如果王先生租期为 1 年，只要房价一年上涨 0.84%，买房就比较划算。如果王先生是租 3 年，那么房价只要每年上涨 0.28% 就比较划算。

从以上案例可以看出，租房的成本是变化的，买房的成本一般不会有什么变化。当租房超过某一时间段后，租房成本就会高于购房成本。另外一点，房价也是变化的，如果房价预期上涨的概率偏大，上涨幅度偏大，那么应该考虑买房。当然，如果房价出现下跌，租房自然更划算。

可以根据以上成本比较法来评估租房或是购房，并可以计算出租房与购房成本平衡的时间点，综合考虑房租的调价幅度、居住年限和房价的涨跌趋势及幅度，最后确定租房还是买房。

2. 净现值比较法

前面介绍过净现值的计算方法，这里也可以采用净现来比较租房合算还是购房合算。这种方法是在一定期限里，对比租房与购房的现金流量的净现值，并选择净现值较少的方案。仍然以上面的案例来说明。

假设王先生要在那座房子里居住 5 年，每年房价上调 5%。因为只有 3 个月的押金（9000 元）是以后可以回收的，其他每个月的租金是净现金支出的，因此：

租房的净现值

=5 年后取回的押金的现值 – 押金 – 每年的净现金流量现值

=9000 元 ÷ 1.035–9000 元 –36000 元 ÷ 1.03 –36000 元 × 1.05 ÷ 1.032–36000 元 × 1.052 ÷ 1.033–36000 元 × 1.053 ÷ 1.034–36000 元 × 1.054 ÷ 1.035

=–175994 元

购房的净现值

=5 年后出售房产所得 ÷ 1.035–324000（首付）–92844（20 年按揭年值）÷ 1.03 –92844 ÷ 1.032– 92844 ÷ 1.033 –92844 ÷ 1.034–92844 ÷ 1.035

=5 年后出售房产所得 ÷ 1.035 – 826954

当租房与购房的净现金流量相等时，得方程：

5 年后出售房产所得 ÷ 1.035 – 826954 元 = –175994 元

则：5 年后出售房产所得 =561523 元，

5 年后售房净所得 =5 年后出售房价 – 5 年后房价贷款余额现值

其中，5 年后房价贷款余额现值

=92844 元 × 年金系数（年 =15，r=6%）=92844 × 9.712

=901700 元

5 年后出售房价 =561523 元 +901700 元 =1463223 元

每平方米价格 =1463223 元 ÷ 60=24387 元 / ㎡

利用净现值比较法可以得知，王先生只有在房价每年上涨 6.26% 的情况下，买房才会显得划算。

三、如何购买自住房

购买自住房属于刚性需求，主要考虑的是家庭住房需求和经济承受能力，购买时可以采取以下方法来进行分析评估。

1. 编写家庭住房需求和经济承受能力计算表

可以用 Excel 表格来完成。将计算公式编入其中，只要改变其中一项原始数据，后面的计算结果就会自动出现，便于后面的测算评估。

表格分为四部分：房屋需求、可储备的首付款数量、可负担的房贷按揭额度、能力评估。如表 5–1 所示。

表5–1　购房能力评估表

	项目	代码	说明	举例
需求	家庭人数	a	需同住人数	5
	每人所需面积	b	以10~20㎡假设	18
	届时拟买房面积	c	$=a\times b$	90
可储备的首付款	目前年收入	d	加上年终奖金	150000
	储蓄率上限	e	以20%~50%假设	40%
	现有整笔投资额	f	首期投资准备金	120000
	投资报酬假设	g	以3%~10%假设	7%
	拟定几年后买房	h	几年或可迁入	5
	复利终值系数	i	$f=(1+i)^n$	1.403
	年金终值系数	j	$A_n/i=[(1+i)^n-1]\div i$	5.751
	可筹备首期	k	$=f\times i+d\times e\times j$	513351
	收入成长率	l	以2%至5%假设	3%
	买房当年收入	m	$=d\times(1+l)^n$	173,891
	可负担本利摊还	n	$=m\times e$	69,556
	拟本利摊还年数	o	至少5年最长30年	20

续表

	项目	代码	说明	举例
可储备的首付款	房屋贷款利率	p	5%至8%	6%
	年金现值系数	q	PVA/A=1/i −1/i(1+i)$^{(-n)}$	11.470
	可负担房屋贷款额	r	=n × q	797807
评估	可负担买房总价	s	=k+r	1311157
	可负担买房单价	t	=s/c	14568
	房屋贷款占总价成数	v	=r/s，应小于7成	60.85%

2. 从需求出发，评估家庭是否能够承担需求目标

例如以上案例中，首先评估首付是否能够达到。如果在购房时间点能够储备 513351 元，那么就能够满足这一要求。

其次，购房后是否能够承担银行按揭要求。在整个按揭期间，如果能够满足收入 897807 元的要求，此项也没问题。

第三，最后看看是否满足银行贷款额度要求。现在一般对第一套自住房的贷款额度在 70% 以内，以上贷款额度为 60.85%，也能满足要求。因此上述案例的购房方案是可行的。

3. 根据家庭经济能力选择适当的房产

有的人对第一套住房并没有面积要求，但对地段有要求，因此购房人希望在当前收入下可以买价格更贵点的房产。如果有这样的想法，可以通过调整购房面积来实现。当价格达到购房人期望的地段价格时，再看房子面积是否可以接受。

比如，以上 Execl 计算表中的房屋单价，在北京已经很难买到房子，因为北京的房价大都在 2.5 万元 / ㎡。调整计算表格后，如果购房人要买到 2.5 万元 / ㎡的房子，他可以买到 53.4 平方米以下的房子，该面积家庭经济能力可以承受。如果超过这个面积，家庭财务将出现风险。

四、如何购买预售房

房屋预售也称商品房预售和楼花买卖，是指房地产开发企业与购房者约

定，由购房者交付定金或预付款，在未来一定日期进行现房交易。其实质是房屋期货买卖，买卖的只是房屋的一张期货合约。预售房与成品房的买卖，已成为我国商品房市场中的两种主要房屋销售形式。

1. 商品房预售的特点

（1）房屋预售是一种附加期限的交易行为。即商品房买卖双方在合同中约定了一个期限，并把这个期限的到来作为房屋买卖权利义务发生法律效力或失去效力的根据。

（2）房屋预售具有较强的国家干预性。由于商品房预售不同于房屋的实质性买卖，真正的房屋交接尚未形成，因此国家加强了对商品房预售市场的规范管理。我国对商品房预售的条件资格及程序作了规定，而且还要求在预售合同签订后向当地房地产管理部门办理登记备案手续。

（3）对预售款征收的数额和期限没有统一规定，当事人应在合同中明确。根据建设部的规定，预收商品房预售款，在房屋开工建设时不得超过 40%，待建房工作量完成一半时再收至 60%，到房屋封顶可收至 95%，到房屋交付使用时再全部收取。

（4）预售房的价格一般低于现房价格。正是因为这一点，许多购房人、炒房人都希望买到预售房。在房价上涨时，如果加上市场炒作行为，房地产市场经常会出现“一房难求”的现象。

（5）预售房的弊端。预售房也存在较多的弊端，首先是对整个房地产市场产生影响，它是造成房价居高不下的重要原因之一。在房屋预售制度下，房地产开发商提前拿到款项，不需承担房屋的存货成本，便通过囤积居奇等方式步步推高房价。房价上涨又为开发商更方便地收取下一个项目的预收款创造了条件，因为在房价上涨过程中，在买涨不买跌的心理推动下，未来房价增值的预期会推动房价屡创新高。其次是风险发生了转移，也就是说，开发商将风险转嫁给了消费者和银行。因此，购买商品预售房并不是毫无风险的。

2. 购买预售房应注意事项

（1）确认开发商是否具备相关资质 。房地产开发商必须取得土地使用权证书，持有建设工程规划许可证，已经确定施工进度和竣工交付日期，并取得了商品房预售许可证。

（2）了解商品房预售合同的基本内容 。

首先要注意预售合同中的房地产开发企业是否与国家审核备案的公司一致。

其次要注意预售商品房的基本情况。预售合同应明确记载预售的商品房所在地区、坐落位置、土地使用权证号、土地使用权取得方式、土地使用权性质、建设工程规划许可证号、商品房预售许可证号、房屋建筑面积、房屋结构、房屋竣工交付日期及房屋平面图等。

第三，要注意预售商品房的价格，包括单价和总价。

第四，房屋交付方式和期限，以及逾期交房的免责条件。例如合同中可以约定由于一定的自然事件，如地震、洪水、恶劣天气的影响，房地产开发企业交房期限可以合理顺延。

第五，房屋使用性质，明确是住宅用房、办公用房还是生产用房或其他。

第六，违约责任，包括购房一方不能依约支付价款的责任和预售方不能按时、按质、按量交房的责任。

第七，房地产权属登记义务和物业管理条款。

第八，纠纷解决方式和其他条款或当事人约定的条款。

如果对以上条件都予以确认，那么如何购买预售商品房呢？预售房的总价、签约款、工程款以及贷款比率、缴纳期都已确定，这时候就需要衡量自己的经济实力，做好购房规划。一般购买预售房时，要注意分期付款时不要将手头资金卡得太紧，万一以后因为利率变化或其他原因造成无法还贷，房产就有可能被拍卖。原则上，如果支付房贷所需要的资金增长超过 5% 时，就需要重新考虑担负能力。

案例：购买商品预售房案例

某房地产开发商开始出售商品预售房，也就是卖楼花。现有一套 10 楼 89 平方米的预售房出售，总价为 200 万元，签约和工程款的比率为 15%，贷款比率为 7 成。工程期为 3 年。现在王先生有 40 万元的存款，每年有 10 万元的结余储蓄，那么王先生是否可以买这套预售房呢?

根据以上信息可知，王先生需要支付首期 30 万元，3 年工程期里每年要支付工程款 10 万元，4 年后开始还贷，每年需要支付 120360 元。

如果王先生有 30 万元，则刚好可以支付签约款。交付签约款后，王先生只能采取在贷款初期只缴纳利息的宽限期付款方式，即 140 万元乘以 6% 的贷款利率，就是 8.4 万元，王先生还是可以购买该预售房。

5 年期满后分 15 年摊还，每年要 14.4 万元，比当前的储蓄能力要高出 44%。在未来 8 年期间里，如果王先生每年的储蓄增长 5%，则仍然可以购买这套房产。如果王先生只有 20 万元，他还可以另外申请信用贷款 10 万元，分 5 年摊还。

假设利率为 8%，每年所需的储蓄就必须满足以下需求：前 3 年除工程款外，还要偿还信用贷款 2.5 万元，因此需要储蓄 12.5 万元，比原来多出 25%。第四年和第五年里，每年需要还款 14.7 万元，较原来计划储蓄上涨 47%。

如果王先生的经济压力太大，他还可也生气这两年的房屋贷款支付利息的方式，一年 8.4 万元，这样加上信用贷款支付的 2.5 万元后，就是 10.9 万元。不过这样一来，18 年的本利摊还时需要交 12.92 万元。

如果王先生能够在前两年的时间里提高储蓄 25%，那么年还款额只多出 4200 元，也就是每月多还款 350 元。

从以上分析可以看出，王先生基本上可以购买这套预售房。

五、如何换房

在城镇工作的人很少一辈子只住一套房，随着经济条件的改善或者工作的变动，都有可能更换一套房产。那么换房和买房有什么区别呢？除了其他客观条件外，从理财角度看，换房需要考虑的问题是旧房可以卖多少钱，新房需要交多少钱，重新贷款是否合适，税收、中介费、装修费等各种费用有多少，这些问题都需要考虑进去。

1. 土地增值税

关于征收个人普通住房增值税这个话题，社会上已经讨论好几年了，不同地区、不同的人都有不同的反应，有的省市已经率先试水，有的则正在观望。美国、加拿大等西方发达国家，都会向房产转让带来收益征收所得税，从这方面来看，我国征收个人房产交易超额所得部分税费将会是必然的趋势。

那么什么是土地增值税呢？土地增值税是指转让国有土地使用权、地上建筑物及其附着物并取得收入的单位和个人，以转让所取得的收入包括货币收入、实物收入和其他收入为计税依据向国家缴纳的一种税赋，不包括以继承、赠与方式无偿转让房地产的行为。土地增值税是以转让房地产取得的收入减除法定扣除项目金额后的增值额作为计税依据，并按照四级超率累进税率进行征收的。如下表 5-2 所示。

表5-2 土地增值税率表

级数	计税依据	适用税率	速算扣除率
1	增值额未超过扣除项目金额50%的部分	30%	0
2	增值额超过扣除项目金额50%、未超过扣除项目金额100%的部分	40%	5%
3	增值额超过扣除项目金额100%、未超过扣除项目金额200%的部分	50%	15%
4	增值额超过扣除项目金额200%的部分	60%	35%

计算公式：

应纳税额=增值额×适用税率－扣除项目金额×速算扣除系数。

例如，原来买房时花了 100 万元，现在卖出 400 万元，这样就增值了 300 万元，增值幅度达 300%。根据四级超率累进税率征收原则，该房出售使用以上四级征收，则需缴纳土地增值税的情况见表 5-3。

表5-3　土地增值税计算案例

级数	计税依据	适用税率	增值额	交税（元）
1	增值额未超过扣除项目金额50%的部分	30%	500000	150000
2	增值额超过扣除项目金额50%、未超过扣除项目金额100%的部分	40%	500000	200000
3	增值额超过扣除项目金额100%、未超过扣除项目金额200%的部分	50%	1000000	500000
4	增值额超过扣除项目金额200%的部分	60%	1000000	600000
合计				1450000

2. 契税

契税是以所有权发生转移变动的不动产为征税对象，向产权承受人征收的一种财产税。应缴税范围包括：土地使用权出售、赠与和交换、房屋买卖、房屋赠与、房屋交换等。自纳税义务发生之日起 10 日内，向土地、房屋所在地的契税征收机关办理纳税申报，并在契税征收期限内缴纳税款。

契税实行 3% ~5% 的幅度税率。实行幅度税率是考虑到中国经济发展不平衡，各地经济差别较大的实际情况。各省、自治区、直辖市人民政府可以在 3%~5% 的幅度税率范围内，按照该地区的实际情况决定适用税率。契税的计算方法是：

应纳契税额度=计税依据×税率。

3. 中介费用

如果卖房是通过中介公司，则要支付中介费用。中介费率是以成交价为基准收取一定比率的中介费用，一般在 1%~3% 之间，实际标准需要出售房产者与中介具体协商。

4. 装修费用

在换房过程中，装修费用与土地增值税（如果房价出现大幅度上涨）是最大的两笔费用。装修费用弹性很大，可以简装也可以精装，这要根据家庭经济情况决定。一般原则是以保证购房费用为主。

5. 手续费

买卖房产时，还有一笔数目不大的手续费用，这些费用是在各种行政机关办手续时发生的费用。

在规划换房时，应该将首期费用、装修费、手续费以及税费等列入初期费用，作为买房时的现金流出，综合评估当前和未来的财务状况，然后再做出换房决策。

第二节 房地产投资

一、个人投资房地产的途径

在目前众多个人投资项目中，房地产已成为一种日益受到重视的投资工具，逐渐被更多的家庭纳入理财计划中。房地产投资是指人们为实现某种预定的目标，直接或间接地对房地产的开发、经营、管理、服务和消费进行的投资活动。房地产直接投资和间接投资的主要形式分别有以下方式。

1. 直接投资

直接投资房地产是指投资者将资金参与到房地产的实体及与房地产相关的证券市场。

直接投资又可以分为直接从购地开始的开发投资和直接面向建成物业的置业投资两种形式。开发投资者主要是赚取开发利润，其风险较大，但回报丰厚；置业投资者则从长期投资的角度出发，希望获得收益、保值、增值和消费四个方面的利益。

（1）房地产开发投资。是指投资者从购置土地开始，通过在土地上的进一步投资活动，即经过规划设计和工程建设等过程，建成可以满足人们某种入住需要的房地产产品，然后将其推向市场进行销售，转让给新的投资者或使用者，并通过这个转让过程收回投资，获取开发利润。房地产开发投资通常属于短期投资，这种投资形成了房地产市场上的增量供给。当房地产投资者将建成的房地产用于出租或经营时，短期开发投资就变成了长期置业投资。

（2）房地产置业投资。是指面向现有运行中的房地产，以获取物业所有权和使用权为目的的投资。其对象可以是开发商新竣工的商品房（市场上的增量房产），也可以是旧有物业（市场上的存量房产）。

房地产置业投资的目的一般有两个：一是满足自身生活居住或生产经营的需要，即自用；二是作为投资项目将购入的物业出租给最终使用者，获取较为稳定的经营收入。这种投资的另一个特点是，在投资者不愿意继续持有该项物业资产时，可以将其转售给其他置业投资者，并获取转售收益。

2. 间接投资

间接投资是投资者将资金通过借贷方式通过第三者投入到房地产相关领域，自己收取利息等收益。间接投资的具体形式包括：购买房地产开发投资企业的债券、股票，购买房地产投资信托基金的股份或房地产抵押贷款支持证券等。

（1）债券和股票的投资者，也能分享房地产投资的部分收益，成为房地产的间接投资者。

（2）房地产信托投资基金（Reits）是购买、开发、管理和出售房地产资产的公司。Reits 的出现，使得投资者可以把资金投入到由专业房地产投资者经营管理的投资组合中，将其收入现金流的主要部分分配给作为投资者的股东，其本身仅起到一个投资代理的作用。

信托基金的优点是：收益相对稳定，投资的流动性好，随时可以变现为现金。

房地产投资信托公司可以分为权益型、抵押性和混合型三种。

（3）住房抵押贷款债券化，是指把金融机构所持有的个人住房抵押贷款债权转化为可供投资者持有的住房抵押贷款支持证券，以达到筹措资金，分散房地产金融风险等目的。购买这种证券的投资者，也就成为房地产的间接投资者。主要做法是银行将所持有的个人住房抵押贷款债权，出售给专门设立的特殊目的公司（SPC），由该公司将其汇集重组成抵押贷款集合，每个集合内贷款的期限、计息方式和还款条件大体一致，通过政府、银行、保险公司或担保公司等担保，转化为信用等级较高的证券出售给投资者。购买抵押支持证券的投资者可以间接获得房地产投资收益。

民间资本投资房地产的途径可以用图 5–1 来描述。

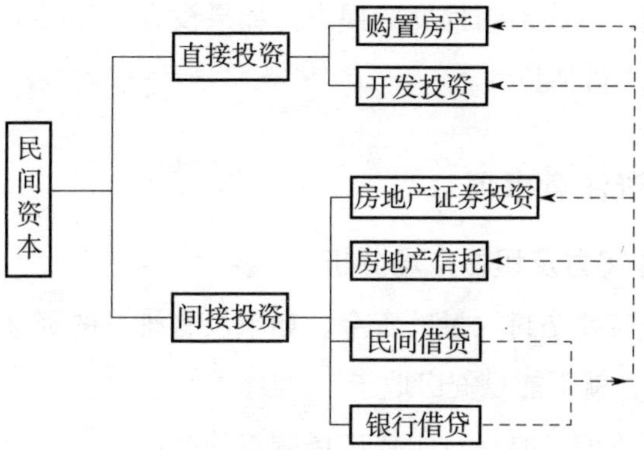

图5–1 民间资本投资房地产的途径

二、房地产投资的优点与缺点

1. 房地产投资的优点

（1）房地产属于实业范畴。一般认为通货膨胀对实业的影响较小，一旦通货膨胀到来，房地产的价值可以随着物价上涨而“水涨船高”。

（2）房地产投资风险相对较低。由于房地产具有耐久性、实用性和资源性等特点，因此房地产的投资风险相对于股票、期货等高风险投资品种要低。

（3）立足长远。房地产是获利比较大的投资工具。根据国内外历史统计，房地产投资虽然在中短期会出现较大的波动，但从长期来看，房地产投资仍然可以抵御通货膨胀造成的损失，并且收益高于银行定期存款。

2. 房地产投资的缺点

房地产投资开发的每一个过程，均存在着不确定性因素，因而也存在着风险。由于市场上各种不确定因素的作用，使投资可能会朝着与投资者愿望相反的方向发展。房地产投资的缺点主要可以归纳为以下几点。

（1）流动性风险。资产流动性差，变现能力也较差。

（2）购买力风险。购买力水平下降，会影响房地产的消费水平。

（3）市场风险。受到社会经济发展趋势和国家相关政策的影响。

（4）交易风险。信息不对称造成的风险。

（5）受损风险。由于自然灾害或人为等因素，房地产会受到火灾、地震、洪水等因素影响，造成不同程度的损失。如果没有投保，全部损失由个人承担，那么损失是不可估量的。

三、房地产投资注意事项

1. 个人资金实力及租赁市场分析

房地产投资需要垫付大量的资金，如果没有雄厚的资金实力，或者没有一定的筹资能力，就不能投资房地产。

其次，在投资前，要在对租赁市场调查的基础上，对租赁市场有一定的把握，避免盲目投资。

市场价格主要受供求关系的影响。投资房地产的前景，最根本还是要看市场的供求状况如何，尤其是租赁市场的需求变动和价格走势，以此来判断投资时机是否成熟。

2. 房产投资品种的选择

目前供个人投资者选择的投资种类主要有住宅、商铺、写字楼等。一般来说，当一个地区的经济出现繁荣和快速增长时，投资商业用房甚至是公寓，都会有较好的回报。与投资商业用房相比，投资住宅比较安全，只要区位不是特别偏远，升值会比较稳定。

（1）购买住宅需要考虑的基本因素有地段位置、环境、配套、开发商的实力和信誉、小区规划、房地产管理、朝向、楼层、住房档次、售价、户型设计等。

（2）购买商铺要考虑的基本因素有城市以及道路规划，商铺具体地段、位置和特性，投资回报率。适度进行风险投资，坚持长期投资是值得肯定的。另外，在买入以前，还要认真检查商铺的品质。

（3）写字楼投资要考虑的基本因素是地段，最好是市中心的黄金区域，要计算投资回报率，瞄准客户群，调查入户率，同时还要检查配套设施。

总的来说，房地产投资最重要的就是地段。李嘉诚曾经说，投资房地产有三要素：第一是地段，第二还是地段，第三是牢记前两点。如果将房地产作为投资项目，地段是关键中的关键。

在查看地段时，应注意以下因素：地段市场供求行情 ；地段的自然条件，包括与市中心的距离，地理方位，地形地势，土地面积和形状等；地段的基础设施和人文环境，包括交通条件，市政基础设施，生活服务设施等；地段发展前景。

3. 购置投资型房产时应考虑全面

房型的选择要结合投资的目的。对于出租房，一般小户型房比较容易出租，房型以内部方正、透光性好的户型为佳。

如果是铺面，则应选择正对商业闹市的铺面，虽然这样价格可能要高一些，但以后的租金也高，完全可以弥补购买时付出的成本，如果转让也可以卖个好价钱。

同时，还要综合考虑该项目开发商的实力、地点、周边环境以及物业管理等方面的问题。

4. 购置房产后如何进行投资操作

投资者用现款或分期付款的方式直接向房地产开发商购买住房，并适当装修、装饰后出售或出租，以获取投资回报，这是一种传统的投资方式，也是迄今为止住房投资者最常用的一种方式。

但是如何将房产出租出去，寻求合适的租户，按时收取房租，是投资者必须要面对的问题。随着房地产中介市场的不断壮大和成熟，客观上也为房地产个人投资带来了新的机遇。

5. 个人投资房产承担的风险问题

投资者完全用自有资金买房，若房屋不能及时变现，投入的资金就会被套牢；如果是通过贷款支付房款，就背上了长期支付利息的包袱。因此在选择房产作为投资工具时，要具备风险的承受力和规避风险的能力。尤其是对于部分以借贷形式投资房产的投资者，更应本着“稳健”的原则。

有关金融专家表示，用于住房还贷的比例，不宜超过家庭收入的40%。

6. 选择好按揭方式

根据家庭经济情况确定按揭时间长短和还款方案，如等额本息或等额本金。这一点在后面将会详细介绍。

第三节 如何做好房屋贷款

一、房贷的概念

1. 房贷是什么

房贷是个人住房贷款的简称，是放款人向借款人发放的各种用于购买住房的贷款，也即金融机构向购买、建造、改造、修缮各类住房的自然人发放的贷款。房贷是一种中长期消费性贷款。个人住房贷款是一种担保贷款，即借款人必须为自己的借款提供各种形式的担保，包括抵押、质押和保证等。

个人住房贷款有利于加快住房建设和住房制度改革；有利于商业银行调整信贷结构，改善资产质量。

2. 房贷的特点

（1）个人住房贷款是银行主要消费信贷品种。从性质上说，个人住房贷款属于消费贷款的一种。由于房地产是高价值的普通消费品，因此个人住房贷款就成为了消费贷款的最主要品种。

（2）个人住房贷款必须设立担保。个人住房必须设立担保，主要是因为住房贷款的贷款额大，期限长，银行的或有风险较大。担保可以是人的担保——保证，特点是方便；也可以是物的担保——质押或抵押，特点是安全。

（3）个人住房贷款的基础是抵押权。个人住房贷款的基础是抵押权。所谓抵押权，就是抵押权人对抵押财产享有优先受偿权。从法律的角度而言，抵押权是担保物权的一种，抵押权具有优先受偿权，抵押权的设立并不一定需要完全物权，用益物权如使用权等也可以设立抵押权。

（4）个人住房抵押贷款可以实行证券化。个人住房抵押贷款可以实行证券化，具体的流程比较复杂，其核心内容就是抵押债权的标准化集成，然后分割成标准化证券品种在资本市场上交易。如深圳目前就有信托性质的“住房抵押贷款债券”。

（5）个人住房贷款业务具有一定的政策性。个人住房贷款具有一定的政策性，包括利率、税收、基本保障等方面要体现公平性，也包括政府在一定地区、一定时期的产业政策倾向。特别是在利率非完全市场化的国家，个人住房贷款的政策性特点更加明显。

（6）个人住房贷款成本较高，但效益较低。个人住房贷款的经营成本虽然较高，但由于担保条件比较严格，资金的安全性较好，利率和期限较合理，回报相当稳定，其经济效益尤其突出，是各种金融机构非常重视和争相发展的服务品种。

房贷还有其他一些特征，如期限长、零售性、分期偿还等。

二、房贷申请与审批流程

1. 个人住房贷款的申请

虽然各银行的具体业务操作流程可能会有所差异，但基本过程是一致的，就是对借款人资格进行认定，审查其提交的各种相关证件的真实性。

（1）借款人资格。借款人资格认定主要是确认其身份真实、合法，确认其具有较好的可信度和偿债能力。

（2）申请人需提供的材料。一般来讲，借款人需要提交的证件包括：身份证件，放款人认可的部门出具的借款人经济收入或偿债能力证明，符合规定的购买房屋合同意向书，协议或其他批准文件，抵押物或质押物清单，权属证明，有处分权人同意抵押或质押的证明，抵押物估价证明，保证人同意提供担保的书面文件及其资信证明。以储蓄存款为自筹资金的，需要提供银行存款凭证；以住房公积金作为自筹资金的，需要提供公积金管理部门批准动用公积金存款的证明。放款人要求提供的其他文件或资料。

2. 贷款审查

贷款审查的内容主要包括：

（1）核验借款人申请表。

（2）核实借款人购房行为、购房合同的真实性与合法性，防止借款人和开发商合谋骗取贷款。

（3）审核借款人的收入情况，对借款人提供的收入证明的真实性进行仔细审查核实，以保证借款人有足够的偿还贷款本息的能力。

（4）对拟抵押的房屋或土地进行实地勘察，在必要时请相关评估机构进行评估。

（5）审查借款人的抵押物是否足额有效，其共有人是否出具同意抵押的合法证明文件。

（6）审查保证人的保证资格和保证能力。

（7）审查借款人及其联名人的真实年龄，一般要求贷款期限不超过其中年长者的退休年限。

（8）审查借款人的自有资金情况，一般要求不低于30%，并要求其将自有资金存入开发商在放款银行开立的专门账户中。

3. 借款人资信评估

（1）个人素质。个人素质方面包括：职业稳定性、职业地位、受教育程度、年龄、健康状况、行为表现、综合印象。

（2）购房及还款能力。主要考察房价收入比和还贷收入比两个指标。

（3）贷款保护能力。如抵押率、质押率、第三方保证程度、双重担保、抵押物变现能力、借款人购买财产保险的情况、其他附加条件。

4. 贷款审批

经上述程序后，同意贷款的，按照规定程序上报审批，并在规定的期限内通知借款人进行相关程序；不同意的，应将申请人的所有材料退还。

5. 各银行的具体要求

每个银行对贷款申请人的审核要求有一定的差别，有的银行较为严格，有的则相对宽松，总的来说差别不是很大。

三、个人住房贷款的发放

1. 签订借款合同

银行批准了申请人的贷款申请后，应及时通知借款人签订若干合同，包括借款合同、担保合同、保险合同和公证合同等，具体程序如下：

（1）信贷员正式通知申请人签订个人住房贷款合同及办理相关事宜。

（2）采取抵（质）押担保方式担保的，需要签订抵（质）押合同，并按规定办理有关公证和抵押登记、保险手续。

（3）按合同规定向借款人代收代缴印花税。

（4）借款人将《房屋买卖合同》正本、抵押登记证明文件（或房屋他项权证）、抵押物保险单正本交放款人保管。需要借用时，应办理相关手续并在规定的时间内交还放款人保管。

（5）个人住房贷款专项保险可由银行代办，保单正本由银行保管。

（6）开发商同意存入保证金存款的，要开立开发商保证金存款专户。

2. 贷款额度、期限和利率的确定

（1）贷款额度。一般贷款额度最高不超过购买房屋价值的 70%。

（2）贷款期限。贷款期限最长不超过 30 年。

（3）贷款利率。贷款利率由中国人民银行专门公布，各银行可以按照央行规定的基准利率和幅度范围进行调整。在利率调整时，若剩余期限在一年内的，仍按合同利率执行；若剩余期限超过一年，则在次年 1 月 1 日起执行新利率，因此必须分段计算还贷清单。

3. 抵押权登记

（1）住房抵押登记。借款人获得抵押贷款时，一定要签订抵押合同，并到当地房地产产权登记机关申请抵押登记。

（2）土地使用权抵押登记。以土地上建筑物依法获得的土地使用权作抵押的，要到土地管理部门的产权登记机关或房地合一的产权登记机关进行抵押登记。具体手续与房屋抵押登记基本一致，只是时间上要求更严格。

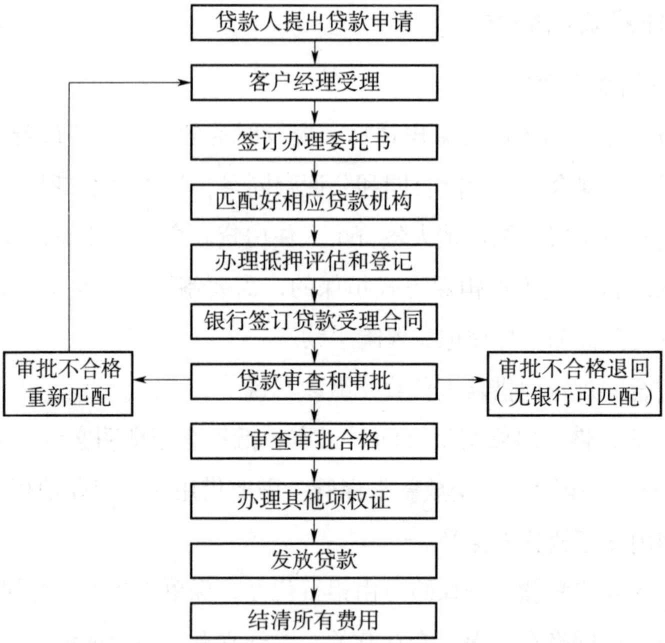

图5-2 贷款业务申请、审批与发放业务流程图

四、房贷的类型

1. 到期还款型

每月现金节约勉强可凑足缴纳房贷本息，没有能力提前还款的还款类型。这种还款类型可以选择较低的利率，但必须锁定不能提前还款的期限，否则会有违约金处罚。银行通过这种方式可以确定房贷比例，对借款人的好处是可以获得较低的贷款利率。

2. 提前还清型

提前还清方式可以让贷款人在未来有较多的收入时提前还清贷款，避免长时间缴纳贷款利息。但这种方式下，银行给予的贷款利率往往高于到期还款型。一般这种还款方式比较适合那些有额外收入来源或者收入波动较大的职业人员。比如自由职业者，他们有可能在未来某个时候获得一笔较大的收入，这样就可以多缴纳一些本金，以减少按揭压力。

3. 随借随还型

以房地产设定额度，动用本金时才支付利息，可掌握投资时间，因此又称为理财型房屋贷款。这种类型的房贷利率较其他类型要高，但因为以日计息，实现投资利润时可随时还清，因此只要投资得当，还是比较灵活，并且可以获得超额收益。注意，这种类型比较适合专业投资理财人员，或具有稳定收益的小企业主。

4. 贷款组合型

有一部分人有住房公积金等低利率贷款，但这些资金还不足以满足贷款要求，只能再申请一部分商业贷款。这种类型在办理房贷时要加以注明，两者贷款同时办理，因此称为组合贷款。组合贷款在计算月还款额时，需按照各自的利率分开计算，分别支付。

5. 超额贷款型

有些人买房后，还需要一定的款项用于与房屋相关的费用，比如装修等，因此需要超出原有房产贷款额度以上的贷款。此时银行根据借款人的信誉等进行评估，可以给予额外的贷款，这就是超额贷款。

选择超额贷款的购房者，需要重点考虑未来现金流入的稳定性，不能给未来还贷留下风险。

五、贷款计息方式

1. 等额本息还款

等额本息还款也称定期付息，即借款人每月按相等的金额偿还贷款本息，其中每月贷款利息按月初剩余贷款本金计算并逐月结清。把按揭贷款的本金总额与利息总额相加，然后平均分摊到还款期限的每个月中。作为还款人，每个月还给银行固定的金额，但每月还款额中的本金比重逐月递增、利息比重逐月递减。

等额本息还款的优点是每月还相同的数额，贷款人操作相对简单。每月承担相同的款项也方便安排收支；缺点是，由于利息不会随本金数额归还而减少，占用银行资金时间长，还款总利息较下面介绍的等额本金还款法要高。

计算公式：每月等额还本付息额 $=P\times r\times(1+r)^n\div[(1+r)^n-1]$

其中:P- 贷款本金，r- 月利率，n- 还款期数。

例如，还款期数以月来计，则为贷款年限乘以 12。如商业性贷款 20 万元，贷款期为 15 年，则每月等额还本付息额为：

月利率为：5.58% ÷ 12=4.65‰，还款期数为：15 × 12=180

即借款人每月向银行还款 1642.66 元，15 年后，20 万元的借款本息全部还清。

2. 等额本金还款

等额本金还款，又称利随本清、等本不等息还款法。贷款人将本金分摊到每个月内，同时付清上一交易日至本次还款日之间的利息。这种还款方式相对等额本息而言，总的利息支出较低，但是前期支付的本金和利息较多，还款负担逐月递减。

这种方式很适合目前收入较高，但是已经预计到将来收入会减少的人群。实际上很多中年以上的人群，经过一段时间事业打拼，有一定的经济基础，考虑到年纪渐长，收入可能随着退休等其他因素减少，就可以选择这种方式还款。

等额本金还款法还款公式：$M=L/n+(L-S)\times R$

其中，M- 每月还款额，L- 贷款本金，R- 月利率，n- 还款期数，S- 累计已还本金。

现在网上有很多关于计算房贷的工具，很容易通过这些工具计算出两种不同还款方式的具体情况。

等额本息还款与等额本金还款，究竟采用哪种还款方式，要根据个人的实际情况来定。等额本息还款法每月的还款金额是一样的，对于参加工作不久的年轻人来说，选择等额本息还款法比较好，这样也可以减少前期的还款压力。

对于已经有经济实力的中年人来说，采用等额本金还款法效果比较理想。在收入高峰期多还款，能减少今后的还款压力，并通过提前还款等手段来减少利息支出。

等额本息还款法操作起来比较简单，每月金额固定，不用再算来算去。

总而言之，等额本息还款法适用于现期收入少，负担人口少，预期收入稳定增加的借款人，如部分年轻人。等额本金还款法则适合有一定积蓄，但家庭负担将日益加重的借款人，如中老年人。

3. 组合还款法

这是根据贷款人未来的收入情况，将整个贷款本金按比例分成若干阶段，并确定每一个阶段的还款年限，在每个阶段里，还可以选择不同的还款方式或者不同的还款本金方式。组合还款法可以增加贷款人的还款灵活性和选择空间，也可以降低贷款利息。

组合还款方法有三种形式，一是在整个贷款期限内，贷款的归还呈现逐渐递增的方式；二是在这个贷款期限内，归还贷款呈现递减的方式；第三种是较灵活的任意性方式，还款额度和还款年限没有固定模式，还款呈不规则变化，由贷款人根据自己未来收支情况制定还款计划。对于新发生的银行贷款，借款人可以用组合还款法，在贷款开始阶段就最大程度地优化还款方式。

4. 最低限度弹性还款法

这种方法是将活期账户与还贷账户共用，每月的还款额度比其他还款模式更低，这样可以保证借款者信用不会出现问题，并在有钱时可以随时偿还。

这种还款法是将还款总额扣除账面上余额，当日计算出应缴利息，剩下的资金用来归还本金。这种还款方式的利率比一般的房贷方式要高出 1% 左右，但比理财型房贷要低。

本章小结

近 10 年以来，家庭投资理财中，最热门的话题莫过于房地产了。上至政府，下到普通百姓，无不为房地产纠结，这是因为房地产在经济领域以及政治领域都有举足轻重的地位。纵观近几年落马的贪官，很多都与房地产等工程建设有染。大部分民众望楼兴叹，怨声载道，房地产成了管理者的一块心病。

从个人投资理财的角度看，房地产投资也是几多欢喜几多愁，抢在五六年前买了房子的欢喜，一直等房价下跌的人发愁。总之，房产成为普通老百姓不得不面对的理财规划重要问题。

房地产既可以作为家庭日用的固定资产，又可以用于投资与投机，因此房地产规划在人生理财规划中有着举足轻重的地位。由于房地产投资需要资金量巨大，即使能够从银行贷款，如果收入不高或不稳定，一旦收入出现危机，就会成为房奴，甚至购买的房产被银行拍卖，因此人们对房地产投资总是慎之又慎。

是购房还是租房？这个问题让很多人纠结，本章采用成本比较法和净现值比较法，对这个问题进行了探讨。从长远角度看，房产贬值的可能性极低，因此只要经济条件允许，购买刚性需求的住房是应该的，而且越年轻越应该早作规划。从短期看，如果租房成本低于购房成本，可以选择租房，待条件成熟后再买房。本章还讨论了如何换房，以换房的成本费用评估换房是否划算。

除了自住房以外，房地产投资也是很多人关注的问题。一般所指的房地产投资，多为直接购买房产，并将房产进行租赁或涨价后出售。直接投资房地产的优点是长期投资风险小，收益高，缺点是房地产的流动性较差，中短期投资存在市场性风险、交易性风险和受损风险。

直接投资房地产的最关键因素是地段，并非是房价。地段决定房产未来升值的空间，也会抑制熊市时候房价下跌的空间。

有些投资者也通过房地产领域的借贷、债券、股票等理财工具进行间接投资，获取利息或分红等。

本章最后探讨了如何做好房贷，贷款的计息方式，以及如何选择还款方式。贷款的类型有到期还款、提前还款、随借随还、贷款组合和超额贷款等类型。选择哪一种贷款和还款方式，需要根据自身的经济条件和家庭理财总体规划来决定。原则上是在没有其他更重要的理财需求目标（如孩子教育等），或者没有其他获取更高收益的理财渠道时，应尽量早点还清房贷。

第六章　股票

第一节　股票概述

一、股票与股票投资

1. 什么是股票

股票是一种有价证券，它是股份有限公司签发的证明股东持有股份的凭证。公司为了筹措资金，将资本划分为若干股份，每一股份的金额相等，并通过一定的法律程序在证券交易所发行。投资者可以根据自身的投资需求来购买该公司股份，也就是在一级市场或者二级市场购买股票。这样上市公司达到了筹措资金的目的，投资者也通过股票投资拥有了获取收益的机会。

2. 什么是股票投资

股票投资是指企业或个人用货币在一级市场或二级市场购买股票，借以获得收益的行为，其目的是盈利，手段就是购买股票。所谓一级市场，是筹集资金的公司或政府机构将其新发行的股票或债券等证券销售给最初购买者的金融市场；二级市场是有价证券的交易场所，股票等有价证券可以在这个交易场所自由买卖，达到流通的效果。

3. 股票投资现状

股票投资是大家比较熟悉的投资理财产品，但是很多中国股民并没有从中获益，甚至亏损严重，因此中国股市在广大民众心中留下较多的阴影，有的人甚至“谈股色变”。

为什么会这样呢？原因很多，首先是中国股市仍然处于初级阶段，股市的相关法律法规还不健全；其次，中国股市的炒作风气比较严重；第三，中国股民投资股票的方法技巧还不成熟。第四，经济泡沫带来的后遗症，股市处于去泡沫化的过程中。

作为一种重要的投资理财工具，难道股市在中国就没有作用了吗？当然不是。从动态看，让股民“谈股色变”的以上四个主要问题都是可以解决的，随着证券市场法律法规的不断健全和完善，市场不法行为会得到严厉惩治，炒作风气也会得到遏制，这样中国股市运行就会变得更加平稳，有利于普通投资者的参与。

另外，我国经济经过近几年的调整，股市泡沫已经大量减少，许多公司的估值已经回归到合理水平，有一部分公司甚至出现严重低估，这也为股票投资提供了较好的机会。

股民的素质在逐步提高。股市经过前几年的大起大落后，很多股民对股市有了更深刻的认识，风险意识和投资技巧得到了很大的提高。

以上这些都为未来投资股市奠定了较好的基础。

二、股票的性质

根据我国证券相关法律法规，中国证券业协会将股票的性质归纳为以下几点。

1. 股票是有价证券

有价证券是财产价值和财产权利的统一表现形式。持有有价证券，一方面表示拥有一定价值量的财产，另一方面也表明有价证券持有人可以使用该证券所代表的权利。

股票具有有价证券的特征：

第一，虽然股票本身没有价值，但股票是一种代表财产权的有价证券，它包含着股东可以依其持有的股票要求股份有限公司按规定分配股息和红利的请求权。

第二，股票与它代表的财产权有着不可分离的关系，两者合为一体。

2. 股票是要式证券

股票应具备《公司法》规定的有关要件，如果缺少规定的要件，股票就无法律效力。比如公司名称、股票种类、票面金额、股票编号、公司印章等。不过大家在股票交易中购买的股票，通常并不是以股票实物形式获取的，而是通过电子账户，由证券服务机构来登记结算和存管的。

3. 股票是证权证券

证券可以分为设权证券和证权证券。设权证券是指证券代表的权利本身不存在，而是随着证券的制作而产生，即权利的发生是以证券的制作和存在为条件。

证权证券是指证券是权利的一种物化的外在形式，它是权利的载体，权利是已经存在的。

4. 股票是资本证券

股票是投入股份公司资本份额的证券化，属于资本证券，是一种虚拟资本，这种虚拟资本只有在证券交易中变现后才能够成为真实资本。这也就是我们通常所说的，如果没有将股票投资的盈利变现，那么这种盈利只是“账面游戏”而已。

股票投资的目的就是通过真实资本购买这种特定的虚拟资本，待该资本出现增值后，再重新转换为真实资本，从而完成股票投资的盈利目标。虚拟资本转换为真实资本，一般有两种途径，一是通过公司的盈利得到上市公司派发的股息和现金红利；二是投资者在股票交易中获取差价收益，即将股票低价买进、高价卖出得到的收益。

5. 股票是综合权利证券

股票持有者依法享有股东权，即公司资产所有权、资产收益权、重大决策权等。

三、股票的特性

1. 收益性

收益性是股票最基本的特性，指股票可以为持有人带来收益。

持有股票的目的在于获取收益，股票的收益来源可以分为两类：

一是来自股份公司。认购股票后，持有者即对发行公司享有经济权益，其实现形式是公司派发的股息、红利，数量多少取决于股份公司的经营状况和盈利水平。

二是来自股票流通。股票持有者可以持股票到依法设立的证券交易场所进行交易，当股票的市场价格高于买入价格时，卖出股票就可以赚取差价收益。这种价差收益称为“资本利得”。

不同的股票投资者，在投资收益方面注重的因素也不同。根据股票收益性的两个来源，一般大型投资者或者保守的投资人，会更加注重公司的盈利能力，从而获取稳定的股息、红利等投资收益，只有在公司或者宏观经济出现恶化时，才会进行减持。以绝大多数散户为代表的个人或小机构投资者，则会以“资本利得”的差价收益为主。

股票投资中，投资者首先要确定自己的投资策略和风格，这样才能在投资过程中确定投资计划。

2. 风险性

股票投资风险的内涵是指股票投资收益的不确定性，或者说实际收益与预期收益之间的偏差。投资者在买入股票时，对其未来收益会有一个预期，但真正实现的收益可能会高于或低于原先的预期，这就是股票投资的风险。

风险是一个中性概念，风险不等于损失，也可以是收益。股票的风险性和收益性是相互关联的概念，高风险的股票可能给投资者带来较大的损失，也可能带来较大的预期收益，这就是“高风险高收益”的含义。

探讨股票投资的风险和资金管理方法，并非只是为了躲避风险，降低损失，而是在有效了解风险、控制风险的同时，尽量获取较高的收益。

股票风险可以分为系统性风险、非系统性风险和交易性风险等三个来源。

（1）系统性风险。系统风险又称市场风险，也称不可分散风险，是指由于某种因素的影响和变化，导致股市上所有股票价格都下跌，从而给股票持有人带来损失的可能性。系统性风险主要是由政治、经济及社会环境等宏观因素造成的投资人无法改变的风险。系统性风险不是中小散户以及投资机构能左右的，但是可以通过分析了解国际国内宏观局势、经济状况等，及时调整投资策略，规避风险、分散风险或截止风险。

（2）非系统性风险。非系统性风险一般是指与整个市场波动无关的风险，比如某一领域、某一行业或者某只个股自身存在的风险。上市公司经营管理、财务状况、市场销售、重大投资等因素的变化，都会对公司股价产生影响。这类风险主要影响某一只或某一类股票，与市场中的其他股票没有直接联系。对于非系统性风险，投资者应多学习股票知识，多了解、分析和研究宏观经济形势及上市公司经营状况，增强风险防范意识，掌握风险防范技巧，提高抵御风险的能力。

（3）交易风险。交易风险是指投资者在股票交易过程中，由于对股票投资知识有限，投资经验欠缺，或者是个人交易时间局限等因素造成的风险。防范和减少交易风险的办法是投资者要提高自身的投资能力。

3. 流动性

流动性是指股票可以通过依法转让而变现的特性。投资者可以在证券交易场所交易时间随时买入或者卖出股票，也就是说股票可以在不同的投资者之间直接进行流动。伴随着股票流动过程，投资者的资本实现“现金—股票—现金”的转换，也就是说股票具有很容易变现的特性。股票持有人不能从公司退股，但股票转让为其提供了变现的渠道。

一般来说，判断股票的流动性强弱主要从以下三个方面分析：

（1）市场深度。以每个价位上报单的数量来衡量。买卖盘在每个价位上的报单越多，成交越容易，股票的流动性就越好。

（2）报价紧密度。以价位之间的价差来衡量。价差越小，交易对市场价格的冲击越小，股票流动性就越强。在有做市商的情况下，做市商双边报价的价差是衡量股票流动性的最重要指标。

（3）股票的价格弹性或者恢复能力。以交易价格受大额交易冲击后的恢复能力来衡量。价格恢复能力越高，股票的流动性就越强。

在股票投资中，投资者的投资策略要结合股票流动性。通常来说，大资金会选择流动性较好的股票，其目的是便于资金进出。在实际交易中，如果股票的流动性不佳，会造成交易困难。比如在市场出现突发事件时，股票价格大幅下跌，如果股票的流动性较差，则投资者持有的股票会出现无法卖出的现象。

4. 永久性

永久性是指股票所载有权利的有效性是始终不变的，因为它是一种无期限的法律凭证。

股票的有效期与股份公司的存续期间相联系，两者是并存的关系。这种关系反映了股东与股份公司之间比较稳定的经济关系。股票代表着股东的永久性投资，当然股票持有人可以出售股票而转让其股东身份，但对股份公司来说，由于股东不能要求退股，所以通过发行股票募集的资金，在公司存续期间是一笔稳定的自由资金。

5. 参与性

是指股票持有人有权参与公司的重大决策。作为公司股东，股票持有人有权出席股东大会，行使对公司经营决策的参与权。股东参与公司重大决策，权力的大小通常取决于其持有股份数量的多少。如果某股东持有的股份数量达到决策所需要的有效多数时，就能够实质性地影响公司的经营决策。

四、股票的分类

股票的分类有多种方式，下面介绍几种常见和通用的分类。

1. 按交易市场分类

（1）A 股。正式名称是人民币普通股票。它是由我国境内公司发行，供境内机构、组织或个人（不含台、港、澳投资者）以人民币认购和交易的普通股股票。

（2）B 股。正式名称是人民币特种股票。它是以人民币标明面值，以外币认购和买卖，在境内（上海、深圳）证券交易所上市交易的股票。

（3）H 股。即注册地在内地、上市地在香港的外资股票。香港的英文是 HongKong，取其字首，在港上市外资股就叫做 H 股。

2. 按股东享有权利分类

（1）普通股。是指在公司的经营管理和盈利及财产分配上享有普通权利的股份。普通股代表满足所有债权偿付要求及优先股东的收益权与求偿权要求后对企业盈利和剩余财产的索取权，它构成公司资本的基础，是股票的一种基本形式，也是发行量最大、最为重要的股票。目前在上海和深圳证券交易所上市交易的股票，都是普通股。

普通股股票持有者按其所持有股份比例享有以下基本权利。

首先是公司决策参与权。普通股股东有权参与股东大会，并有建议权、表决权和选举权，也可以委托他人代表其行使股东权利。

其次是利润分配权。普通股股东有权从公司利润分配中得到股息。普通股的股息是不固定的，由公司盈利状况及其分配政策决定。普通股股东必须在优先股股东取得固定股息之后才有权享受股息分配权。

第三、优先认股权。如果公司需要扩张而增发普通股股票时，现有普通股股东有权按其持股比例，以低于市价的某一特定价格优先购买一定数量的新发行股票，从而保持其对企业所有权的原有比例。

第四，剩余资产分配权。当公司破产或清算时，若公司资产在偿还欠债后还有剩余，其剩余部分按先优先股股东、后普通股股东的顺序进行分配。

（2）优先股。这是相对于普通股而言的，主要指在利润分红及剩余财产分配的权利方面优先于普通股。优先股股东没有选举及被选举权，一般来说对公司的经营没有参与权。优先股股东不能退股，只能通过优先股的赎回条款被公司赎回，但是能稳定分红。

优先股有以下几项主要特征。

第一，优先股通常预先定明股息收益率。由于优先股股息率事先固定，所以优先股的股息一般不会根据公司经营情况增减，而且一般也不能参与公司的分红，但优先股可以先于普通股获得股息。对公司来说，由于优先股的股息固定，因此它不影响公司的利润分配。

第二，优先股的权利范围小。优先股股东一般没有选举权和被选举权，对股份公司的重大经营无投票权，但在某些情况下可以享有投票权。优先股股东享有有限表决权，比如优先股股东在一般股东大会中无表决权或限制表决权，或者缩减表决权。但在涉及到优先股股票所保障的股东权益时，优先股股东可发表意见并享有相应的表决权。

第三，当股份有限公司因解散、破产等原因进行清算时，优先股的索偿权先于普通股，而次于债权人。

3. 按上市公司市值分类

（1）大盘股。是指那些拥有较大流通市值的个股，比如 100 亿元以上的流通盘。这种划分是按习惯上的“二八比例”进行区分的，即 20% 的上市公司的市值等于另外 80% 上市公司的市值总和，这样前者称为大盘股。大盘股中的指标股或者称为权重股，是大盘股的代表，它们对大盘指数以及板块指数的影响较大，因此在指数的涨跌中起到关键作用。

（2）中盘股。是指流通市值介于大盘股与小盘股之间的股票，按当前的流通市值划分，处于 10 亿元与 100 亿元之间的个股，可以认为是中盘股。这类股票有较大的群体，是股市的主体，也是各行业、各地区板块股票的中坚力量，它们几乎遍布各种概念和题材板块中。中盘股是小盘股中发展出来的股票，也是未来大盘股的摇篮。

（3）小盘股。主要是指那些市值相对较小的股票。目前的 A 股市场中，小盘股主要集中在创业板和中小板中。由于受新股发行和退市、股价涨跌，以及上市公司成长与衰退等多种因素的影响，很难用某一确定的流动市值来界定小盘股。

比如在 10 年前，A 股市场规模不大，也未实行全流通，因此流通市值在 1 亿元以下的个股可以算为小盘股。目前，如果将 A 股的流通市值按大小顺序排列，后 20% 的股票流通市值大概在 10 亿元以下，这样也可以将流通市值小于 10 亿元的个股视为小盘股。

小盘股的成长空间和扩张性比较大，容易被收购、重组，留给市场的想象空间丰富。另外，小盘股盘子轻，很容易被大资金控盘，股价被操纵，因此它们是题材炒作的天堂，黑马滋生的沃土。

4. 按上市公司业绩分类

（1）绩优股。就是业绩优良且稳定的上市公司股票。这些公司经过长时间的努力，具有较强的综合竞争力与核心竞争力，在行业内有较高的市场占有率，形成了经营规模优势，利润稳步增长，市场知名度很高。

绩优股有以下特点。

首先是公司业绩优良稳定，有实力抵抗经济衰退。绩优股的价格波动相对较小，走势稳定。

其次，绩优股类上市公司一般都较为成熟，成长性不强，故它们不能给投资者带来振奋人心的利润。因此绩优股是长期投资和稳健投资者的首选。

（2）成长股。是指那些业绩增长速度快于国家整体经济和本行业增长速度的上市公司发行的股票。这些公司通常有宏图伟略，注重科研，留有大量利润作为再投资以促进其扩张。由于公司再生产能力强劲，随着公司的成长和发展，发行的股票价格也会上升。

成长股一般有以下几个特点。

首先，上市公司有较确定的成长动力，包括技术先进、产品新颖或特殊重大优势等。

其次，公司管理水平过硬。

第三，成长股上市公司一般规模较小。

第四，上市公司所在行业是朝阳行业或有较大成长空间的行业。

第五，成长股的市盈率一般都高于整体市盈率。

投资成长股的收益会大于投资绩优股，但面临的风险也高于绩优股，注意不要跟风炒作。

（3）垃圾股。指那些业绩较差、问题较多的公司股票，是与绩优股、成长股相对应的概念。这类上市公司或者由于行业前景不好，或者由于经营不善等，业绩持续低迷，甚至连续亏损。其股票在市场上表现萎靡不振，股价走低，交投不活跃，年终分红也差。

垃圾股并不是永远被市场遗忘的角落，相反它们经常会被市场资金借助某些利好进行炒作，股价在短时间内出现巨大涨幅。不过一旦市场炒作资金获利出逃，那么这类股票的下跌速度也快如闪电，一些跟风散户根本无法逃脱，并且很难看见解套的机会。

一般散户不要参与垃圾股的炒作，即使认为自己“艺高人胆大”，也要搞清楚几个问题：公司业绩为什么差？公司业绩已经开始向好了吗？公司是否真的有重组并购计划？最后一个问题是最重要的，即股价上涨了多少？如果股价已经出现大幅上涨，该股无论有多少精彩的故事，投资者都要坚决回避。

如何判断绩优股、成长股和垃圾股，这是股票基本面分析的重要目的，衡量指标主要是每股税后利润和净资产收益率。但由于这两个指标过于单一，同时也会因人为因素而被操控，因此只依靠它们是难以判断的。要想获得更准确的判断结果，需要对上市公司的历史、现状和未来进行全面评估，需要对上市公司的财务状况进行综合分析。

5. 按市场表现分类

（1）强势股。是指股价表现强于大盘和同类型股票的个股。这些股票的市场表现往往是在大盘回档时它不回档，而以横盘代替回档；当大市上涨时，它升幅更为猛烈。强势股一般有较好的市场属性，受到市场资金的青睐，并有坚实的群众基础。

强势股的特征有以下几个。

一是市场表现较强，即上涨力度较大，上涨较猛烈，能跑赢大盘和其他大部分股票。大盘下跌时，它比较抗跌。一旦大盘企稳，它就会迅速展开上涨攻势。

二是成交量保持在较高的水准，换手率高于市场平均水平。

三是群众基础牢固，要么是大家熟知的成长股，要么是具有特殊题材的概念股。

四是板块效应明显。一般强势股大多产生在市场热点板块中，它们随着市场热点的发酵而快速上涨，并且长时间热度不退，涨势不停。

强势股一般有短线强势和中长线强势之分。短线强势股适合短线炒作，主要依靠技术分析和经验技能来操作；中长线强势股一般会与基本面分析相结合，选股和操作时需要结合技术面的趋势和基本面来分析。

（2）弱势股。是指市场表现弱于大盘，走势低迷的个股。这类个股在大盘上涨时它不涨或间歇式上涨；大盘横盘时，它们下跌；大盘下跌时，它们跌幅更大更猛。

弱势股最显著的特征是成交量非常小，人气低迷。弱势股是股票投资者必须回避的一类股票。

第二节 股票基本面分析

一、什么是基本面分析

基本面分析是以股票内在价值作为判断依据的投资分析方法。基本面分析的前提是“价值决定价格，价格围绕价值波动”的经济理论。也就是说股票的价格受市场的影响会出现波动，但波动总是围绕股票价值（上市公司的价值）波动的。相对于股票的价值，股价涨高了就会下跌，重新回到价值轴心；同样，股价跌多了，就会修复价格与价值之间的距离。

按照基本面分析理论，价值投资者认为，股价存在高估和低估现象，高估时是卖出股票的时机，低估时是买入股票的时机。

股票的基本面分析有宏观分析、行业分析和上市公司分析三块内容。宏观分析是对整体经济形势进行分析；行业分析是对上市公司所在产业的发展前景和当前行业整体经营状况进行分析；上市公司分析是对公司自身基本情况进行分析。

二、宏观经济基本面分析

宏观经济指总量经济活动，即国民经济的总体活动，也就是整个国民经济或国民经济总体及其经济活动和运行状态，如总供给与总需求、国民经济总值及其增长速度、国民经济中的主要比例关系、物价总水平、劳动就业总水平与失业率、货币发行总规模与增长速度、进出口贸易总规模及其变动等。

宏观经济调整的主要目标是高水平和快速增长的产出率、低失业率和稳定的价格水平。

宏观经济因素直接或间接地影响上市公司的经营业绩，影响个体或集体的收入，以及大家对股市的心理预期，从而对股市的供求关系和股价产生影响。

股市是经济发展的晴雨表，它可以提前反映经济发展的方向和趋势，A股市场也一样。经济是股市运行的基础，因此股市的运行趋势是依附于经济发展的。从经济循环周期理论来看，一轮经济周期包括四个阶段：经济复苏，经济过热，经济滞涨，经济衰退。

前一轮经济周期结束后，新一轮经济周期又会重新开始。当然经济周期中的这四个阶段是复杂的，其中有许多反复，并且持续的时间长短也不一样。经济循环周期有5年左右的小周期，也有10年左右的大周期。股市会随着这种经济周期的变化涨跌起伏。

基于股票投资，宏观经济分析通常需要注意货币政策、财政政策、产业结构政策、区域发展规划等内容。

1. 货币政策对股市的影响

利用货币政策工具调节宏观经济，是中央银行为实现货币政策目标所采用的政策性手段。货币政策分为一般性货币政策和选择性货币政策以及其他货币政策工具。

（1）一般性货币政策工具。一般性货币政策工具是指公开市场业务、再贴现政策和法定存款准备金率，它们又称为货币政策工具的“三大法宝”。

公开市场业务，是指中央银行通过买进或卖出有价证券，吞吐基础货币，调节货币供应量。与一般金融机构从事证券买卖不同，中央银行买卖证券的目的不是为了盈利，而是为了调节货币供应量。

根据经济形势的发展，当中央银行认为市场货币流动性过剩，需要收缩银根时，就会卖出证券，相应地收回一部分基础货币，以减少金融机构可用资金的数量，也就是减少了市场中流动的货币总量。

相反，当中央银行认为市场流动性不足，需要刺激经济发展时，就会放松银根，买进有价证券，扩大基础货币供应量，直接增加金融机构可用资金的数量，从而达到向市场输血，刺激经济发展的作用。中央银行在公开市场上买入债券，相当于为市场提供流动性，这对股市来说是一个利好，一般情况下股市应看涨。

再贴现政策，是指中央银行通过制定或调整再贴现利率，干预和影响市场利率及货币市场的供应和需求，从而调节市场货币供应量。再贴现是指商业银行或其他金融机构将贴现所获得的未到期票据向中央银行转让。对于中央银行来说，再贴现是买进商业银行持有的票据，流出现实货币，以扩大货币供应量。对商业银行来说，再贴现是出让已贴现的票据，解决一时的资金短缺。整个再贴现过程，实际上就是商业银行和中央银行之间的票据买卖和资金让渡过程。提高再贴现率，增加了存款货币银行从中央银行借款的成本，相当于收缩了流动性，对股市来说是利空，一般情况下股市应看跌。

存款准备金，是指金融机构为保证客户提取存款和资金清算需要而准备在中央银行的存款。中央银行要求的存款准备金占其存款总额的比例，就是存款准备金率。存款准备金本来是为了保证支付的，但却带来了一个意想不到的“副产品”，就是赋予了商业银行创造货币的职能，可以影响金融机构的信贷扩张能力，从而间接调控货币供应量。提高法定存款准备金率，商业银行存入中央银行的准备金就会增加，市场流动性就会缩小，这对股市来说是利空，一般情况下股市应看跌。

（2）选择性货币政策工具。选择性货币政策工具是指中央银行针对某些特殊经济领域或特殊用途的信贷而采用的信用调节工具。选择性货币政策包括间接信用控制、直接信用管制和间接指导。与一般性的货币政策工具不同，选择性货币政策工具对货币政策与国家经济运行的影响不是全局性的，而是局部性的，是对个别部门、个别企业或某些特定用途的信贷采用的货币政策性调控。

选择性货币政策工具也可以作用于货币政策的总体目标。比如对证券市场信用控制、不动产信用控制和消费者信用进行控制时，会对整个货币政策产生影响。中央银行对有关证券交易的各种贷款和信用交易的保证金比率、印花税等进行调节，可以控制金融市场的交易总量，抑制过度投机，或者提高市场的活跃度。选择性货币政策对股市的影响有大有小，如果直接针对整个股市进行调节，那么影响是巨大的。如果选择性货币政策是对其他个别行业或区域进行调节，其影响则是短期和局部的。

（3）其他货币政策工具。其他货币政策工具内容繁多，概括起来有直接信用控制和间接信用控制两类。直接信用控制的主要手段包括规定利率限制及信用配额，规定金融机构的流动性比率和直接干预等。间接信用控制，如中央银行通过道义劝告、窗口指导等办法，间接影响商业银行等金融机构。其他货币政策对股市的影响力度相对较弱。

总之，无论是哪种货币政策，如果政策有利于货币放松，增加整个社会或股市的资金总量，那么该政策就对股市上涨有利，相反会抑制股市的上涨。但是市场流动性过剩会带来通货膨胀，过紧的货币政策又会出现通货紧缩。

2. 产业政策对股市的影响

产业政策是政府为了实现一定的经济和社会目标，对产业的形成和发展进行干预的各种政策的总和。产业政策的功能主要是弥补市场缺陷，有效配置资源，保护幼小民族产业的成长，缓解过度经济振荡，增强产业适应能力等。

产业政策对股市的影响是频繁的，特别是对某一个或某些板块的炒作或退潮，都起到较大的作用。积极的产业政策，会刺激相关行业板块的股价上涨。产业政策对股市的影响，主要表现在政策出台的初期，市场会利用“政策利好”对相关板块和个股进行炒作，从而影响和带动相邻的其他板块和个股。产业政策的力度越大，持续时间越长，对股市的影响越深远，也决定了相关领域和板块的涨跌空间和时间。

2013 年，股市受到中央经济结构转型政策的影响，A 股走出了一段结构性牛市，代表新型经济体的创业板出现了翻倍行情。2012 年 12 月 4 日，代表传统行业的上证指数和代表新型经济体的创业板指数都创下阶段性低点，分别为 1949.46 点和 585.44 点。随着中央经济结构调整政策不断出台和政策的倾斜，环保、互联网、影视传媒、软件服务等板块相继出现大幅上涨，带动创业板走出了牛市行情，不到一年的时间，创业板指数出现了 143% 的涨幅。

反观上证指数，涨幅只有13.5%，基本是横盘走势。因此，产业政策对股市的影响是十分巨大的。

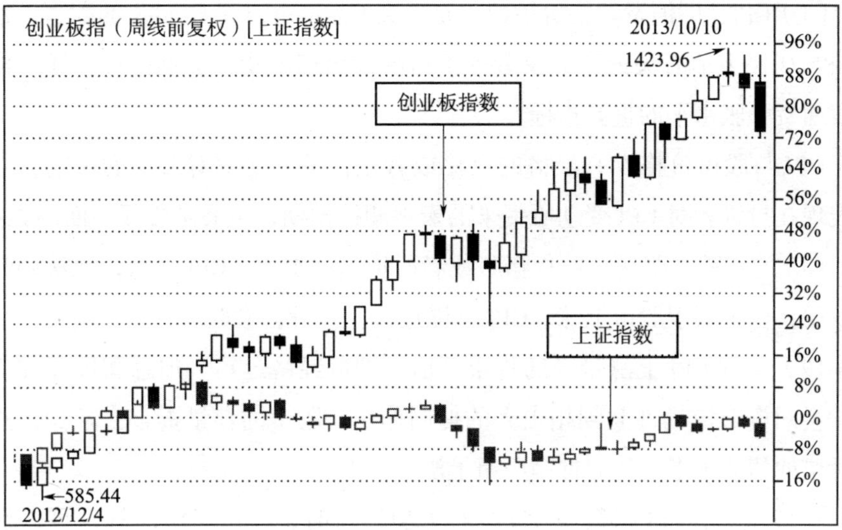

图6-1 2013年，A股走出了一段结构性牛市

3. 区域经济对股市的影响

与产业政策类似，区域经济政策对股市的影响也不可小视。同样是2013年，有两次较重要的局部股市机会，就来自于区域经济政策。一次是以北京中关村为代表的高新产业技术园概念的区域经济概念股出现强势上涨，另一次是上海自贸区概念带动上海一批本地股急速飙升。这就是区域经济政策对股市的影响。

区域经济是在一定区域内，经济发展的内部因素与外部条件相互作用而产生的生产综合体，它是以一定地域为范围，并与经济要素及其分布相互密切结合的区域发展实体。区域经济反映不同地区内经济发展的客观规律以及内涵和外延的相互关系。国家或地方政府为了实现该区域的经济和社会目标，对该地区制定各种政策，包括行政政策、经济政策以及相应的财政政策。这些政策在影响该地区经济和社会发展的同时，也会对该地区相关的上市公司未来发展及股价变动产生影响。

积极的区域性政策，对该区域的经济产生积极影响，对该地区的上市公司股价也会带来机会；消极的区域性政策，则起到相反的作用。

4. CPI和PPI对股市的影响

（1）CPI，即消费者物价指数，是英文Consumer Price Index的缩写，这是反映与居民生活有关的产品及劳务价格统计出来的物价变动指标，通常作为观察通货膨胀水平的重要指标。

CPI与股市价格没有严格的反比或者正比关系。它对股市的影响，更多地表现在投资者对CPI变动所带来的宏观调控预期，主要是心理层面的影响。

CPI的涨跌主要反映通货膨胀或者通货紧缩水平。CPI过低，无法刺激经济发展，也不利于股市上涨。CPI上涨过快，央行会采取加息、提高准备金率等手段，平抑CPI上涨带来的货币贬值，抑制经济过热。加息和提高准备金率，会对资金流动性起到相当大的抑制作用，股市的存量资金会减少，并降低股票的估值水平，从而抑制股市上涨。

一般认为，CPI指数在3%左右平稳运行时，表示经济向好，可以促使投资增加，企业创收能力增强，从而推动股市上涨。当CPI增幅大于3%，则称为通货膨胀，轻微的通货膨胀对股市是有利的。当CPI高于5%的增幅时，就是严重的通货膨胀，表明通胀已经成为经济不稳定的因素，央行会有紧缩货币政策和财政政策的风险，从而造成经济前景不明朗。CPI高企不利于经济的持续发展，也不利于股市的稳定。

CPI对股市的影响，还表现在行业板块的涨跌上。当CPI出现快速上涨时，由于货币贬值预期增强，那些具有保值功能的资源类股票就会受到青睐，比如黄金、房地产、消费概念等品种。

（2）PPI，即生产者物价指数或者产品价格指数，是英文Producer Price Index的缩写，这是一个用来衡量制造商出厂价格平均变化的指数。如果生产物价指数比预期数值高，表明有通货膨胀的风险。如果生产物价指数比预期数值低，则表明有通货紧缩的风险。

PPI是站在生产者的角度来观察不同时期货物和服务商品价格水平变动的一种物价指数，反映了生产环节的价格水平，也是制定有关经济政策和国民经济核算的重要依据。在我国，PPI一般指统计局公布的工业品出厂价格指数。

目前我国PPI的调查产品有4000多种，包括各种生产资料和生活资料，涉及调查种类186个，其中能源原材料价格在PPI构成中占有较大比重。

通常情况下，PPI走高意味着企业出厂价格提高，因此会导致上游企业盈利增加。如果下游价格传导不力或市场竞争激烈，走高的PPI则意味着众多竞争性领域的企业将面临越来越大的成本压力，从而影响企业盈利和宏观经济运行的稳定，结果就会表现在上市公司的股价波动上。

PPI对股市的影响主要表现在两个方面，一是企业经营成本的改变，会影响企业的整体盈利能力。如果PPI环比上涨，由于企业生产成本提高，就会造成盈利能力下降，致使股价下跌。二是上游价格压力逐步传导至下游，导致CPI上行压力增加，央行采取收紧政策的预期加强，从而对股市的资金面起到抑制作用。

三、行业分析

行业分析是对行业的产业特性、运行状况、竞争环境、产业政策、发展方向和未来前景等因素进行分析，从而预测行业未来发展趋势，评估相关股票未来的走势，指导投资者采取相应的投资策略。

不同的行业都有自身的行业特性，相关股票也因这些特性会在股市中有不同的表现。

1. 周期性行业

周期性行业是指行业景气度与外部宏观经济环境高度正相关，并呈现周期性循环的行业。周期性行业的特点是产品价格、需求以及产能呈现周期性波动，行业景气度高峰期来临时，产品需求上升，价格大涨。为满足突然膨胀的需求，产能会大幅度扩张。在萧条期时。则刚好相反。

典型的周期性行业包括大宗原材料（如钢铁、水泥、煤炭等）、工程机械、船舶、有色金属、电力、石油化工、贸易运输等。此外，汽车、房地产也有着比较明显的周期性。一些必需的消费品行业，也具有较鲜明的周期特征，如高档白酒、高档服装等。这是因为这些行业受人们收入关系的影响较大，只有在经济繁荣时期，人们手中才有剩余的钱进行额外的奢侈消费。

周期性行业并不是与宏观经济周期运行同涨同跌的，而是有一定的时间间隔顺序。一个经济周期复苏，往往会有一个新的带头产业先行复苏，并带领其他行业步入复苏进程。经济周期有短期、中期、长期波段。从短波因素来看，主要表现为农业丰收、工商业部门库存调整等。从中波因素来看，主要有耐用消费品更新换代、企业部门产业设备更新、基础建筑设施和房屋重建等。从长波因素来看，在发达国家，主要表现为重大新技术集聚出现，引发新兴主导产业群和产业投资浪潮。在发展中国家，除了受世界经济创新周期和产业转移影响外，其自身由于消费结构升级和城市化进程，同样会带来新兴主导产业群的成长和产业投资浪潮。

在经济现实中，存在一种典型的从下游到上游的需求逐次传导和行业景气先后波动的现象，即“行业景气轮动”现象：经济复苏阶段，以需求敏感的先行行业复苏为主要特征；经济周期繁荣阶段，以占经济主要比重的中游重化工行业复苏、繁荣为主要特征；经济周期的过热和衰退阶段，以上游能源原材料行业和其他瓶颈产业的过热为主要特征；经济萧条阶段，以绝大部分行业景气下行和非周期行业相对景气为主要特征。这一现象跟产业关联（投入消耗关系）、消费结构升级、产业结构升级、城市化进程等有关。与实体经济领域的“行业景气轮动”现象相对应，就是股票市场上著名的“板块轮动”现象，即随着经济周期阶段的发展，股票市场上的行业板块相对收益指数呈现出一定的先后轮动次序。

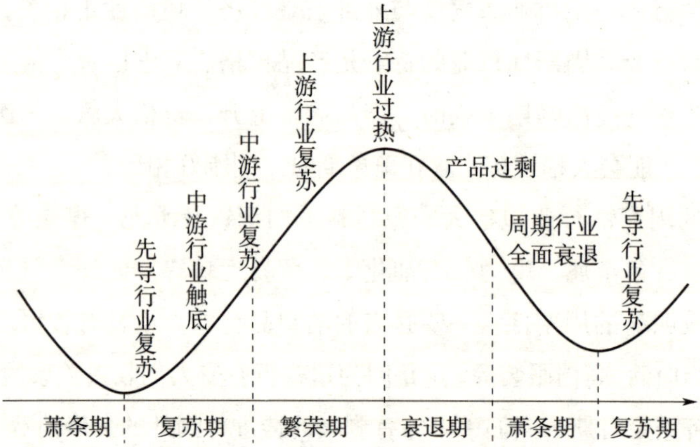

图6–2　经济周期中的行业轮动

周期性股票与周期性行业相对应，一般周期性行业的公司发行的股票为周期性股票。周期性股票是数量最多的股票类型，其股价往往随着经济周期的盛衰而涨落。正因为股市中周期性行业股票占有较大的权重，因此股市的涨跌与经济循环周期有着密切的关系。根据行业与股票的周期性变化进行战略性投资规划，是股票投资的重要策略。

投资周期性行业股票的关键，是对于时机的准确把握。如果你能在周期触底反转前介入，就会获得最为丰厚的投资回报。但如果在错误的时点和位置，如周期到达顶端时买入，则会遭受严重的损失，之后可能需要忍受5年甚至10年的漫长等待，才能迎来下一轮周期的复苏和高涨。

想精确预测经济周期的运行拐点几乎是不可能的事情，猜测经济运行拐点如同博彩。但在实际投资中，可以借助宏观经济的一些数据来把握宏观经济的现状，并在适当的时候参与或退出股市，这些还是可以做到的。比如，可以利用利率、CPI、准备金率等，参考其他货币政策、财政政策的变化，来分析大盘的发展前景。

比如通过利率分析。当央行刚刚开始减息的时候，通常还不是介入周期性股票的最佳时机，此时是经济景气最低迷之际，股市有积重难返之势。开始的几次减息一般见不到效果，周期性股票还会维持一段时间的跌势。只有在连续多次减息刺激后，周期性行业和股票才会重新焕发活力。同理，当央行刚刚开始加息的时候，投资者也不必急于离场，周期性行业和股票还会继续风光一时。只有在利率水平不断上升，接近前期高点时，周期性行业才会明显感到压力，这是投资者开始考虑转向的时候。

在一轮经济周期里，配置不同阶段受益最多的行业股票，可以让投资回报最大化。

2. 非周期性行业

与周期性行业相对应的是非周期性行业。所谓非周期性行业，就是行业景气度与外部经济周期变化相关性不大。也就是说，当宏观经济繁荣与萧条时，非周期性行业的经营业绩并没有较大的变化。

非周期性行业包括哪些呢？其实从日常生活的逻辑中就可以判断出来，

比如与人们基本生活相关的行业，粮食食品、基础医疗、普通服装、中低档酒、公共交通运输以及服务业等等，这些行业即使在宏观经济萧条时，人们仍然有一个最低需求，在经济繁荣时，人们对它们的需求也不会有很大的变化。

非周期性上市公司的经营业绩比较平稳，因此非周期性行业的股票经常用于防御性投资策略来配置。当大盘出现头部迹象时，一些资金为了防范风险来临，同时担心大盘仍然会继续创出新高，为了平衡风险与收益，就会加重医疗医药、食品饮料等非周期性行业股票的配置比重。另外，在选择非周期性行业时，成长性是精选行业的重要前提。

图 6-3 是 2009 年 7 月至 2013 年 10 月周期性行业的全指能源指数和非周期性行业的全指医药指数与上证指数走势对比图。这段时间，中国经济以及国际经济形势都处于衰退萧条时期，反映经济状况的股市大盘处于熊市之中。从图中可以看出，周期性行业的能源指数基本与上证指数一致，但防御型的非周期性行业全指医药指数却显示出较强的抗跌性。

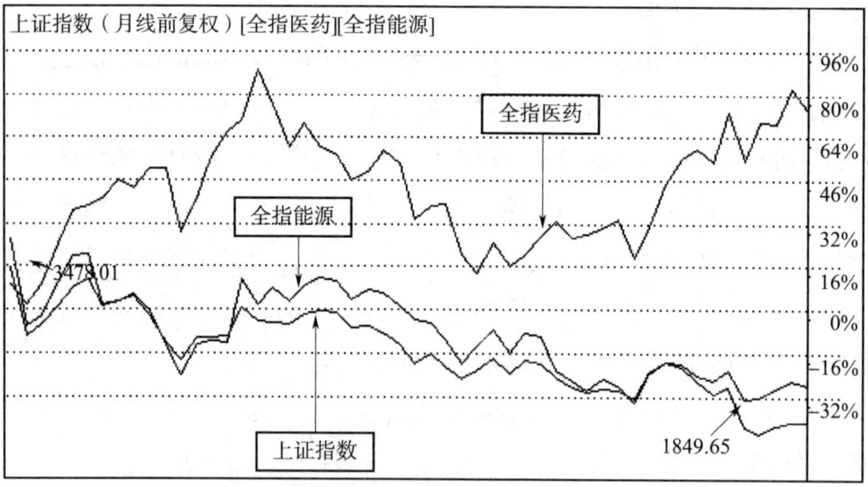

图6-3 医药、能源与上证指数在熊市里的市场表现对比

3. 朝阳产业

朝阳产业是指具有强大生命力的新兴产业。新兴产业是技术突破、技术创新带动的产业，市场前景广阔，代表未来发展的趋势，一定条件下可演变为主导产业甚至支柱产业。但是新兴产业的风险性依然存在，如果技术周期预计错误，就会误入技术陷阱，使投资血本无归。

当前我国的朝阳产业主要有环保行业、新能源、新材料、电子信息、生物医药、新能源汽车、现代农业以及新消费概念等。

在股票投资中，绝大多数黑马股、龙头股都出自朝阳产业。比如网络信息的乐视网、鹏博士，新消费领域的光线传媒、华谊兄弟，环保行业的龙净环保、国电清新，新材料领域的爱施德等，这些出现翻倍行情的大牛股都出自于朝阳产业。对于那些较激进的投资者，在朝阳产业里寻找龙头和黑马，成功的概率要比在其他行业找到的概率大得多。

不过，由于朝阳产业处于发展初期阶段，技术、市场都存在不确定性，股票炒作气氛比较浓厚，因此投资朝阳产业股票时需要控制风险。

4. 夕阳产业

与朝阳产业相对应的是夕阳产业。所谓夕阳产业，就是那些已经走向衰落的行业。这些行业的技术已经落后，产品滞销，行业的收益率明显低于其他行业，企业的盈利空间越来越小，甚至连续亏损。

股市里的垃圾股一般多出自于夕阳产业。从价值投资理念出发，这些股票已经没有投资的价值。但有些投资者热衷参与垃圾股的炒作，因为这些夕阳产业存在着重组或者被收购的可能。处于夕阳产业的上市公司会寻找新的突破口，进行产业升级或者转型，因此夕阳产业的上市公司消息频出，一时有大利好，一时又大利空，市场游资经常借这些利好利空翻云覆雨，股价上天入地，一般散户很难从中获利，反而亏损巨大。

四、公司分析

1. 公司所在行业分析

上市公司行业划分的方法有许多种，而且随着经济社会的发展，还会出现新的行业划分方法，如传统产业和新兴产业等。用三次产业分类法，可以分为第一、第二和第三产业。第一产业主要是指农、林、牧、副、渔和农业人口发展产业，统称农业。第二产业主要是制造业、电力、纺织、石化、采矿、钢铁、建筑、造纸、印刷等，统称工业。第三产业主要是金融保险、交通运输、通信邮政、商业、教育文化、广播电视、餐饮旅馆等，统称服务业。

在A股中，上市公司行业划分为金融行业、钢铁行业、石油行业、汽车行业、房地产、农林牧渔、化工行业以及生物制药、环保行业、电子信息、传媒娱乐等，大致有50个左右。随着社会和经济的发展，也可能会有新的行业出现。

公司所在行业分析，应包括以下内容。

（1）行业整体分析。行业整体分析包括行业基本状况、行业政策、行业经济周期、行业结构、行业发展历史和行业发展现状与格局、行业发展趋势分析，行业市场容量、销售增长率现状及趋势预测，行业毛利率、净资产收益率现状及发展趋势预测等。

对行业进行整体分析，目的是了解上市公司所在行业的整体背景对股价产生的影响是正面还是负面，是夕阳产业还是朝阳产业。

（2）行业经济周期分析。主要是分析行业的周期性对股价波动的影响。比如增长性行业的上市公司，其运行状态与经济活动周期以及股价的波动关系不是很密切，这些行业主要依靠技术进步、推出新产品以及更优质的服务实现增长。属于周期性行业的个股，股价的运行状态直接与经济周期相关。防守性行业的上市公司，产品需求相对稳定，受经济周期的影响不大，因此股价波动也较小，走势相对稳定。

（3）行业成长性。上市公司所在行业的整体发展前景，对个股的表现有重要的影响。属于朝阳行业的上市公司，一般都有较好的发展趋势，盈利能力也会持续提高，对股价的持续上涨起到支撑作用。夕阳行业的上市公司，未来发展就不那么光明，股价也难有较好的表现。

（4）行业结构分析。行业结构分析的内容包括产品容量及结构变化、各地区容量及结构变化、各消费群容量及结构变化。行业结构布局合理，符合宏观经济发展需求，会对行业中相关个股的股价上涨起到推动作用。

（5）行业政策。前面已经讲到，行业政策对股市及上市公司股价具有重要影响。受到政策扶持的行业，往往会有更多的机会。

（6）行业中的地位。上市公司在行业中的地位，主要表现在影响力、市场占有率、总资产规模、主营收入在行业中的比例、净利润增长率以及科技创新能力等方面。上市公司在行业中的地位越高，在股市中对行业内其他个股的影响力就越大，越容易成为龙头股。在波段操作时，要尽量寻找领涨的龙头股作为投资对象。

上市公司基本面属于微观经济领域。微观经济是指个量经济活动，即单个经济单位的经济活动。微观经济运行是以价格和市场为调节手段，自行达到个体和局部经济活动中的平衡。宏观经济运行则是在价格和市场机制无法起作用时，政府从社会全局出发，运用各种手段进行宏观调节和控制。

微观经济对股市的影响，主要体现在上市公司经营情况对股价的支撑。一般来说，上市公司基本面决定股价的长期表现。上市公司基本面包括公司财务状况、发展潜力、行业地位、管理团队、企业政策等多项内容，主要涉及公司的经营业绩和成长性，还包括是否有重组与并购、收购等预期。

2. 公司概况分析

（1）公司所在区域。结合公司的区域优势和劣势，了解公司的经营和竞争能力。

（2）公司经营范围和主营业务。了解公司盈利来源情况、产品构成等信息。

（3）个股所属板块。包括地区板块、行业板块和概念板块。实战分析时，重点参考板块热点和板块轮动情况，捕捉个股的波段操作机会。

（4）公司流通盘大小。一般情况下，流通盘越大，股性越平稳；流通盘越小，股性越活跃。比如中国石油（601857）、工商银行（601839）等权重股的股性较死，涨跌幅通常不大，适合中长线投资。中小板和创业板等流通盘较小的股票，经常出现较大的涨跌幅，比较适合中短线波段操作。

（5）大股东结构。大股东实力越强，越有利于上市公司的发展。流通股的大股东越集中，对股价的上涨预期也就越强。

（6）管理层素质和企业文化。一个拥有高素质，内部协调和沟通能力强，有创新开拓精神的管理团队，对公司的发展起到关键的积极作用。有一个团结拼搏、积极向上的企业文化的公司，也会备受投资者的喜爱。

3. 公司财务状况分析

财务分析是上市公司基本面分析的核心内容，包括企业的财务风险、运营效率、盈利能力、发展前景等几个方面。

（1）企业财务风险分析。财务风险是指公司财务结构不合理、融资不当，使公司可能丧失偿债能力而导致投资者预期收益下降的风险。财务风险分析的关键指标有资产负债率、流动比率、现金比率等。

资产负债率是指负债占总资产的比例，即负债除以总资产。资产负债率反映的是企业总资产中债务占有的比率。资产负债率可以衡量企业的财务风险程度和上市公司股价的稳定性。企业负债经营会放大企业的盈利或亏损，同时也加大上市公司的股价波动性。理论上来讲，资产负债率越高，财务风险越大，上市公司的股价越不稳定。企业的合理资产负债率水准因不同的产业和不同的发展时期会有所不同，处于发展期间的企业，资产负债率一般相对较高；处于成熟期后，资产负债率相对较低且较稳定。资产负债率的大小与宏观经济环境有关，一般在景气时期，企业的资产负债率可以适当增加；在萧条期，企业会降低负债的比例。

流动比率是流动资产与流动负债的比率，也称为营运资金比率，是衡量企业短期债务清偿能力最常用的指标。利用该指标，可以衡量企业财务流动风险，评估企业是否有足够的现金支付短期内到期的应付账款。流动比率也说明企业的流动资产能够多大程度快速转换成现金。

速动比率是企业速动资产与流动负债的比率，这是在资产负债率和流动比率的基础上更进一步衡量企业现金支付能力的指标。所谓速动资产，是流动资产中扣除变现相对困难的其他流动资产比如存货等得到的一个数据。

现金比率是企业资产中所拥有的货币资金和现金等价物的总和与流动负债的比率。现金比率反映了企业的及时偿债能力。现金等价物指企业持有的期限短、流动性强、易于转换为已知金额现金、价值变动风险很小的资产。现金等价物是企业为了不让资金闲置而购买的短期债券等投资产品，但它可以随时兑换成现金。现金比率将存货与应收款项排除在外。现金比率与速动比率有着类似的功能，但对企业短期偿还能力的评估更趋于保守。

对于成熟和健康的企业来说，一般认为合理的财务指标比率范围如表6–1所示。

表6–1 相对合理的财务指标比率数值

流动性/风险强弱	流动比率	速动比率	现金比率
差/高	小于1	小于0.5	小于15%
较合理	1.5~2	0.75~1.25	20%左右
大/低	大于2	大于1.25	25%
注明：不同行业、不同经济环境和不同企业的反转时期，这些比率会有所不同。			

还有一个常见的指标：每股净资产，即每股所拥有企业的价值，它是反映股票价值的一个关键财务指标。每股净资产也可以衡量公司的财务风险，当该指标小于零时，理论上表明该股票已经没有投资价值，实际是公司的负债大于净值产，处于资不抵债的状况。每股净资产不断提升，表明公司正处在不断成长之中。相反，如果公司每股净资产不断下降，公司前景则不妙，因此对于股票来说，每股净资产数值越高越好。一般而言，每股净资产高于2元，可视为正常水平或一般水平。

另外一个指标将净资产与股票价格相结合起来，用以衡量当前股票价格的合理性，这个指标是市净率，即每股股价与每股净资产的比率。一般来说，市净率较低的股票，投资价值较高，相反则投资价值较低。但是在判断股票投资价值时，还要考虑当时的市场环境以及公司经营情况、盈利能力等因素。在经济不景气时，市净率普遍降低；当公司具有较高的盈利能力时，市净率一般较高。

（2）运营效率分析。运营效率反映经营者利用企业各项资产的效率，反映公司的整体管理能力。运营效率越高，说明企业利用单位资源在单位时间里能够为股东创造更多的收益，股价也能表现得更好。描述企业运行效率主要是通过对资产周转、应收账款和库存情况进行分析。

反映企业资产周转情况的财务指标，有总资产周转率和流动资产周转率。总资产周转率也称为资产周转率，是企业一定时期（一般按年度）的当期营业收入与平均资产总额的比率，是这段时间里资产的周转次数。总资产周转率是考察企业资产运营效率的一项重要指标，体现了企业经营期间全部资产从投入到产出的周转速度，反映了企业全部资产的管理质量和利用效率。该项指标数字越大，说明企业利用总资产的效率越高。流动资产周转率是指企业一定时期的主营业务收入与流动资产平均总额的比率，表示企业流动资产在一定时期内（通常为一年）周转的次数。

应收账款周转率是企业一定时期的主营业务收入与应收账款平均余额的比值，它意味着企业的应收账款在一定时期内（通常为一年）周转的次数。应收账款周转率是反映企业应收账款运用效率的指标。一般来说，应收账款周转率越高，或应收账款周转天数越短，表明企业应收账款收回越快，用于企业运营的资金就越充足，经营效率越高，企业的财务风险也会随应收账款的及时回收而减小。

应收账款周转率是衡量上市公司品质的重要财务指标之一。股价能够持久维持稳定的上涨，一定是一家质优的上市公司。而一家质优企业，是不会有过多且时间较长的应收账款（呆账、死账）的，公司的应收账款周转率应该保持在行业中的较高水准。

存货周转率是企业一定时期主营业务成本与平均存货余额的比率，用于反映存货的周转速度，即存货的流动性及存货资金占用量是否合理。利用该指标可以促使企业在保证生产经营连续性的同时，提高资金的使用效率，增强企业的短期偿债能力。

（3）盈利能力分析。对于投资者来说，这部分指标应该是最受关注的，因为它们的表现会直接反映到股价的涨跌之中。目前用于评估股价的指标，大部分来源于这里，比如大家熟悉的市盈率、每股收益。另外，为了得到上市公司真实的盈利水平，一般还需要分析上市公司主营业务收入、毛利率、现金净流量等指标。

每股收益。每股收益是上市公司净利润与总股本的比值。每股收益是评价上市公司财务和盈利能力最重要的指标，它体现了公司的经营能力、管理能力和对股东的回报能力。该指标可以用逐年对比的方法来评价一家公司的成长性，也可以和其他公司进行对比，找出公司之间的经营差距。

市盈率。市盈率是股票价格与每股收益的比值。市盈率是体现股票价值的重要指标之一，也是评价股市和个股投机程度、泡沫大小的指标。一般认为，低于行业平均市盈率的个股，投资价值大大高于行业平均市盈率的个股。整个市场平均市盈率越低，市场越安全。

主营业务利润收入。主营业务利润收入是决定公司长期和稳定发展的重要因素。买卖股票、资产置换、政府补贴、一段时期的税收返还和减免、处置固定资产的投资收入，以及其他营业外收入，都不能代表公司的持久经营能力和获利能力。如果一家公司的主营业务利润收入长期处在总利润的50%以下，那么这个公司的获利能力和长期投资价值就值得怀疑。

毛利率也就是销售利润率，是公司的销售毛利占销售净值的百分比。毛利率表示每1元销售收入扣除销售成本后，有多少钱可以用于各项期间费用的开支，剩多少钱可以形成盈利。销售毛利率是企业销售净利率的最初基础，是企业将商品转换为盈利的第一步。销售毛利率主要用来评估企业产品本身的竞争力和企业最初的创收能力，指标越高，说明企业的业务盈利能力越强，企业的竞争力和未来发展动力也就越大

现金净流量是指现金流入与现金流出的差额。现金净流量可能是正数，也可能是负数。如果是正数，则为净流入；如果是负数，则为净流出。现金净流量反映了企业各类活动形成的现金流量的最终结果，即在一定时期内，企业现金流入大于现金流出，还是现金流出大于现金流入。通过现金流量可以评估公司未来创造现金净流量的能力，评估公司偿还债务、支付股利的能力，以及对外融资的需求。

关于这部分内容，笔者在拙作《股票投资的24个关键财务指标》中已经做了非常详细的介绍，该书立足于企业的价值与风险、企业运营效率、企业盈利能力、企业盈利的真实性和企业的前景与评估等五方面，较全面细致地向读者介绍了企业的财务分析方法，有兴趣的读者可以查阅。

第三节　股票技术分析

一、什么是技术分析

技术分析是指以市场行为为研究对象，以判断市场趋势并跟随趋势的周期性变化来进行股票及一切金融衍生品交易决策的方法。

技术分析认为市场行为包容消化一切。技术分析都是建立在三大假设之上的，一是股价反映了各种事件对股市的影响；二是价格以趋势方式演变；第三就是历史会重演。只有基于这三条假设，技术分析才会发生作用。实际上，技术分析就是对曾经发生的市场现象进行统计，并得出一种概率，当某种市场现象出现时，再根据概率来预测未来可能发生的走势。

技术分析对历史现象的统计进行图形化和量化，从而形成图形形态，以及对图形形态的描述。技术分析包括五个核心部分：趋势、形态、成交量、时间与空间。

二、趋势分析

趋势分析是技术分析的核心。依靠技术分析进行股票投资的人，一般是以获得股票的差价来获取投机性收益的。股价的发展趋势是市场交易动力的体现，一旦趋势形成，就难以改变，交易者可以根据趋势发展的方向进行做多或做空，从而获得收益。

股价运行的趋势有上升趋势、下跌趋势以及无趋势。进行趋势分析的工具通常有趋势线、均线、布林线以及形态等。

1. 趋势线

趋势线是判断市场运行趋势以及阻力与支撑的常见方法。

（1）上升趋势线。在上升过程中，股价每次回调的低点和高点都依次抬高，每个重要回调的低点连线，就是上升趋势线。上升趋势线倾斜向上，此时适合做多。

（2）下降趋势线。在下跌过程中，股价下跌的低点和反弹的高点都依次降低，每次重要反弹的高点连线，就是下降趋势线。下降趋势线倾斜向下，此时适合做空。

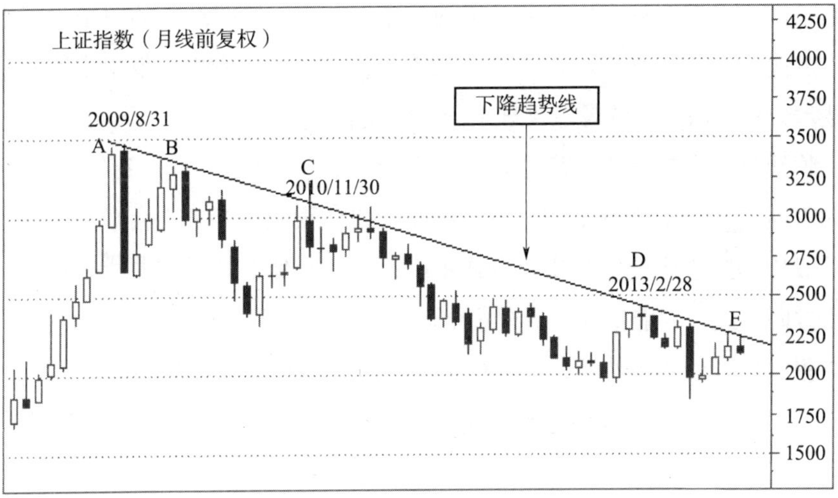

图6-4 上证指数月K线图

图6-4是上证指数从2008年11月28日至2013年10月25日的月K线图。2009年8月31日，上证指数创出阶段性新高后，开始走下降趋势。图中下降趋势线是以最高点A和反弹后的高点B连接而成的，在以后的市场运行中，该下降趋势线一直起作用。比如在2010年11月、2013年2月，以及2013年9月至10月，市场一直受到该下降趋势线的压制，这说明上证指数虽有反弹，但仍然处于熊市中。

（3）无趋势。无趋势比较特别，这个时候股价高点和低点都会创出新值，或者一段时间内股价在原来的高点和低点之间波动。此时一般需要投资者耐心等待趋势明朗后再进行交易。

趋势是动态的，股价在运行过程中会击破起支撑作用的上升趋势线，也可能向上突破起阻力作用的下降趋势线，这个时候可以认为市场存在改变原有趋势的可能性。在以后较短的时间里，如果股价无法返回到原有趋势里，那么可以确认趋势被改变，新的趋势出现。新的趋势也可能还是下降趋势或上升趋势，但趋势线的斜率不同，也就是市场趋势强度不一样。

2. 均线

均线即移动平均线(MA)的简称，它是以道·琼斯的“平均成本概念”为理论基础，采用统计学中“移动平均”原理，将一段时期内的股票价格平均值连成曲线，用来显示股价历史波动情况，进而反映股价指数未来发展趋势的技术分析方法。均线是道氏理论的形象化表述。

均线是一个较好的追踪趋势的工具。均线的算法已经注意到价格的走势，并在不断更新新的价格下的均价，因此均线会跟随趋势，不会轻易放弃。如果从股价的图表中能够找出上升或下降趋势线，那么均线的曲线将保持与趋势线方向一致，并能消除股价在这个运行过程中出现的起伏。

根据均线的趋势特性，在进行交易时，可以采取以下几种操作方法。

（1）均线从下降逐渐走平且略向上方抬头，而股价从均线下方向上方突破，为买进信号。

（2）股价位于均线之上运行，回挡时未跌破均线，之后又再度上升时为买进时机。

（3）股价位于均线之上运行，回挡时跌破均线，但短期均线继续呈上升趋势，此时为买进时机。

（4）股价位于均线以下运行，突然股价暴跌，距离均线太远，之后极有可能向均线靠近(物极必反，下跌反弹)，此时为买进时机。

（5）股价位于均线之上运行，连续数日大涨，股价离均线愈来愈远，说明场内持有股票者获利丰厚，随时都会产生获利回吐的卖压，应暂时卖出股票。

（6）均线从上升逐渐走平，股价从均线上方向下跌破均线时，说明卖压渐重，应卖出所持股票。

（7）股价位于均线下方运行，反弹时未突破均线，且均线跌势减缓，趋于水平后又出现下跌趋势，此时为卖出时机。

（8）股价反弹后在均线上方徘徊，而均线却继续下跌，宜卖出所持股票。

下面以双良节能（600481）为例做一个简单说明。图6-5是该股2013年

5 月 16 日至 2013 年 11 月 18 日的日 K 线图。按照前面介绍的趋势线知识，可以知道这是一个上涨趋势，并可以画出上升趋势线。图中有 4 条均线，分别代表 10 日、30 日、60 日和 120 日不同周期的平均价格变化，它们也分别代表这些时间周期的趋势方向。

从短期均线 MA10 来看，该股股价处于该均线上方，并且 MA10 方向向上发展，说明该股短期是上涨的，可以做多，相反则做空。同理，看中长期趋势线 MA60 和 MA120，其方向一直保持向上，说明该股的中长期趋势是上涨趋势，中长期投资者仍然可以持股待涨，或找适当的机会买入做多。

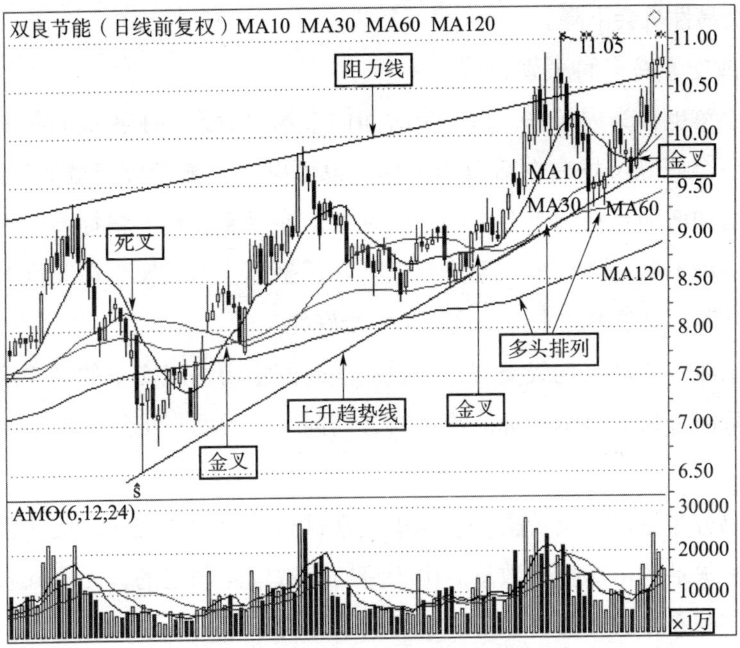

图6–5　双良节能（600481）日K线图

图中还标明了均线的几种重要和常见的形态。金叉是指短期均线上升穿过长期均线时形成的交叉，此时相交的两条均线方向应该都是向上的。死叉是短期均线向下穿过长期均线，此时两条均线方向应该都是向下的。图中的多头排列是 MA30、MA60 和 MA120 的中长期多头市场均线形态，它们的方向与上升趋势线保持一致。

另外，在任何技术分析中，单一的技术指标发出的市场信号，可信度一般较弱，需要与其他技术分析指标相互印证，比如与成交量变化配合使用。

三、成交量分析

1. 成交量的概念

成交量就是单位时间里买卖双方成交数量的总和。成交量是反映市场交易活跃度的最直接和最基础的指标，成交量增加，说明参与市场交易人数上升，市场的交易性机会增加；成交量下降，则说明参与市场交易的人数降低，市场的交易性机会下降。

2. 成交量有多种表现方式

换手率也称为周转率，指一定时间内市场中股票转手买卖的频率。换手率是另一个研究市场内在活力的指标，也可以用来衡量成交量变化的情况。换手率温和增加是有利于多头的一种现象；换手率突然大幅提高，说明市场出现了一种不确定性现象，无法判断是好还是坏，不过发生在股价上涨幅度较大的时候，对于多方来说，这不是一个好兆头。

均量线与移动平均线类似，反映一段时间里市场成交量的平均水平，也是一种量能分析的基本指标。均量线方向向上，说明市场活跃度上升，有利于做多。

筹码分布是以股票价格成本为单位来进行划分的成交量，反映股价处于不同价格水平的市场持仓数量。由于流通盘数量是固定的，无论流通筹码在盘中如何分布，累计量必然等于总流通盘。对于筹码分布的分析，一般用移动筹码分布图进行，它是描述股票筹码从不同价位向另一个价位移动的过程。一般情况下，筹码向较高价位搬家时，市场向好。

3. 成交量与价格的关系

成交量分析一定要结合价格。成交量分析是为价格分析服务的，因为投资者在进行股票交易时，获取交易性收益必须以差价来实现，而成交量是对价格变化趋势预测的重要依据。

常见的量价关系可以归纳为以下几种。

（1）量缩价涨。在股价长期下跌后的横盘整理期，出现量缩价涨是股价即将见底的信号。在上涨初期出现量缩价涨，可视为个股被主力资金控盘，后市看涨。在下跌趋势中的反弹和上升行情的后期出现量缩价涨，预示着股价上涨动力不足，此时投资者需要注意风险。

（2）量缩价跌。这是下跌行情和上升中继调整行情中常见的现象，预示着股价仍处于下跌或调整中。随着股价的下行，市场观望情绪越来越重，由此出现量缩价跌的现象。出现这种现象，投资者需要等待观望，不宜参与做多。

（3）量增价涨。量增价涨是一种量价齐涨的现象，预示着股价进入了稳定的上涨行情，多头踊跃，投资者可以开始做多。如果出现突然大幅增量和股价暴涨现象，则需要注意短期风险，特别是在下降趋势和股价处于高位时。

（4）量增价平。这种现象可以出现在市场的每一个阶段，在不同的阶段有不同的含义。出现在底部时，表示主力资金开始介入；出现在上涨初期，预示股价仍有上涨空间；出现在上涨后期，则认为股价上涨内在动力不足，市场即将见顶；出现在顶部时，则是主流资金退场的信号。

（5）量增价跌。一般出现在股价下跌初期，是顶部信号。如果出现在底部后期或上涨初期，可以解读为主力资金设置的空头陷阱：主力故意打压股价，以获取更多的廉价筹码，或者是将浮筹清洗出局。

（6）天量天价。天量天价是指股价在上升到一定高度时，成交量出现了阶段性的最高点，并且远大于其他成交量，预示着股价见顶或将要见顶。天量天价是一个顶部反转信号，提醒投资者尽快卖出筹码。

（7）地量地价。地量地价是指股价经过一段时间的下跌后，成交量出现了大幅萎缩，达到一定历史时期的最低量。地量地价表示市场成交清淡，交易稀少，预示着股价即将见底。

图 6–5 中，仅从均线来判断市场走势仍显得比较孤单，投资者可以从成交量的变化来验证均线的趋势信号。很明显，图中的成交量变化与股价涨跌情况很吻合，价涨量增，价跌量减，这是一种良性的量价关系。

四、形态分析

从广义上讲，技术分析都是一种形态分析，因为技术分析都是基于数字的图形化来直接表达某种市场信号和意义的。比如前面讲的趋势分析中，均线、布林线等都有不同的形态，它们代表着不同的市场意义。下面介绍几种常见的技术形态。

1. K线形态

K线是技术分析的基础，前面列举的图6–4和图6–5，都是以K线作为价格变化单元进行技术分析的。K线除了作为其他技术分析的价格描述外，它本身也具有较强的技术分析能力，以单根、两根K线或更多K线组合形式来表达不同的市场信号。

（1）K线也称蜡烛线，是记录市场价格变化时所用的一种图示法。这种方法把单位时间内市场价格变化中最重要的开市价、最高价、最低价及收市价等四个价位集中反映在一条柱线上，同时采用不同的颜色来对上升市场和下跌市场分别进行描述，从而直观地反映市场价格上升与下降的不断交替变化的情况。在资本市场中，K线是观察和分析股市、期货、汇市等金融产品交易最基本、最常用的工具.

（2）K线基本结构。K线一般由实体、上影线和下影线三部分组成，如图6–6所示。

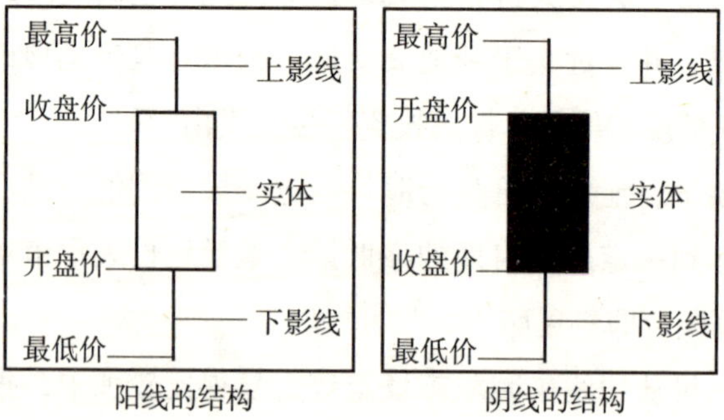

图6–6　K线基本结构

K线的具体市场含义如下。

开盘价：交易开始时的瞬间价格。

收盘价：交易结束时的瞬间价格。

最高价：表示交易周期内股价达到的最高价位。最高价表达的是多头瞬间的最强力量。

最低价：表示交易周期内股价达到的最低价位。最低价表达的是空头瞬间的最强力量。

实体：开盘价到收盘价的这段距离称为实体。若收盘价大于开盘价，通常将实体涂成红色，称之为阳线。如果是黑白图，则实体部分不必涂颜色。若收盘价小于开盘价，通常将实体涂成绿色，称之为阴线。如果是黑白图，则实体部分涂成黑色。如果开盘价与收盘价相同，则实体部分仅为一条横线，不会出现矩形实体。实体越大，说明多空双方力量差异越大，阳线实体越大，预意多头力量越强；阴线实体越大，则表示空头力量越盛。

上影线和下影线:K线实体的上下可能有一条竖线，也可能没有。实体上方的竖线为上影线，实体下方的竖线为下影线。由当日最高价位置，连结一条直线至当日实体位置，称为上影线。上影线通常视为压力，上影线越长，表示压力越大。由当日最低价位置，连结一条直线至当日实体位置，称为下影线。下影线通常视为支撑，下影线越长，表示支撑越强。影线是多空双方争夺的结果，影线越长，表示多空双方争夺越激烈，市场发生趋势变化的可能性就越大。

颜色：颜色表示K线的性质和股价的涨跌。红色K线表示收盘价高于开盘价，股价上涨，市场看多。绿色K线表示收盘价低于开盘价，股价下跌，市场看空。

（3）K线形态。K线形态有多种，按K线的组成数量区分，有单根K线、缺口、双K线形态、三K线形态和多根K线形态，以及K线技术形态。

单根K线形态是一根K线就可以发出某种市场信号的K线，这些K线往往是一些特殊的K线，常见的有大阳线、大阴线、十字线、锤子线、倒锤子线以及缺口等。大阳线表示市场中多头占据较强的优势，大阴线则说明空头占优；十字线表示市场犹豫不决，多空双方达到平衡；锤子线和倒锤子线表示市场分歧较大。

缺口。缺口又称窗口或者跳空，它是价格在空间上留下的一段空白。它的出现往往是市场出现重大利好或利空消息，导致股价第二天开盘时直接向上跳空，高开高走，或向下跳空，低开低走。当日市场交易中没有向下或向上触及开盘时的价格以及前一交易日的价格区间，从而留下一段成交空白地带。

产生缺口的原因不同，其性质也不同。按其性质，缺口可分为四类：普通缺口、突破性缺口、持续性缺口和吸筹性缺口。其中最具市场意义的是突破性缺口。突破性缺口有向下突破和向上突破两种。向下的突破性缺口表示市场选择了向下趋势，向上的突破性缺口则说明市场选择了向上运行趋势。当突破性缺口出现时，也是我们作出交易选择的时候。

双K线形态是由两根K线组成的K线形态，如吞没形态、刺头形态、乌云盖顶形态、孕线形态等。吞没形态有阳包阴和阴包阳两种，前者是多头开始反击，后者相反。刺头形态是在后面一根阳线低开后插入到前面一根阴线实体中部的上方，它表示多头聚集了反攻的能量；乌云盖顶的市场意义与刺头形态相反。以上这些形态如果出现在一个趋势的尾端才具有技术意义。

三K线形态中，启明星、黄昏星、红三兵以及三只乌鸦较为重要。启明星顾名思义是黑夜已过，市场机会来临，黄昏星与启明星是一对意义相反的信号。红三兵表示多方出现连续聚集，市场将由多方控制，三只乌鸦则相反。

K线技术形态是由众多K线形成的一种复合式形态。K线技术形态有顶部反转形态的双头形态、三山形态、头肩顶形态、圆弧顶形态、塔形形态、倒V型顶部形态等。底部有反转的双底形态、三川形态、头肩底形态、圆弧底形态、V型反转形态等。

K线形态的分析内容较多，笔者在《K线综合实战分析》一书中做了非常详细的介绍，这里不再赘述。

2. 均线形态

所谓均线形态，就是单根或多根（不同周期）均线组合的图形表达方式，不同的图形形态表达出不同的市场意义，前面讲解图6–5时，对几种均线形态已经做了简单的说明。

（1）单一均线形态。均线向上发展，表明股价将继续向上，是买入或持股信号。均线向下，意味着股价仍然处于下降趋势中，是观望或做空信号。短期均线向下时，表示短期市场走坏，短线操作要卖出股票。均线走平，股价也会沿均线的水平方向小幅振荡，表明市场处于横盘振荡过程中，实战操作应以观望为主。均线角度表明股价运行趋势的强弱。角度太大，表示行情的持续性不强；角度太小，则行情的强度不够，一般认为30度至40度角较正常。均线转向，说明市场趋势出现了反转，股价将会走出与原来趋势相反的趋势。当股价处于相对高位时，均线向下转向，则需要卖出。当股价处于低位，均线开始向上转向时，是买入的机会。

（2）较常用的均线组合形态。

均线收敛。股价涨跌循环反映到均线上，就出现了均线从发散到收敛，再到到黏合，再发散的循环过程，均线收敛就是该过程中一个重要形态。均线收敛，说明市场原来的趋势发生转变。均线向上收敛是指短期均线从下方向上靠近中期、长期均线，最终出现相交的过程，这种均线形态一般出现在市场低位时。均线向上收敛是下跌趋势即将结束的信号，投资者可以等待机会做多。均线向下收敛则是短期均线由上而下向中期、长期均线靠近，最终出现相交的过程。均线向下收敛是市场见顶的信号，实战中需要注意控制风险。

均线黏合。各条均线相互交织纠缠在一起，叫均线黏合。出现均线黏合时，股价往往振荡走平，说明长期、中期、短期投资者对目前的市场看法趋于一致，多空双方几乎处于停战状态，市场没有交易机会。均线黏合是市场即将选择趋势方向的信号。实战中，可以根据市场空间和更大的趋势线来判断市场未来发展的方向，并做好交易准备。一旦市场选择出方向，比如K线形态出现交易信号，均线开始发散，投资者就可以开始操作了。

均线金叉。短周期均线从下向上穿过长周期均线叫金叉。但如果长周期均线向下运行，此时短周期均线向上穿越，就不能叫金叉。均线金叉预示着市场多方转强，是买入信号。

均线死叉。与均线金叉相对应的是均线死叉。均线死叉是指短周期均线从上向下穿过长周期均线。但如果长周期均线向上运行，此时短周期均线向下穿越，就不能叫死叉。死叉说明空头开始转强，因此是卖出信号。

多头排列。均线系统自上而下依次为短期均线、中期均线和长期均线排列，称为多头排列。多头排列说明市场处于上升行情中，特别是当各条均线方向同时向上时，这种多头排列是市场强势特征。一般大家所说的多头排列，就是这种强势特征的多头排列。

空头排列。与多头排列相反，空头排列的均线系统自上而下依次为长期均线、中期均线和短期均线。空头排列说明市场处于空头占优的下跌趋势中。

3. 成交量形态

（1）缩量。就是一段交易时间里，成交量较前段时间明显减小，出现成交越来越清淡的现象。缩量表示投资者对市场的看法基本一致，多空双方暂时达到平衡。这种平衡有三方面的市场原因，因此未来会引发三种不同的市场走势。

（2）放量。是指成交量在某一天或某一段时间出现比以前明显放大的现象。单独一天放量称为单日放量，几天或一段时间内的放量称为连续放量。成交量放量一般发生在市场趋势发生转折的时期，由于市场多空双方对后市走势分歧逐渐加大，从而造成更多的成交。

（3）堆量。就是成交量像一个堆起的土堆，高出周边的成交量。堆量一般出现在三个阶段，即底部期（主力吸筹期）、上升期（主力拉升期）、顶部期（主力派发期）。股价处于底部时，市场中看多的投资者（以主力资金为主）会逐步买入建仓，从而出现底部成交相对活跃，成交量明显放大的现象，因此形成底部堆量。当主力资金在底部吸纳筹码完毕后，在拉升股价时，成交量会缓慢放大，股价被慢慢推高，成交量形成拉升阶段的堆量。当股价上涨到高位后，各种利好频传，引来场外的追涨资金，主力趁机大量派发手中的筹码，从而造成成交量放大，形成高位的堆量。出现高位堆量时，实战中要以控制风险为主，不宜追涨杀跌。

（4）天量。是指一段历史时期中的最高成交量。天量一般是在上涨后期的快速上涨阶段出现，此时市场交投非常活跃，参与者众多，从而造成成交量巨大的现象。成交量形态分析认为，天量之后就会出现天价。股价处于高位时，早期入场的投资者已获利丰厚，他们通过最后的快速上涨来卖出股票。

（5）地量。是指一段历史时期的最低成交量。地量往往出现在一段下跌行情的尾声阶段，被认为是股价即将见底的信号。

4. MACD形态

股票形态分析中还有众多的指标，如较常见的MACD、KDJ、RSI、SAR等。这些指标也都有各自的形态，不同的形态代表不同的市场意义，这里就不一一说明。读者可以参考拙作《K线综合实战分析》和《波段操作实战精解》等书，里面对技术分析内容和交易技巧做了详细讲解。

五、时空分析

股票的时空分析就是对股票价格运行的时间周期和空间变化进行分析，预测趋势所处的发展阶段和趋势改变的时间点，评估当前价格的获利空间或风险大小。

市场中多头或空头能量的释放，都需要一定时间和空间来完成。在股市技术分析中有这样一些俗语："用时间换空间"，"以空间换时间"，"横有多长，竖有多高"等，说的都是时空之间的关系。

时空分析理论认为，市场上任何级别的上涨、下跌或者是盘整，在没有完全运行完毕前，都会维持原来的状态。大级别的上涨或是下跌途中，总会出现价格的小级别波动，但小级别的波动是否是大级别趋势的改变呢？这时就可以利用时空因素来判断。如果市场趋势发展的时间和空间没有走完，那么那些市场波动只是反弹或者回调。市场在价格和时间两大因素未达到和谐平衡以前，大级别波动本身是不会发生质的改变的。

1. 时间窗口

股市里的时间窗口是价格波动内部蕴涵着的一种运行节奏，节奏的拐点被称为时间窗口。时间窗口是股市波动周期的一种应用，不同的技术分析工具对时间窗口的分析使用不一样，我们常说的时间之窗，实际是波浪理论里面常用的菲波纳奇数列，菲波纳奇数列以最简单的数字123为基本数列，把这个简单数列的后两位数字不断相加，1+2=3、2+3=5、3+5=8、5+8=13、8+13=21、13+21=34、21+34=55、34+55=89、55+89=144……，就可以得出菲波纳奇数列 3、5、8、13、21、34、55、89、144……以至无穷。

那这个数列有什么用处呢？我们在分析价格走势时，都希望能提前发现走势的拐点，也就是顶和底。实战中，一些重要的顶对顶的时间、底对底的时间、顶对底的时间，底对顶的时间，大都出现在这个数列的数字上。比如我们看到一个价格走势的顶对应前面的一个高点，中间间隔经常是 34 天、55 天，或者 13 周、21 周等，或者一个趋势从最低点启动，在 13 周、21 周、34 周或者 55 周的地方趋势结束。在一个趋势的运行过程中，我们就会密切注意那些可能出现拐点的时间，一般把那些容易出现拐点的地方称作时间之窗，时间之窗基本上就成了菲波纳奇数列的代名词。

2. 黄金分割

黄金分割又称黄金律，是指事物各部分间一定的数学比例关系，即将整体一分为二，较大部分与较小部分之比等于整体与较大部分之比，其比值为 1 ∶ 0.618 或 1.618 ∶ 1，即长段为全段的 0.618。0.618 被公认为最具有审美意义的比例数字，上述比例是最能引起人的美感的比例，因此被称为黄金分割。

黄金分割比率在股市中受到较广泛的重视，其比例关系也能发挥神奇的作用，其中经常被使用的是 0.382、0.50 和 0.618 三种比率。

黄金分割法在投资中往往被用于判断趋势的进程，或者是选择买点、卖点以及止损点。使用黄金分割法一般有两种方法。

第一种方法：以股票价格近期走势中重要的峰位或底位，即重要的高点或低点为计算未来走势的基础；当股价上涨时，以底位个股价为基数，跌幅在达到某一黄金比时，较可能受到支撑。当行情接近尾声，股价发生急升或急跌后，其涨跌幅达到某一重要黄金比时，则可能发生转势。

第二种方法：行情发生转势后，无论是止跌转升的反转，还是止升转跌的反转，以近期走势中重要的峰位和底位之间的涨幅作为计量的基数，将原涨跌幅按 0.191、0.382、0.5、0.618、0.809 分割为五个黄金点。股价在以后的走势中，很有可能在这些黄金点上遇到暂时的阻力或支撑。

第四节 股票投资策略

投资股票获取收益来源于两条渠道，一条是上市公司，另一条是市场交易差。前者是通过上市公司向股东发放红利，是税后净利润的分配，此外还包括送股等。后者是投资者自己通过股市交易获取股价产生的差价利润。股票投资策略首先是确定投资者主要的获利渠道。在西方发达国家，获取股息分红是股票投资的重要获利方式，但目前在中国市场不是这样，以博取交易性资本所得成为绝大部分人的选择。

无论是哪种获利方式，因为股票投资是属于高风险投资理财品种，特别是对于那些热衷于交易的投机性投资者，风险控制是首要任务。股市投资规划应认真考虑自身的条件，依据个人财务状况、投资能力、风险偏好以及投资目的来制定股票投资计划。

一、是否参与股票投资

股票是高风险理财产品，在决定自己是否参与股票投资时，可以考虑以下几点。

1. 是否与整体理财规划相冲突

股票投资是家庭投资理财规划的一部分，属于高风险投资配置。在整个家庭理财规划中，对高风险投资品种以及现金，都应该有相应的计划，因此是否参与股票投资或在多大程度上参与，需要在家庭理财规划范围以内进行综合考量。

比如，前面曾经介绍的“4321”资产配比法则，金融资产投资的比率不得超过家庭资产的30%，那么股票、基金以及债券的总体配置不得超过这个比率。如果按平衡式布局，那么股票投资不得超过家庭资产的10%。假如你是一个保守型投资者，或者自己的股票投资知识和技巧比较欠缺，那么就不应该参与股票投资，而是选择基金等金融产品来替代。

2. 是否能够承担股市风险

有这样一些股民，投资股市后，一旦股市出现向下波动，他们就吃不好，睡不香。为什么会有这种现象呢？这是因为投资风险已经超出了投资者的风险承受能力，要么他们投资股票的比例超出了经济承受范围，要么是价格波动超出了他们的心理承受能力。如果自己的经济或心理承受能力有限，那么就没必要参与股票投资，或者限制投资数量。

3. 个人性格和能力是否适合股票投资

股票投资与个人性格有很大的关系，从某种意义上讲“股如其人”。有的人性格恬静，他们的投资可能偏重于价值投资，长期持有；有的则比较好动，他们也许喜欢追涨杀跌，寻找股市中交易带来的刺激。无论是哪种方式，投资者都必须具备一定的心理素质和股票知识及操作技巧，需要有耐心和自制力，不能情绪化。如果你是缺乏耐心并且情绪化的人，而且很难改变自己，建议你不要参与股市投资。

4. 个人职业是否适合股票投资

有很多职业是不适合股票投资的。除了国家法律法规规定的职业以外，还有一些职业是不适合股票投资的。比如私企老板，他们因为生意本身存在风险和资金流动等问题，如果再加上股票风险，就会让风险进一步放大，投资亏损很可能影响企业的正常运转。

再比如退休人员，他们因为年龄和身体健康的原因，对股市变化反应相对迟钝，股市也会带来较大的身心刺激，在股市中投资，很可能会影响到他们的身体健康。另一方面，退休人员应该将大部分资金用于安全并有稳定收益的地方，尽量避免高风险的投资品种。

二、股票投资策略

前面已经讨论了很多个人投资风格、风险承受能力以及投资风格、收益与风险的关系，股票投资也是根据这些内容，来评估自己选择什么样的投资策略。

1. 价值投资与交易投机

在确定投资策略之前，首先需要清楚自己是一名价值投资者（或者是偏重于价值投资）还是一名交易型投机者，因为这对以后的投资过程有非常重大的关系。

（1）价值投资。主要依托基本面分析，以上市公司的价值分析为核心，根据上市公司的价值评估来指导投资方向。价值型投资者往往先确定公司的合理价值，再寻找那些股票价格明显低于公司价值的投资机会。比如前面介绍的基本面分析中，我们可以利用市盈率作为投资判断的依据。假如某上市公司的股价下跌后，市盈率降低到历史低位，并且公司的业绩并没有出现较大的滑坡，也就是说，股价的下跌是市场因素造成，那么就可以确定买入。注意，价值投资确定买入机会并不是以股价为核心，即使股价很高，如果公司有相应的盈利与股价相对应，那么该股票仍然值得投资。

（2）交易型投资。交易型投资是指根据对市场走势的预判，利用市场出现的价差进行买卖，并从中获得差价利润。这类投资者主要是以技术分析为手段，有的人也兼顾基本面分析。

根据投资者依托的技术分析方法不同，交易型投资者可以划分为许多类别。从大的类别来看，可以将他们区分为趋势类、形态类和抢帽子类。

趋势类是以市场发展趋势为核心，判断未来市场的走势，从而决定投资交易的时机。

形态类是指根据市场运行过程中出现的图形形态预示的市场信息，进行相应的投资决策。

抢帽子者往往根据消息、股价的异常变化、预定好的关键技术阻力位或者支撑位，在非常短的时间里做差价交易，如 T+0 交易或者头天买入，第二天卖出。

（3）价值型投资与交易型投机的区别主要有：

一是前者认为股票是商品，有价值才会买；后者认为股票是筹码，市场有交易机会就买。

二是获利方式有区别。对于一个成熟的市场来说，价值投资以获取股利分红等为收益的主要渠道，而交易型投机者是以股票差价来获取资本所得收益。

三是分析工具不一样。价值投资建立在基本面之上，交易型则是基于市场的交易变化。

四是投资周期有区别。价值投资者持股周期一般比交易型投机周期要长。

五是投资风险来源不同。前者的风险来自企业的业绩与发展前景，风险来源相对固定，相对容易管控；后者是来源于市场和个人能力，风险分散，不易管控。

在实际投资中，投资者可以结合自身特点，将投资与投机结合起来，以投资的方式买入，用投机的方式卖出，这样既可以降低风险，也可以获取投机带来的收益。

2. 投资的时间周期

股票投资的时间周期是指购买并持有股票的时间。一般交易型投机者、性格较活跃的人，多采用较短时间周期。价值投资或比较稳健的人，则多采用较长的持股周期。

（1）短线投资。所谓短线是指投资时间短，一般在 5 个交易日内。投资者主要依靠技术分析、事件驱动以及投资经验进行高抛低吸，只想赚取短期的差价利润，对股价的中期和长期波段走势并不关心。短线投资者一般没有固定的投资板块或对象，他们最注重的就是时间和风险。时间讲究准和快，即判断准，动作快；风险控制讲究止盈和止损，无论是盈是亏，一旦市场短期风险出现，马上清仓卖出。这类投资者多为中小散户，由于其风险相当大，对操作者的心理素质和操作经验要求非常高。从较长的一段时间周期来观察，短线盈利的人并不多。

（2）中线投资。中线投资是根据股价的中期波动特征进行波段买入和卖出的操作方法，投资时间在两周至 3 个月的时间不等。中线投资者以技术分析为主，兼顾上市公司的基本面情况，根据市场中长期运行的波动规律来进行投资。投资者必须对某一上市公司和大盘的中期走势具有一定的信心，在股价处于某一中期底部位置时买入，买入后不在乎短期的价格波动，在中期顶部到来时再卖出股票，从而一次性获取较大的差价利润。中线投资的关键是对趋势的判断，特别是要对大盘和个股运行的中期趋势有较准确的判断，避免投资基本面有潜在风险的“地雷”公司。

（3）长线投资者。对于长线投资的时间，市场上并没有严格的界定，一般认为投资者只要持股时间在1年以上，都可以认为是长线投资，有的投资者甚至持有长达几年、十几年。长线投资主要是以价值分析为主，不是很看重技术分析。长线投资适合着眼于长远、资金面宽裕的投资者，其关键是选好上市公司，既可以是成长型的，也可以是价值型的公司。投资时机一般多在经济周期处于低谷时介入市场，避免在经济周期处于繁荣的后期进入股票市场。价值投资并不能充分保证投资盈利，因为不仅要在合理的价格上买入，而且买入的公司未来业绩要与买入时的估计相符。

3. 风险控制

既然股票投资存在高风险，因此控制风险是非常重要的一环。股票投资的风险控制主要体现在资金管理和交易风险控制两个环节。

（1）资金管理是一种主动的风险管控方法，它是根据股票市场的变化、风险与收益的关系、个人投资风格等因素，通过有计划地合理分配自有资金，控制总体和每一笔（次）投入资金的比例，以达到资金安全高效运作的目的。资金管理的核心是风险，目的是收益，根据风险的大小控制资金的使用比例，根据收益的预期进行资产配置。更明确地讲，就是投资者对当前市场是看多还是看空，或者是看不清，并依此采取相应的交易方式。比如使用资金的比例、投资股票的种类、买入股票的数量和价格、卖出的数量和价格，等等。

风险管理有金字塔加码模式、菱形码模式、均形加码模式以及利用凯利公式管理资金的模式。

（2）交易风险控制是指利用各种交易手段或分析工具所发出的风险信号作为风险控制的方式。技术风险控制是被动的风险管控方法。交易中控制风险，最主要的方式就是止损。所谓止损，是指某一投资出现的亏损达到预定数额，潜在风险仍然存在甚至扩大的情况下，采取及时斩仓出局的操作，以避免形成更大的亏损。

根据投资者的投资风格、风险承受能力以及投资分析工具等，止损的方法非常多。如果按止损的目的来划分，可以分为保护性止损、盈利性止损和事件性止损；按分析工具的不同，止损可以分为技术止损、基本面止损、定额止损和突发性止损等。无论是哪种方法，止损的目的都是投资者采取的一种控制风险扩大的方法，在投资失误或者出现较大的潜在风险时，将损失限定在较小的范围内。关于股票交易的风险控制和资金管理内容，读者可以参考《股市投资资金管理与止损止盈技巧》一书。

三、股票投资计划书

1. 什么是股票投资计划书

股票投资计划书是指投资者为完成一定时间内的投资目标，以及防止投资过程中的风险所制定的措施、方法和步骤。股票投资计划可以是正规的书面文本方式，也可以是简单明了的便签方式。

对于那些致力于将股票投资作为一项重要投资项目的投资者，为更好地遵循投资计划，有利于在以后的评估和总结中使用，建议坚持采用正规的书面文本方式为好。

2. 投资计划书的重要性

有些投资者认为股票投资或许不像管理实体企业那样复杂，根本不需要什么投资计划书，这种观点是非常错误的。你可以在一次或两次的冲动性投资中获利，但你会在多次冲动性投资后亏损。

如果想成为一名成功的股票投资者，绝不能冲动地进行漫无目的的交易，交易前要制定自己的交易计划，以帮助自己辨识交易机会，控制风险。制定和执行投资计划是交易成功的重要组成部分。

投资计划是承上启下的桥梁，它将投资理念和投资策略及投资风格，转换为实际投资的落实性内容中，是以后具体操作中的指导性和纪律性文件。每个投资者水平如何，业绩差异有多大，最终会落脚在投资计划上。

3. 投资计划书的内容

从投资规模看，投资计划有单次单股投资计划，这是针对某一次投资某一只股票的投资计划。也有单次投资股票组合的投资计划，这是针对某一次投资几只股票组合的计划。从投资周期看，投资计划可以分为年度投资计划或其他时间周期的投资计划。

股票投资计划并没有一个固定的格式，因人而异，因时而异，也因事而异。不过围绕投资计划的目的，制定投资计划有以下几个要点。

（1）了解自己，包括心理素质、个人财务状况、投资风格、知识结构和投资能力。

（2）了解和预判市场，包括当前市场的性质、大盘的性质和个股的性质。

（3）投资计划要清晰明确，要有指令性描述，具有程序性操作功能。

（4）从严控制风险。控制风险是投资计划的重中之重，要制定不同情况下的应变预案。

（5）资金情况。包括可用资金量的大小、资金的来源和可使用时间。

（6）交易策略。包括投资周期、可承受亏损、交易周期、分析工具、入市条件、资金管理方法、止损计划、计划调整等内容。

（7）执行纪律。严格执行纪律是完成计划的保障。

（8）投资总结。投资总结有投资计划完成之后的总体总结，还有平时的便签式总结，主要记录某次或某一段时间里对市场和投资的看法及心得，以便总结经验，吸取教训。遇到重要的事情，可以以便签的形式记录下来，贴到电脑前，提醒自己注意。

关于制定投资计划和成功的股票投资策略，笔者拙作《股市投资资金管理与止损止盈技巧》一书中有详细介绍，读者可以参阅。

本章小结

股票投资是大家熟知的风险投资品种。之所以股票让很多投资者爱恨交加，是因为它的收益性与风险性。在股市既可以获得非常可观的收益，同时也隐藏者巨大的风险。就像人们探宝一样，股市给人以希望和梦想，也充满未知的神秘和风险。因此投资股市要理性。

本章首先介绍了股票的基本知识，对股票的收益性、风险性等特性进行了分析。在股票投资中防范风险是关键，首先是要有正确的投资心态，理性的交易方法；其实是要控制股票投资的仓位，做好资金管理；再次是掌握股票投资的分析方法和交易技巧，做好止损止盈等方法措施。

股票分析方法主要有基本面分析和技术分析。基本面分析是以股票内在价值作为判断依据的投资分析方法。在评估过程中，主要是以上市公司的财务风险、盈利能力、发展前景为基础，确定股票的价值。如果价格低于价值，则是投资的机会；当价格高于价值时，是卖出的时机。技术分析是将股票作为筹码看待，以市场交易为核心，分析交易市场的内在能量和趋势发展方向，从而预测股市的涨跌，做出买入或卖出的判断。技术分析主要是围绕市场的价格、趋势、能量和时空进行对比分析。

是否参与股市投资，或者用多少资金投资股市，取决于投资者的整体理财规划，取决于投资者的家庭经济实力、投资风格及投资能力。因为股票投资属于高风险投资，因此在总体的理财规划中，股票投资应该遵循前面介绍的理财基本原则，在基本满足了其他理财需求的情况下，可以适度参与高风险投资，并且要把握好投资的周期。

第七章　债券与基金

第一节　债　券

一、债券的概念

债券是一种有价证券，是社会各类经济主体为筹集资金（借钱）而向债券投资者出具的、承诺按一定利率定期支付利息并到期偿还本金的债权债务凭证。也就是政府、金融机构、工商企业等直接向社会借债筹措资金时向投资者发行，承诺按一定利率支付利息并按约定条件偿还本金的债权债务凭证。债券的本质是债的证明书。债券购买者与发行者之间是一种债权债务关系，债券发行人即债务人，债券持有人是债权人。

（1）债券的权责关系有三点，即借贷货币资金的数额、借贷时间和在借贷时间内的资金成本或应有的补偿（即债券的利息）。

（2）债券的权利义务有四点：发行人是借入资金的经济主体，投资者是出借资金的经济主体，发行人必须在约定的时间付息还本，债券反映了发行者和投资者之间的债权债务关系，而且是这一关系的法律凭证。

（3）债券的基本性质：债券属于有价证券；债券是一种虚拟资本；债券是债权的表现。

二、债券的特性

（1）偿还性。偿还性是指债券有规定的偿还期限，债务人必须按期向债权人支付利息和偿还本金。例外：曾有国家发行过无期公债或永久性公债，这种公债无固定偿还期，持券者不能要求政府清偿，只能按期取息。

（2）流动性。是指债券持有人可按需要和市场的实际状况，灵活地转让债券，以提前收回本金和实现投资收益。

（3）安全性。债券投资不能收回的情况有两种：第一，债务人不履行债务，即债务人不能按时足额履行约定的利息支付或者偿还本金。第二，流通市场风险，即债券在市场上转让时因价格下跌而承受损失。

（4）收益性。在实际经济活动中，债券收益可以表现为两种形式：一种是利息收入，即债权人在持有债券期间按约定的条件分期、分次取得利息或者到期一次性取得利息；另一种是资本损益，即债权人到期收回的本金与买入债券或中途卖出债券与买入债券之间的价差收入。

三、债券的种类

1. 按发行主体分类

（1）政府债券。政府债券是政府为筹集资金而发行的债券。主要包括国债、地方政府债券等，其中最主要的是国债。国债因其信誉好、利率优、风险小而被称为“金边债券”。

（2）金融债券。金融债券是由银行和非银行金融机构发行的债券。在我国，金融债券主要由国家开发银行、进出口银行等政策性银行发行。

（3）公司（企业）债券。公司（企业）债券是企业依照法定程序发行，约定在一定期限内还本付息的债券。公司债券的发行主体是股份公司，但也可以是非股份公司的企业发行债券。一般归类时，公司债券和企业发行的债券合在一起，可直接称为公司（企业）债券。

2. 按付息方式分类

（1）贴现债券。贴现债券指债券券面上不附有息票，发行时按规定的折扣率，以低于债券面值的价格发行，到期按面值支付本息的债券。贴现债券的发行价格与其面值的差额即为债券的利息。

（2）零息债券。零息债券指债券到期时和本金一起一次性付息，利随本清，也可称为到期付息债券。付息特点一是利息一次性支付，二是债券到期时支付。

（3）附息债券。附息债券指债券券面上附有息票的债券，是按照债券票面载明的利率及支付方式支付利息的债券。息票上标有利息额、支付利息的期限和债券号码等内容。持有人可从债券上剪下息票，并据此领取利息。附息国债的利息支付方式一般是在偿还期内按期付息，如每半年或一年付息一次。

（4）固定利率债券。固定利率债券就是在偿还期内利率固定的债券。

（5）浮动利率债券。浮动利率债券是指利率可以变动的债券。这种债券的利率与市场利率挂钩，一般高于市场利率的一定百分点。

3. 按计息方式分类

（1）单利债券。单利债券指在计息时，不论期限长短，仅按本金计息，所生利息不再加入本金计算下期利息的债券。

（2）复利债券。复利债券与单利债券相对应，指计算利息时，按一定期限将所生利息加入本金再计算利息，逐期滚算的债券。

（3）累进利率债券。累进利率债券指年利率以逐年累进方法计息的债券。的利率随着时间的推移，累进利率债券后期利率比前期利率更高，呈累进状态。

4. 按利率确定方式分类

（1）固定利率债券。固定利率债券指在发行时规定利率在整个偿还期内不变的债券。

（2）浮动利率债券。浮动利率债券是与固定利率债券相对应的一种债券，是指发行时规定债券利率随市场利率定期浮动的债券，其利率通常根据市场基准利率加上一定的利差来确定。浮动利率债券往往是中长期债券。由于利率可以随市场利率浮动，采取浮动利率债券形式可以有效地规避利率风险。

5. 按偿还期限分类

（1）长期债券。一般来说，偿还期限在 5 年以上的债券为长期债券。

（2）中期债券。期限在 1 年或 1 年以上、5 年以下的债券为中期债券。

（3）短期债券。偿还期限在1年以下的债券为短期债券。

6. 按债券形态分类

（1）实物债券（无记名债券）。实物债券以实物债券的形式记录债权，券面标有发行年度和不同金额，可上市流通。实物债券由于发行成本较高，将会被逐步取消。

（2）凭证式债券。凭证式债券是一种储蓄债券，通过银行发行，采用“凭证式国债收款凭证”的形式，从购买之日起计息，但不能上市流通。

（3）记账式债券。记账式债券指没有实物形态的票券，以记账方式记录债权，通过证券交易所的交易系统发行和交易。由于记账式国债发行和交易均无纸化，所以交易效率高，成本低，是未来债券发展的趋势。

7. 按募集方式分类

（1）公募债券。公募债券是指按法定手续，经证券主管机构批准在市场上公开发行的债券。这种债券的认购者可以是社会上的任何人。发行者一般有较高的信誉，除政府机构、地方公共团体外，一般企业必须符合规定的条件，才能发行公募债券，并且要求发行者必须遵守信息公开制度，向证券主管部门提交有价证券申报书，以保护投资者的利益。

（2）私募债券。私募债券指以特定的少数投资者为对象发行的债券。私募债券发行手续简单，一般不能公开上市交易。

8. 按担保性质分类

（1）有担保债券。指以特定财产作为担保品而发行的债券。以不动产如房屋等作为担保品，称为不动产抵押债券；以动产如适销商品等作为提供品的，称为动产抵押债券；以有价证券如股票及其他债券作为担保品的，称为证券信托债券。一旦债券发行人违约，信托人可将担保品变卖处置，以保证债权人的优先求偿权。

（2）无担保债券。亦称信用债券，指不提供任何形式的担保，仅凭筹资人信用发行的债券。政府债券属于此类债券。这种债券由于其发行人的绝对信用而具有坚实的可靠性。除此之外，一些公司也可发行这种债券，即信用公司债。与有担保债券相比，无担保债券的持有人承担的风险较大，因而往往要求较高的利率。为了保护投资人的利益，发行这种债券的公司往往受到种种限制、只有那些信誉卓著的大公司才有资格发行。

（3）质押债券。质押债券是指以有价证券作为担保品发行的债券。我国的质押债券是指已由政府、中央银行、政策性银行等部门和单位发行，在中央国债登记结算有限责任公司托管的政府债券、中央银行债券、政策性金融债券，以及经人民银行认可、可用于质押的其他有价证券。

另外，按流通性可以分为可流通债券（即可上市交易的债券）和非流通债券。有一些债券是比较特殊的类型，比如可转换公司债券、中央银行票据等。中央银行发行的央行票据是中央银行调节基础货币的一项货币政策工具，目的是减少商业银行可贷资金量，而不是用于筹资。

四、债券的面值与发行价

1. 债券面值

债券面值是指债券发行时所设定的票面金额，它代表发行人借入并承诺于未来债券到期日偿付给债券持有人的金额。债券发行有溢价发行和折价发行，因此债券面值和投资债券的本金不一定相等。债券面值包括两个基本内容：一是币种，二是票面金额。

债券面值首先要规定票面价值的币种。一般来说，在国内发行的债券通常以本国本位货币作为面值的计量单位；在国际金融市场筹资，则通常以债券发行地所在国家或地区的货币或以国际上通用的货币为计量标准。此外，还要根据债券的发行对象、市场资金供给情况及债券发行费用等因素，确定债券的票面金额。

面值的币种可用本国货币，也可用外币，这取决于发行者的需要和债券的种类。债券的发行者可根据资金市场情况和自己的需要情况选择适合的币种。债券的票面金额是债券到期时偿还债务的金额。不同债券的票面金额大小相差十分悬殊，但考虑到买卖和投资的方便，现在多趋向于发行小面额债券。面额印在债券上，固定不变，到期必须足额偿还。

2. 债券的发行价格

债券的发行价格是指债券原始投资者购入债券时支付的市场价格，它与债券的面值可能一致，也可能不一致。理论上，债券发行价格是债券的面值和要支付的年利息按发行当时的市场利率折现所得到的现值。由此可见，票面利率和市场利率的关系影响到债券的发行价格。

当债券票面利率等于市场利率时，债券发行价格等于面值；当债券票面利率低于市场利率时，企业仍以面值发行就不能吸引投资者，故一般要折价发行；反之，当债券票面利率高于市场利率时，企业仍以面值发行，就会增加发行成本，故一般要溢价发行。

发行债券的机构一般会根据票面利率和市场利率情况，并结合公司自身的信誉情况等，采取溢价、等价或折价发售等方式。

从资金时间价值来考虑，债券的发行价格由两部分组成：一是债券到期还本面额的现值；二是债券各期利息的年金现值。计算公式如下：

债券售价=债券面值/（1+市场利率）^年数 + Σ债券面值×债券利率/（1+市场利率）

五、债券收益率计算方法

人们投资债券时，最关心的就是债券收益有多少。为了精确衡量债券收益，一般使用债券收益率这个指标。债券收益率是债券收益与其投入本金的比率，通常用年率表示。债券收益不同于债券利息。债券利息仅指债券票面利率与债券面值的乘积。但由于人们在债券持有期内，还可以在债券市场进行买卖，赚取价差，因此债券收益除利息收入外，还包括买卖盈亏差价。

决定债券收益率的主要因素，有债券的票面利率、期限、面值和购买价格。最基本的债券收益率计算公式为：

债券收益率 =（到期本息和 − 发行价格）/（发行价格 × 偿还期限）×100%

由于债券持有人可能在债券偿还期内转让债券，因此债券的收益率还可以分为债券出售者的收益率、债券购买者的收益率和债券持有期间的收益率。各自的计算公式如下：

债券出售者的受益率=（卖出价格-发行价格+持有期间的利息）/（发行价格×持有年限）×100%

债券购买者的收益率=（到期本息和–买入价格）/（买入价格×剩余期限）×100%

债券持有期间的收益率=（卖出价格–买入价格+持有期间的利息）/（买入价格×持有年限）×100%

如，某人于2013年12月1日以102元的价格购买了一张面值为100元、利率为10%、每年1月1日支付一次利息的2009年发行的5年期某公司债券，并持有到2014年12月1日到期，则：

债券购买者的收益率 = (100+100 × 10%–102)/(102 × 1) × 100% = 7.8%

债券出售者的收益率 = (102–100+100 × 10% × 4)/(100 × 4) × 100% = 10.5%

再如，某人于2011年1月1日以120元的价格购买了面值为100元、利率为10%、每年1月1日支付一次利息的2010年发行的10年期某债券，并持有到2014年1月1日以140元的价格卖出，则：

债券持有期间的收益率 = (140–120+100 × 10% × 5)/(120 × 5) × 100% = 11.7%

以上计算公式没有考虑把获得的利息进行再投资的因素。把所获利息再投资收益计入债券收益，据此计算出来的收益率，即为复利收益率。

六、债券投资方法与策略

1. 了解标的债券的品种属性

债券不像股票那样被广大投资者熟知，说起债券，人们更多地是想到国债，即国库券。通过前面的介绍，现在我们已经知道了债券实际上有很多种，既可以在银行窗口进行交易，也可以通过网上进行交易。

与国债相比，有很多债券更具有收益性和灵活性。因此投资债券前，需要先了解标的债券的属性，看看它们是属于哪种类型，面值是多少，交易价格是多少，然估算一下收益率会有多少。

可通过证券公司股票账户进行交易的债券品种，包括国债、地方政府债、公司债、企业债(含城投债)、可转债等。一张债券为100元，最低交易单位一手为10张。此外，各类混合型、货币型、债券型、封闭式基金，以及当前热度很高的分级杠杆债券型基金，都可以在交易所市场直接买卖。

2. 债券投资也存在风险

很多人都以为债券投资是无风险的，事实上债券投资也存在风险，只是其风险小于股票等高风险品种。

根据债券的品种不同，其风险程度也不一样，有的风险非常低，几乎没有什么风险，比如国债、地方政府债等国家信用担保的债券，但这类债券的收益也相对较低。有的债券则风险相对较大，比如某些公司债券和企业债券，因为其信用和公司发展情况不同，它们存在着不同程度的风险，不过这类债券的收益也相对较高。

可转换债券带有股票属性，它相当于在发行公司债券的基础上附加了一份期权，允许购买人在规定的时间内将债券转换成股票，其投资逻辑更多源于对股票的价值判断。因此可转债券的风险程度较高，对投资人的能力有一定的要求。

还有，债券的融资功能能够将债券交易的风险放大，债券市场也存在着暴涨暴跌的现象。

3. 债券的做多与做空

对于普通投资者来说，债券交易与股票交易不同。股票一般散户只能做多，债券则有逆回购和正回购两种。逆回购指的是将富余资金借出去，以获取一定的利息收入，相当于在做空；正回购指的是通过手头已经持有的部分债券，向证券公司融入资金，继续买入债券并放大杠杆，相当于在做多。

当预期债券价格将下跌时，投资者可先在二级市场卖出债券，回笼资金，接着通过逆回购获得无风险融资利息；当预期债券价格将上涨时，可将债券质押出去，融入资金后再次买入，这样一次操作后，债券持仓规模可以达到初始资金的两倍。

质押融资借款到期时，再用未质押的债券进行融资，以偿还首次质押的借款。如此即可实现滚动操作，并阶段性持券待涨。不过，这种杠杆操作也会将风险和收益都放大一倍。

4. 债券交易的T+0方式

A 股股票交易是 T+1 方式，即当日买进的股票，要到下一个交易日才能卖出。T+0 方式是当天买入后当天就可以卖出。T+0 交易是一把双刃剑，既可以让投资者有机会提高收益，同时也承担了更多的风险。债券投资需要更多的理性和计划性。

5. 债券交易无涨跌停板限制

目前 A 股市场的股票交易有涨跌幅限制，即股票的价格波动在一个交易日内不得超过 10%。债券交易没有这个限制。

6. 经济波动是债券投资策略的核心

宏观政策与债券市场具有紧密的相关关系，是投资债市的核心内容。宏观政策具有一定的周期性，经济增长处于上升期时，企业利润会增长，股票投资回报会上升，此时债券的吸引力会随之降低；相反，当经济处于下行期时，债券的吸引力会因收益稳定而上升，此时投资债市可获得可观收入。

7. 债券的波段操作

债券本身属于低风险投资理财品种，这是建立在投资者持有债券，并以获取利息为基础的。对于热衷于债券交易的人，债券也存在着与股票交易与分析类似的投资行为。

对于交易型投资者来说，波段操作是比较好的选择，特别是对于那些低评级的品种来说，它们的价格弹性更大，存在更多的交易机会，当然风险也会更大。

波段操作时，要根据宏观经济周期的变动，适时选择流动性好的债券，在债券牛市来临时投资，在熊市来临前卖出。

第二节 基 金

一、基金的概念

从广义上说，基金是用于某种特定目的的资金，比如信托投资基金、单位信托基金、公积金、保险基金、退休基金等。在这里，我们所说的基金专指证券投资基金。

证券投资基金（简称基金）是指通过发售基金份额，将众多投资者的资金集中起来，形成独立财产，由基金托管人托管，基金管理人管理，以投资组合的方法进行证券投资的一种利益共享、风险共担的集合投资方式。

通俗地讲，某基金经理有较强的投资理财专业水平，制定出一套投资计划，并取名为“某某基金”，然后通过合法途径从社会募集资金进行投资。社会上的投资者因时间或专业能力的限制，不能亲自参与投资的整个过程，当他看中这个投资计划时，就会以申购购买“某某基金”的方式，将钱交给这个基金经理进行投资，按照“某某基金”的协议规定获取投资收益，这位基金经理也按照协议获取一定的回报。

从以前讲解可以看出，基金并不是什么神秘的投资理财产品，就是你通过某种方式将钱交给别人，让他帮你来投资。这样看来，选择基金非常重要的一个依据，就是基金管理者的综合素质。

基金成立后，会将多种单一的投资产品进行组合，形成一个投资产品，这个投资产品具有一般理财产品的性质，比如资产、负债与盈利等。资产指基金拥有的所有资产，包括股票、债券、银行存款和其他有价证券等；负债指基金运作及融资时所形成的负债，包括应付给他人的各项费用、应付资金利息等；基金单位总数是指当时发行在外的基金单位的总量。

对于基金持有人来说，基金净资产（简称为基金净值）是非常关键的一个指标，它是在某一时点上，基金资产总市值扣除负债后的余额，代表持有人的权益。

单位基金资产净值即每一基金单位代表的基金资产净值。基金净值的高低并不是选择基金的主要依据，基金净值未来的成长性才是判断投资价值的关键。净值的高低除了受到基金经理管理能力的影响之外，还受到很多其他因素的影响。

二、基金的特点

1. 集合理财，专业管理

基金将众多投资者的资金集中起来，委托基金管理人进行共同投资，表现出一种集合理财的特点。通过汇集众多投资者的资金，积少成多，有利于发挥资金的规模优势，降低投资成本。基金由基金管理人进行投资管理和运作。基金管理人一般拥有大量的专业投资研究人员和强大的信息网络，能够更好地对证券市场进行全方位的动态跟踪与分析。将资金交给基金管理人管理，中小投资者也能享受到专业化的投资管理服务。

2. 组合投资，分散风险

为降低投资风险，我国《证券投资基金法》规定，基金必须以组合投资的方式进行基金的投资运作，从而使“组合投资、分散风险”成为基金的一大特色。“组合投资、分散风险”的科学性已为现代投资学所证明。

中小投资者由于资金量小，一般无法通过购买不同的股票分散投资风险。基金通常会购买几十种甚至上百种股票，投资者购买基金，就相当于用很少的资金购买了一揽子股票，某些股票下跌造成的损失，可以用其他股票上涨的盈利来弥补，因此可以充分享受到组合投资、分散风险的好处。

3. 利益共享，风险共担

基金投资者是基金的所有者，基金投资人共担风险，共享收益。基金投资收益在扣除由基金承担的费用后的盈余，全部归基金投资者所有，并依据各投资者所持有的基金份额比例进行分配。

为基金提供服务的基金托管人、基金管理人，只能按规定收取一定的托管费、管理费，并不参与基金收益的分配。

4. 严格监管，信息透明

为切实保护投资者的利益，增强投资者对基金投资的信心，中国证监会对基金业实行比较严格的监管，对各种有损投资者利益的行为进行严厉打击，并强制基金进行较为充分的信息披露。在这种情况下，严格监管与信息透明也就成为基金的一个显著特点。

5. 独立托管，保障安全

基金管理人负责基金的投资操作，本身并不经手基金财产的保管。基金财产的保管由独立于基金管理人的基金托管人负责。这种相互制约、相互监督的制衡机制，对投资者的利益提供了重要的保护。

6. 证券投资基金与股票、债券的区别

（1）反映的经济关系不同。股票反映的是所有权关系，债券反映的是债权债务关系，而基金反映的则是信托关系，但公司型基金除外。

（2）筹集资金的投向不同。股票和债券是直接投资工具，而基金是间接投资工具。

（3）风险水平不同（股票 > 基金 > 债券）。股票的直接收益取决于发行公司的经营效益，不确定性强，投资股票有较大的风险。债券的直接收益取决于债券利率，而债券利率一般是事先确定的，因此投资风险较小。基金主要投资于有价证券，投资选择灵活多样，从而使基金的收益有可能高于债券，投资风险又可能小于股票。

三、基金的分类

1. 按基金数量变化分类

按基金数量变化分类，可分为封闭式基金和开放式基金。

（1）封闭式基金。是指经核准的基金份额总额在基金合同期限内固定不变，基金份额可以在依法设立的证券交易场所交易，但基金份额持有人不得申请赎回原基金。决定封闭式基金期限长短的因素主要有两个，一是基金本身投资期限的长短。二是宏观经济形势。基金期限届满即为基金终止，终止后，对基金资产进行清产核资，并将基金净资产按照投资者的出资比例进行公正合理的分配。

（2）开放式基金。是指基金份额总额不固定，基金份额可以在基金合同约定的时间和场所申购或者赎回的基金。开放式基金一般不能在证券市场进行交易。

（3）封闭式基金与开放式基金有以下主要区别。

第一、基金规模的可变性不同。封闭式基金均有明确的存续期限（我国为不得少于5年），在此期限内已发行的基金单位不能被赎回。虽然特殊情况下此类基金可进行扩募，但扩募应具备严格的法定条件。因此在正常情况下，基金规模是固定不变的。开放式基金发行的基金单位是可以赎回的，而且投资者在基金存续期间内也可以随意申购基金单位，导致基金的资金总额每日均不断地变化。换言之，它始终处于“开放”的状态。这是封闭式基金与开放式基金的根本差别。

第二、基金单位的买卖方式不同。封闭式基金发起设立时，投资者可以向基金管理公司或销售机构认购；当封闭式基金上市交易时，投资者又可委托券商在证券交易所按市价买卖。投资者投资于开放式基金时，则可以随时向基金管理公司或销售机构申购或赎回。

第三、基金单位的买卖价格形成方式不同。封闭式基金因在交易所上市，其买卖价格受市场供求关系影响较大。当市场供小于求时，基金单位买卖价格可能高于每份基金单位资产净值，这时投资者拥有的基金资产就会增加；当市场供大于求时，基金价格则可能低于每份基金单位资产净值。开放式基金的买卖价格是以基金单位的资产净值为基础计算的，可直接反映基金单位资产净值的高低。在基金的买卖费用方面，投资者买卖封闭式基金与买卖上市股票一样，也要在价格之外付出一定比例的证券交易税和手续费；开放式基金的投资者需缴纳的相关费用（如首次认购费 、赎回费）则包含于基金价格之中。一般而言，买卖封闭式基金的费用要高于开放式基金。

第四、基金的投资策略不同。由于封闭式基金不能随时被赎回，其募集得到的资金可全部用于投资，这样基金管理公司便可据以制定长期的投资策略，取得长期经营绩效。开放式基金则必须保留一部分现金，以便投资者随时赎回，因此不能尽数用于长期投资，一般投资于变现能力强的资产。

第五、投资绩效不一样。由于开放型基金必须保留一定数量的现金以备赎回要求，因此从资金运用效率上看，封闭式基金要高于开放型投资基金。

第六、投资期限不同：封闭式基金投资期限固定，一般为10~15年。开放式基金则没有固定期限，投资者可以随时向基金发起人或银行等中介机构提出交易。

2. 按组织形态分类

按组织形态分类，可分为公司型投资基金和契约型投资基金。

（1）契约型基金。又称为单位信托，是指将投资者、管理人、托管人三者作为基金的当事人，通过签订基金契约的形式发行受益凭证而设立的一种基金。

（2）公司型基金。是依据基金公司章程设立，在法律上具有独立法人地位的股份投资公司。

（3）两者的区别。

第一、资金的性质不同。契约型基金的资金是通过发行基金份额筹集起来的信托财产；公司型基金的资金是通过发行普通股票筹集的公司法人资本。

第二、投资者的地位不同。契约型基金的投资者既是基金的委托人，又是基金的受益人，即享有基金的收益权。公司型基金的投资者对基金运作的影响比契约型基金的投资者大。

第三、基金的营运依据不同。契约型基金依据基金契约营运基金，公司型基金依据基金公司章程营运基金

3. 按投资风险与收益预期分类

按投资风险与收益预期不同，可分为成长型投资基金、收入型投资基金和平衡型投资基金。

（1）成长型基金。基金管理人通常将基金资产投资于信用度较高、有长期成长前景或长期盈余的所谓成长型公司的股票。分类：稳健成长型基金和积极成长型基金。

（2）收入型基金。收入型基金主要投资于可带来现金收入的有价证券，

以获取当期最大收益为目的。分类：固定收入型基金和股票收入型基金。

（3）平衡型基金。平衡型基金将资产分别投资于两种不同特性的证券上，并在以取得收入为目的的债券及优先股和以资本增值为目的的普通股之间进行平衡。这种基金一般将25%~50%的资产投资于债券及优先股，其余的投资于普通股。平衡型基金的特点是风险比较低，缺点是成长的潜力不大。

以上三种基金的主要区别，就在于它们的收益与风险程度上。投资者可以根据“收益越高，风险越大”的原理，选择适合自己投资方式的基金。

4. 按投资对象分类

按投资对象分类，可分为股票型基金、债券型基金、指数型基金、混合型基金、货币市场基金、期权基金和认股权证基金。目前我国还没有事实期权基金和认股权证基金。

（1）股票型基金。股票型基金是指以上市股票为主要投资对象的证券投资基金。股票型基金以股票组合方式（分散风险），侧重于资本利得和长期资本增值。按基金投资的分散化程度，可将股票型基金划分为一般股票型基金和专门化股票型基金，前者风险相对较大。股票型基金要求60%以上的基金资产投资于股票。

（2）债券型基金。以国债、金融债等固定收益类金融工具为主要投资对象的基金称为债券型基金。其中，国债基金是一种以国债为主要投资对象的证券投资基金。由于国债的年利率固定，又有国家信用作为保证，因而这类基金的风险较低，适合于稳健型投资者。因为其投资的产品收益比较稳定，又被称为“固定受益基金”。债券型基金要求80%以上的基金资产投资于债券。

（3）货币市场基金。是指投资于货币市场上短期（一年以内，平均期限120天）有价证券的一种投资基金。该基金资产主要投资于短期货币工具如国库券、商业票据、银行定期存单、政府短期债券、企业债券等短期有价证券。货币基金只有一种分红方式——红利转投资。货币市场基金每份单位始终保持在1元，超过1元后的收益会按时自动转化为基金份额，拥有多少基金份额即拥有多少资产。而其他开放式基金是份额固定不变，单位净值累加，投资者只能依靠基金每年的分红来实现收益。货币市场基金的特点是安全性高，购买限额低，流动性强，收益较高，管理费用低，有些还不收取赎回费用，属于低风险的投资工具。

（4）混合型基金。是以投资于股票、债券和货币市场工具，并且股票投资和债券投资的比例不符合债券、股票基金规定的基金。根据股票、债券投资比例以及投资策略的不同，混合型基金又可以分为偏股型基金、偏债型基金、配置型基金等多种类型。混合型基金设计的目的是让投资者通过选择一款基金品种就能实现投资的多元化，无需去分别购买风格不同的股票型基金、债券型基金和货币市场基金。混合型基金会同时使用激进和保守的投资策略，其回报和风险要低于股票型基金，高于债券和货币市场基金，是一种风险适中的理财产品。

（5）指数基金。指数基金就是以指数成分股为投资对象的基金，即通过购买一部分或全部的某指数所包含的股票，来构建指数基金的投资组合，目的是使这个投资组合的变动趋势与该指数相一致，以取得与指数大致相同的收益率。在我国，目前的指数基金都是以股票投资市场为基础产品衍生出来的，严格来讲，指数基金属于股票基金范畴。由于指数基金越来越受到市场的重视，未来也可能出现超出股票范畴以外的指数基金。

市场的指数基金越来越多，选择指数基金的难度越来越大。投资者在选择指数基金时，最需要重视的有两点：一方面选择跟踪成长性较好的指数基金，找到这样的指数，难度不亚于选股票；另一方面是选择投资跟踪误差较小的指数基金，跟踪误差越小的基金，表明基金经理的管理能力越强，投资者更能实现获得指数收益率的目标。

四、ETF——交易所交易基金

1. 什么是ETF

ETF 是一种特殊的开放式基金，也是指数基金，它是 Exchange Traded Fund 的英文缩写，即交易所交易基金，它是一种在交易所上市交易的开放式证券投资基金产品。ETF 虽然属于开放式基金，但它主要是在二级市场上以竞价方式交易，并且通常不准许现金申购及赎回，而是以一篮子股票来创设和赎回基金单位。如上证50ETF基金投资的股票，与上证50指数包涵的成分股票相同，每只股票的数量与该指数的成分股构成比例一致。ETF交易价格取决于它拥有的一揽子股票的价值，即“单位基金资产净值”。

ETF集封闭式基金的可上市交易与开放式基金的可自由申购或赎回，以及指数基金高度透明的投资管理模式于一身，克服了封闭式基金折价交易、开放式基金不能上市交易并且赎回压力大、主动投资缺乏市场择机和择股能力等缺陷，最大程度地降低了交易成本。

2. ETF的交易方式

（1）一级市场。ETF的发行和赎回只面向机构投资者进行批发，不面向个人投资者进行零售。机构投资者申购或赎回ETF时，使用的不是现金，而是一揽子股票组合。

（2）二级市场。ETF与封闭式基金、普通股票一样在交易所挂牌交易，投资者可按照市场价格买卖ETF份额。

（3）ETF的套利。两种交易制度使该类基金存在一级和二级市场之间的套利机制，而套利交易最终会使套利机会消失，使二级市场价格回复到基金份额净值附近，有效防止封闭式基金大幅折价的问题。

ETF申购与赎回流程如图7-1、图7-2所示。

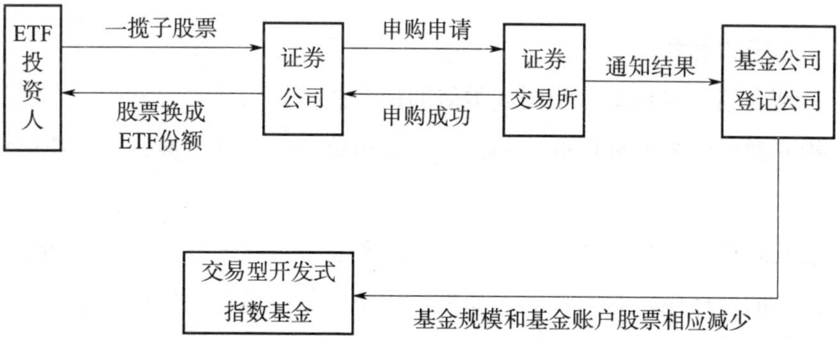

图7-1 ETF申购流程图

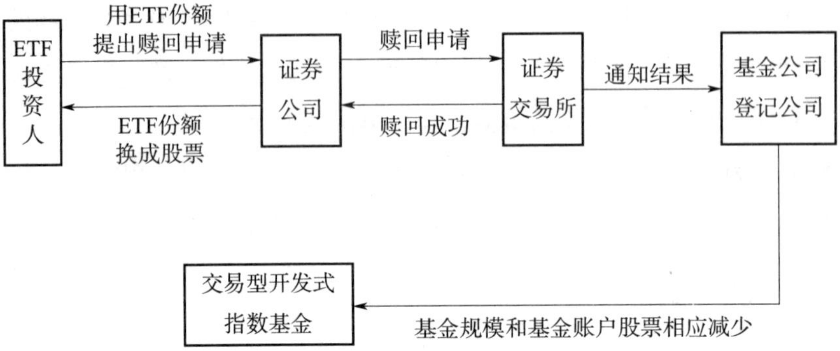

图7-2 ETF赎回流程图

ETF 在二级市场进行交易的流程如图 7-3 所示。

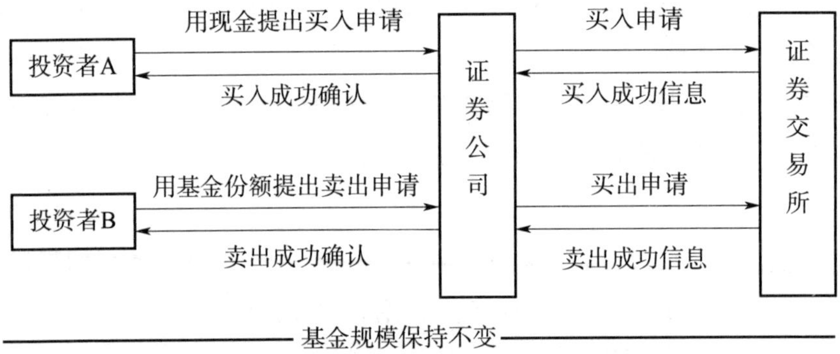

图7-3 ETF二级市场交易流程图

3. ETF的套利

所谓套利，就是指当相同或类似的证券或投资组合具有不同的市场价格时，投资者可以买入价格低估的证券，卖出价格高估的证券，从而获取无风险收益。

套利的经济学原理是“一价定律”或“利息平价理论”，是指同一商品（同一股票）的价格应该是一样的，如果由于不同的环境造成价格的差异，那么就会出现套利机会，使其价格回到均衡价格。套利的典型特征是交易净现金流为正，同时不持有任何风险头寸。就 ETF 而言，成分股所表现出的基金净值与 ETF 市价是同一投资组合的不同市场定价，因此存在套利机会。

套利具体方法有以下几种。

（1）折价套利，又称反向套利。当ETF市价小于净值时，先买入ETF，然后到基金公司赎回一揽子股票，之后立刻将股票全部卖出。因为通过软件操作需要的时间非常短，只有几秒的时间，因此也称为顺势套利。

（2）溢价套利，也叫正向套利。当ETF市价大于净值时，先买入一揽子股票，然后到基金公司申购ETF基金，之后立即将ETF卖出。

（3）T+0套利。典型的做法是在预计市场将会大涨的时候做短线行情，即从二级市场买入ETF基金份额，然后赎回，得到的股票在当天收市前择时卖出。严格来说，T+0就是一种延迟了时间的折价套利。

4. ETF与投资股票比较

在交易方式上，ETF与股票完全相同。投资人只要有证券账户，就可以在盘中随时买卖ETF，交易价格依市价实时变动，非常方便并且具有很好流动性。

ETF相对直接投资股票有以下优点。

（1）ETF交易管理成本低。由于指数基金投资于相对固定的一揽子股票，因此不存在基金管理人选股的问题，这就减少了交易和管理成本。另外，它和封闭式基金一样没有印花税。

（2）买入ETF就相当于买入一个指数投资组合。例如，对于以上证50指数为标的的ETF，其价格走势应与上证50指数走势一致，所以买入上证50指数ETF，就等于买进50只绩优的股票，对中小投资人来说可达到分散风险的效果。

（3）投资透明度比投资股票高。ETF对应的标的（上证50指数等）由权威机构编制，任何个人或机构都很难隐瞒或篡改这一揽子股票的信息。

（4）除了正常的市场交易外，投资人还可以选择对ETF进行申购、赎回。

（5）风险较小。由于指数基金的投资非常分散，可以完全消除投资组合的非系统风险，而且可以避免由于基金持股集中带来的流动性风险。在股票市场处于牛市时，ETF的收益往往小于股票的投资收益。

五、LOF——上市型开放式基金

1. 什么是LOF基金

LOF是英文“Listed Open-Ended Fund”的缩写，翻译为“上市型开放式基金”，其意思是基金发行结束后，投资者可以在指定网点申购与赎回基金份额，也可以在交易所买卖该基金。不过投资者在指定网点申购的基金份额想要在二级市场抛出，须办理一定的转托管手续；同样，如果是在交易所买进的基金份额，想要在指定网点赎回，也要办理一定的转托管手续。

2. LOF基金的特点

（1）LOF本质上还是开放式基金。LOF基金份额总额不固定，基金份额可以在基金合同约定的时间和场所申购、赎回。

（2）销售交易更方便。上市开放式基金发售结合了银行等代销机构与深交所交易网络二者的销售优势。银行等代销机构网点仍沿用现行的营业柜台销售方式，深交所交易系统则采用通行的新股上网定价发行方式。上市开放式基金获准在深交所上市交易后，投资者既可以选择在银行等代销机构按当日收市的基金份额净值申购、赎回基金份额，也可以选择在深交所各会员证券营业部按撮合成交价买卖基金份额。

（3）加快了交易速度。LOF增加了开放式基金的场内交易，买入的基金份额T+1日可以卖出，卖出的基金款如果参照证券交易结算的方式，当日就可用，T+1日可提取现金。与场外交易比较，买入比申购提前1日，卖出比赎回最多提前6日。

（4）减少了交易费用。目前封闭式基金的交易费用为三部分，交易佣金、过户费和印花税，其中过户费和印花费不收，交易佣金为3‰，可以视交易量大小向下浮动，最低可到1‰左右。对比开放式基金场外交易的费用，不同类型开放式基金的收费标准有所不同。按双向交易统计，场内交易的费率两次合并为6‰，场外交易申购加赎回股票型基金为15‰以上，债券型基金一般也在6‰以上。场外交易的成本远大于场内交易成本。

（5）提供套利机会。LOF采用场内交易和场外交易同时进行的交易机制，为投资者提供了基金净值和围绕基金净值波动的场内交易价格，由于基金净值是每日交易所收市后按基金资产当日的净值计算，场外的交易以当日的净值为准采用未知价交易，场内的交易以交易价格为准，交易价格以昨日的基金净值作参考，以供求关系实时报价。场内交易价格与基金净值价格不同，投资者就有套利的机会。

3. LOF与ETF的对比

尽管 ETF 和 LOF 同属上市型开放式基金，并且都存在套利机制，但是从市场上已有的 LOF 产品和 ETF 产品的设计来看，它们的区别在于以下向个方面。

（1）ETF 主要是基于某一个成分指数的一种被动型投资基金产品;LOF 则是为开放式基金增加了一个场内交易平台。

（2）ETF 申购、赎回的起点很高，套利多为机构投资者;LOF 申购赎回的起点低，任何投资者均可进行。

（3）ETF 一级市场是以一揽子股票进行申购和赎回;LOF 在一级市场以现金申购和赎回。

（4）LOF 套利需要跨系统转登记，至少需要 3 天的时间。由于 LOF 的套利所花时间较长，需要承担的风险较大，投资者一般不会轻易进行套利;ETF 的套利风险较小，因此尝试 ETF 套利的投资者比较多。

（5）LOF 的申购、赎回都是基金份额与现金的交易，可在代销网点进行;ETF 的申购、赎回则是基金份额与一揽子股票的交易，且通过交易所进行。

六、常见基金收益与风险对比

根据各种基金的特点，它们的投资收益与承担的风险不尽相同。如 7–4 是一些常见基金的收益与风险对比。

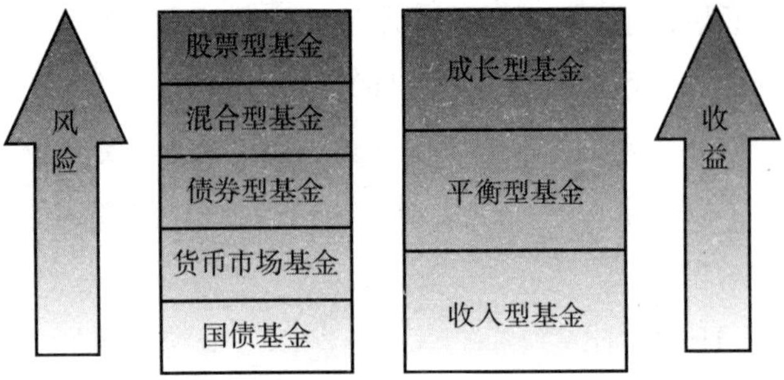

图7-4　基金的收益与风险对比

本章小结

本章介绍了两种理财工具，一种是债券。债券属于风险较低的投资理财品种，购买债券相当于将钱借给国家、企业等机构，然后获取利息收入。从某种意义上讲，将钱存入银行也相当于将钱借给银行，银行再将钱以更高的利息贷款给其他机构或个人。因此国债的安全性比存在银行更加安全，因为国家的信用要比银行（金融机构）更加可靠。

债券比储蓄更加灵活，种类更多，它是企业的直接融资方式之一，银行则是企业间接融资方式。债券中的凭证式债券是一种储蓄债券，不能上市流通；记账式债券则可以通过证券交易所的交易系统发行和交易。债券的交易与股票交易类似，不过采取的是 T+0 方式。债券交易分析也可以参照股票的分析方法，对发行债券的公司进行基本面分析和交易市场的技术分析。

本章介绍的另外一个理财工具是基金。基金的概念理解起来很简单，就是将钱交给基金经理（机构），由基金经理为你投资。基金的种类很多，从投资人与基金管理人的权责看有两种，一种是投资人自己是股东，请人打理投资业务，投资人自己承担风险，这就是公司型基金；另一种是契约型基金，投资者、管理人和托管人三者作为基金的当事人，通过签订基金契约的形式发行受益凭证。按风险与收益之间的关系划分，基金可以分为收入型基金、平衡型基金和成长型基金。按基金的投资对象可分为股票型基金、债券型基金、货币型基金等。

由于基金的品种多种多样，投资者一般都可以从中找到适合自己的基金品种，而且基金一般遵循风险与收益的平衡关系来选择投资标的，基金经理一般是有专业能力的人士，因此基金是一般投资者的较佳选择。

第八章　子女教育与养老规划

第一节　子女教育规划

一、子女教育规划的重要性

（1）子女教育规划是家庭三大财务规划之首。子女教育规划是指为达到子女未来教育目标而进行的财务规划，是家庭理财规划的重要组成部分。中国家庭理财规划的三大规划中，尤以子女教育规划最为突出，无论是家庭条件的好坏，父母都对子女寄予殷切希望，望子成龙。

（2）子女教育规划可确保未来教育费用支出。因家庭财力不够，无法支付孩子进入大学或者自己理想的大学就读，这种现象比比皆是。现实的教训要求父母要早日为子女教育进行规划，早做准备。

（3）社会竞争和就业越来越激烈。我国人口众多，社会竞争和就业竞争越来越激烈，这就给孩子未来的就业增添了更大的生活压力，有良好教育和能力的人会具备更多的优势。家长提前为孩子打好基础，是给子女提供的最好财富。家财万贯会被偷、被抢、被败落，但知识偷不走，抢不去，不仅不会让财富损失，反而能够创造新的财富。

（4）教育是一种收益较大的投资。教育自古以来就是一种投资，教育程度与收益密切相关，培养孩子既是为父母自己着想，也是为孩子的未来着想。孩子培养好了，长大以后能够自食其力，不再成为“啃老族”，甚至还可以很好地孝敬父母，无论是从物质还是精神上，孩子的成功都会给父母带来莫大的享受。单从经济角度来看，美国获得诺贝尔奖的经济学家舒尔茨计算得出，教育投资的平均收益率是 17.3%，对国民经济增长的贡献率为 33%。由此可以看出，教育投资对个人、家庭或国家都是一种收益较高的投资行为。

（5）子女教育费用占家庭开支比率越来越高。根据有关统计，我国以及全世界的子女教育费用占家庭消费的比率都呈现上升趋势，我国城镇家庭子女教育占家庭消费的 30% 以上，日本和韩国已经超出家庭收入的 1/3。中国青少年研究中心家庭教育研究所对北京、上海、成都、西安、广州等 8 个城市义务教育阶段的家庭进行调查发现，家庭子女教育开支增速显著快于家庭收入增速，这一现象进一步要求人们重视子女教育规划。

二、子女教育规划的步骤

子女教育规划，应该遵循目标合理、提前规划、定期定额和稳健投资的原则。

1. 确定子女教育目标

一般人在谈到子女的教育目标时，总会与某某大学或出国留学挂钩，实际上这只是其中的一条路径，其实子女教育目标有多种。家长确定子女教育目标时，需要围绕三点来考虑。

（1）孩子的兴趣。兴趣是学习的动力，培养子女首先是要发现孩子的兴趣，其次是挖掘和引导孩子的兴趣。如果孩子对某类知识和能力有浓厚的兴趣，那么在以后的教育学习中将会事半功倍，孩子和家长既可以从中得到快乐，还可以节省非常多的额外开支。

（2）就业方向。学习的目的是为未来工作做准备。孩子毕业后首先是能够有一个好的工作，有不错的收入。不同的行业和岗位，就业压力和收入都有不同。家长应该及早考虑这些问题，根据孩子的兴趣和家庭环境，有针对性地规划子女教育。孩子学知识在于累积，除了一些基础教育外，最好能让孩子在某一方面“专”起来，不能今天学钢琴，明天又学柔道。

（3）家庭状况。家庭状况包括环境状况和财务状况。环境是孩子学习成长的重要因素，古有孟母三迁的故事，孟母为了孩子有一个好的学习环境，连续搬了三次家。当今社会的“孟母”非常多，家长为了孩子能够进入好的小学，花钱或买或租名校区房屋，或者不惜血本为孩子择校，这些都是通过改变地理环境来换取孩子优良的学习环境，这些改变都需要花钱。包括上学和补习班的各种费用，孩子的教育花销是一笔非常大的数字，因此家庭财务状况非常重要。家长在确定子女教育计划时，要结合家庭的实际财务状况来安排。

2. 实现教育目标需求估算

不同的教育目标有不同的费用需求。基础教育是必需的，再就是高中或技校。一般情况下，家长对子女的教育目标都放在大学本科以上。另外，不同的地区的子女教育花销也有很大的差别，农村的教育花费较城市低得多。城市之间也有很大的不同，比如北京、上海、广州这样的一线城市，教育支出的差别就很大。因此在估算子女教育资金需求时，除了教育目标以外，还有要结合当地的消费情况来规划。

李太太的女儿 6 岁，马上就要上小学了。李太太现在开始打算为女儿进行教育规划，她的目标是希望自己的女儿能够受到较好的教育，并能进入国内一所重点大学接受本科教育。她的子女教育规划需求如表 8–1、表 8–2 所示。表 8–1 是大学前教育的需求情况，表 8–2 是大学教育需求情况。

表8–1　大学前教育资金需求情况（单位：元）

教育阶段	起始时间	学校类型	学校费用	其他教育				
				钢琴	英语	写作	数学	地理
小学	2016	普通小学	7800	8600				
	2017	普通小学	7800	8600	6000			
	2018	普通小学	7800	8600	6000	5000		
	2019	普通小学	7800		6000	5000		
	2020	普通小学	7800		6000	5000		
	2021	普通小学	7800		6000	5000		

续表

教育阶段	起始时间	学校类型	学校费用	其他教育				
				钢琴	英语	写作	数学	地理
初中	2022	普通初中	8200		8000		6000	
	2023	普通初中	8200		8000		6000	
	2024	普通初中	8200		8000		6000	
高中	2025	普通高中	10800		9600		8600	
	2025	普通高中	10800		9600		8600	7000
	2025	普通高中	10800		9600		8600	7000
项目小计			103800	25800	82800	20000	43800	14000
学校费用小计	103800							
其他教育费用小计	186400							
合计	290200							

表8-2 大学教育资金需求情况 （单位：元）

教育阶段	起始时间	学校类型	学校费用	其他教育费用	生活费用
大学	2028	国内大学本科	5800	5000	18000
	2029	国内大学本科	5800	5000	18000
	2030	国内大学本科	5800	5000	18000
	2031	国内大学本科	5800	5000	18000
小计			23200	20000	72000
合计			115200		

根据李太太的需求分析，她的女儿如果想顺利完成父母定下的教育目标，总共需要 446400 元的费用。

3. 估算需求缺口

估算资金需求缺口时，需要注意加上通货膨胀因素。一般情况的家庭，孩子在大学以前都是跟父母一起生活，这些费用可以纳入到家庭的现金规划中，一般可以忽略通胀因素。大学以后的教育是较大的开支，可以将这部分需求作为长期规划，这就需要考虑通胀因素。

以李太太为例，女儿现在6岁，距离上大学还有12年，大学费用为12万元，根据年金系数计算公式，可以计算出每年和每月需要提取的经费。假设资本收益率为7%，通货膨胀造成的价格上涨为3%，则综合后i为4%。根据前面介绍的年金终值系数公式，可以计算出李太太每年和每月需要提取的经费。

年金终值系数：$A_n/i=[(1+i)^n-1]\div i=[(1+0.07)^{12}-1]\div 0.07=17.888$

则，

每年需提取资金：120000 ÷ 17.888=7986.26 元

每月需提取资金：7986.26 ÷ 12=665.52 元

也就是说，在能够获取年收益率7%的前提下，李太太必须从现在开始每月提取666元的资金作为女儿读大学的资金储备。如果李太太利用当前的5年银行存款（利率为4.75%）来储备，用同样的方法计算可知，李太太每月需要提取800元的资金储备。

如果李太太对女儿的教育目标是上研究生，用同样的方法可以计算出她每个月的需求缺口。

如果李太太还希望女儿出国深造，那么可以按照留学大学所在国家的生活费、学校学费，折算成人民币来计算。一般西方发达国家的标准相差不大，以加拿大多伦多大学为例，留学学费每年21000加元，如果攻读研究生，按2年计算，学费为42000加元，每年生活费在2万加元左右，则合计为82000加元，折合人民币在50万元左右。距离攻读研究生时间为16年，按照以上方法计算：

年金终值系数：$A_n/i=[(1+i)^n-1]\div i=[(1+0.07)^{16}-1]\div 0.07=27.888$

每年需要提取经费：500000 ÷ 27.888=17928.82 元

每月需提取资金：17928.82 ÷ 12=1494.07 元

最后，将本科所需与研究生所需相加，得到每月总的资金需求，即

2160 元。

4. 利用各种理财方法和工具储备资金

教育资金的来源除了家庭收入和资产收益以外，还有政府教育资助、奖学金、教育贷款、留学贷款，以及子女在读大学期间勤工俭学的收入，但作为家长，主要考虑的是家庭资助。家长在储备教育资金时，一定要采取稳定的、趋于保守的理财方法。如果没有较高的投资专业知识和能力，尽量不要使用股票、企业债券等风险较高的理财工具为子女教育规划积累资金。

（1）个人储蓄盒教育储蓄。个人储蓄需要家长按照需求缺口定期储蓄一定的资金，使子女上大学的时候能够支付这笔费用。教育储蓄是一种特殊的零存整取定期储蓄存款，享受优惠利率，更可获取额度内利息免税。本金逐月存储，每月存入固定金额，到期时客户凭存折及学校提供的正在接受非义务教育的学生证明（必须是当年有效证明，且一份证明只能享受一次利率优惠），可以一次支取本息。另外还可以采取大额存单的方式进行储蓄，这种储蓄的利率可以与银行进行约定。

（2）定息债券。定息债券有较高的安全性和高于银行存款利率的收益，因此通过购买定期债券，也是一种教育规划的理财工具。

（3）人寿保险。人寿保险也可以作为一种安全的教育规划理财工具。家长可以根据前面介绍的人寿保险品种特点选择合适的产品，当出现万一的时候，就不会耽误孩子的教育计划。

（4）教育保险。教育保险的特点是婴儿出生 30 日即可办理，资金无最高上限，具有强制储蓄功能。有的教育保险可以分红，保人身意外，保费可以豁免，可以将大额教育资金分期逐年储蓄，投保年限最高可达 18 年。

（5）安全性较高的基金。投资安全性较高的基金，也是一种较好的选择，但一定要注意避免那些风险较高的基金，比如股票型成长基金等。

5. 子女教育金规划的原则

（1）既要考虑子女的学习兴趣与能力，也要考虑家庭的支付能力。在小学和初中阶段，子女的兴趣爱好转换得很快，学习成绩和以后的发展方向未定型，父母应该以比较宽松的支持能力，使得准备的教育金可以应付子女未来不同的选择。比如上普通大学还是上艺术院校，是在国内上学还是出国留学。如果家庭支付能力实在有限，可以与子女沟通继续深造的问题，因为子女可以工作几年后再继续深造，也可以自筹部分深造费用或申请国家助学贷款等。

（2）宁可多准备，多余的部分可以留作自己的退休金。如果子女独立性较强，可以利用暑期打工赚取生活费，或者可以获得奖学金，这样就可以大大减轻父母的负担。但是由于这些因素不确定，作为父母不能做这样的假定，因此筹集资金时宁多勿少多。多余的资金可用作自己未来的退休金，以降低退休后对子女的依赖程度。另外，高等教育费的上涨率通常高于通货膨胀率，所以要以通货膨胀率加点来计算学费成长率，但储备教育金的报酬率要高于学费成长率。

（3）充分利用定期定额计划来实现子女的教育储蓄。每年或每月存一点，别看存的不多，正因为这样习惯性的储蓄计划，能为你的子女教育打下坚实的基础。目前很多投资工具都是可以利用的强制性储蓄。

（4）投资时注意以稳健理财为主，不要太激进。教育金毕竟不是越多越好，所以不必因为筹集资金的压力而选择高风险的投资工具。本金遭受损失，对子女教育金安排的不利影响会更大，所以教育金准备还是需要坚持稳健的原则。

案例：优化投资结构 为孩子提前规划教育金

王先生今年30岁，在文化公司从事策划工作，月收入约8000元。今年王先生计划跟女朋友小张结婚。小张也在同类公司工作，月收入大概在10000元左右。两人年终奖约8万元。两人日常支出较高，每个月生活费约4000元，平时和朋友同事聚会、人情开支等支出约1000元，再加上每个月购物需1000元，还有房租3000元，他们每个月的支出大概10000元。此外，两人每年都会旅游一次，支出约9000元，过年回家给家人红包等支出约10000元。

在投资方面，王先生有市值约5万元的股票、3万元的基金和10万元左右的存款。在保险（放心保）方面，两人只有基本的四险一金，没有额外购买商业保险。目前他们准备先在广州购置一套100万元左右的二手房，首付30万元主要来自于两人的积蓄和双方父母的资助。对于他们而言，负担每月房贷应该问题不大。两人计划在明年要孩子，有了家庭和孩子之后，两人对于生活的压力有些担忧。如何在目前的房贷压力之下，为孩子储备好教育资金呢？

分析：

王先生在租房阶段，无负债压力，收入与支出结余积累较好，有一定的投资意识。虽然购房首付开支会导致第一年的备用金及储蓄余额急剧下降，但可以采用首套房公积金贷款，同时以等额本金还款方式进行月供（30年100万元贷款，按照公积金4.5%的年利率，每月还款6500元），比原有的租金多支付3500元，再释放公积金，月供压力较小，储蓄率会很快上升。根据以上综合分析，结合王先生今年结婚、次年生子的计划，王先生可以做出以下财富管理方案。

第一、加强风险管理意识。王先生及太太应该分别购买一份消费型意外保险，保额为房贷金额100万元，每年大概需要支出保费2000元。这样一来，就算双方有一方发生意外，也不会导致另一方还款压力陡增，甚至无力偿还房贷，导致房子被收回。特别是有了孩子以后，风险防范意识应该更强。其次，王先生及太太应该提前预备一份储蓄型的重大疾病保险，因为单位的医疗保险目前还不足以覆盖由于各种重大疾病引发的高额医疗费，同时还有离职、跳槽等导致保险中断的风险。一份保额为30万元的重疾保险，每月保费不到900元，却可以利用财务杠杆的原理，防止大额医疗费用将几年辛苦的积蓄化为乌有的风险，同时又增加了一份养老储蓄或资产传承。

第二、提高资产配置效率。王先生目前的18万元储蓄当中，活期存款占比高达56%，其余资金全部投资于股票类产品，风险较为集中。王先生可以将6万元分别投入风险相对适中的银行中短期理财品种；6万元用于债券、稳健型基金投资；最后6万元可以进行风险相对较高的成长型基金或股票投资。

第三、为孩子提前规划教育金。在国内，不少父母还是习惯为孩子规划好大学毕业前的教育费用。如果王先生的孩子在国内念完高中后到国外读大学，在教育经费中，最大的支出是在孩子今后的出国留学计划中。为了提前规划好这一教育金，保证专款专用，王先生可以采用基金定投及保险教育金来准备这一费用。根据前面介绍的计算方法，如果按照年化投资收益率5%来计算，王先生需要每月1500元的基金定投，以及1000元的教育金保险，就可以达成这个梦想。

第二节　退休养老规划

一、退休养老规划的重要性

在家庭理财中，退休养老规划是人生三大理财规划之一，持续时间长，涉及范围广，对退休生活影响大。从理财角度讲，退休养老规划不仅是为养老做准备，而且还要让已有的财富能够保值和增值。如果该计划做得好，也可以提前达到财务自由，实现“提前退休”的愿望。

养老规划的重要性可以从以下几点来说明。

1. 人总会变老且失去劳动力

世界上任何事物有一个规律，就是会经历产生、成长、衰老、死亡的过程。人类也一样，人可以延缓衰老，但绝对不能阻挡死亡。

即使延缓了衰老的步伐，到退休年龄后仍然有足够的精力去赚钱，但社会不会因为你的身体好而让你延缓退休，更何况总有一天你的体力还是要衰退的。在这种情况下，为了保障退休之后的生活，做好退休养老规划是必要的。

2. 人的寿命越来越长

根据第六次全国人口普查汇总资料计算，2010年我国人口平均预期寿命达到74.83岁，比10年前提高了3.43岁。男性人口平均预期寿命为72.38岁，比2000年提高2.75岁。女性为77.37岁，提高4.04岁。男女平均预期寿命之差与10年前相比，由3.70岁扩大到4.99岁。图8-1是我国历史人均寿命情况。

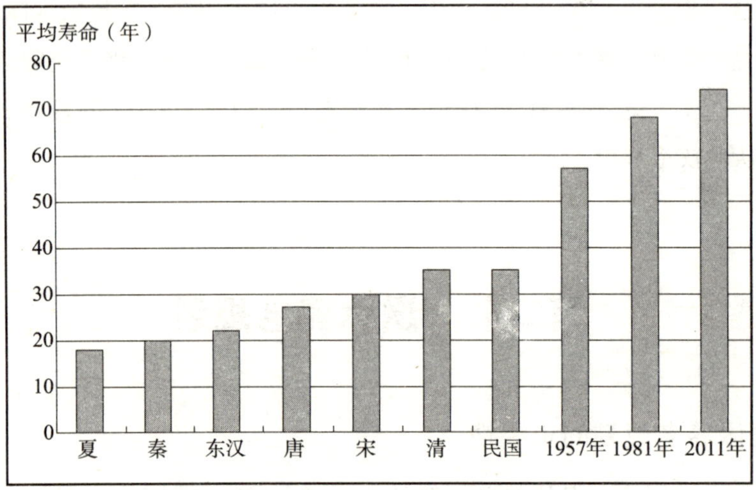

图8-1　我国历史人均寿命变化情况

国家统计局提供的数据显示，2010年世界人口平均预期寿命为69.6岁，其中高收入国家及地区为79.8岁，中等收入国家及地区为69.1岁。

从这些数据可以看到，人们退休后的生活还有相当长的一段时间，而且在不断地延长。对于一个个体来说，我们不知道自己到底能活多长时间。按照科学理论分析，人类的正常自然寿命在120~150岁。那么我们需要准备多少资源，才可以让自己退休后过上幸福的生活呢？提前做好充足的退休规划，就会对未来的生活充满信心。

3. 生活费用越来越高

大家都记得几年前鸡蛋、大白菜、猪肉的价格，与现在比一比，觉得当时的价格够低了，更不用说比较房价。反过来推算，未来若干年后它们的价格会怎样呢？其实也一样，那时候的各种生活必需品，价格肯定会高得让人咋舌。按通胀率为3.6%计算，20年后价格就会翻一倍。另外，人们的生活水准与消费观也会随社会的进步而提高。在这种情况下，不提前做好退休规划，如何能够承担未来养老的费用？

4. 养儿难防老

有些人将自己未来的养老寄托在儿女身上，认为自己辛苦一辈子都是为了子女，从道义上说，自己老了以后，子女也应该承担起赡养老人的义务。

子女养老并不是必须的，法律约束程度也不强，更何况子女自身的生活也存在者许多不确定因素。“4–2–1”家庭模式下，子女很难做到妥善地赡养老人。因此将养老寄托在子女身上是不明智的。

如果我们能够自己解决养老问题，过上幸福的退休生活，对子女来说就是最大的支持和安慰。

图8–2　4–2–1家庭结构给养老带来重大负担

5. 确保生活品质不下降

养老规划还有一个很大的优点，就是能够在自己退休后，还有被动收入等财富为自己的退休生活保驾护航。很多人因为退休前没有进行养老规划，退休后只能省吃俭用，过着非常清贫的生活，甚至没有钱看病。

设想一下自己的退休生活，看看需要怎样的生活标准。早点着手规划，可以做到既不影响现在的生活质量，也可以保证退休后的生活标准不发生大的变化。

6. 社保无法满足养老需求

人口老龄化已成为全球性的社会问题。世界银行预测，1990–2030年，老年人口比重将增加12个百分点，达到30.8%。2011年底我国60岁以上老年人口1.85亿人，比重为13.7%，2013年老年人口将超过2亿人。预计2013年至2033年期间，平均每年增加1000万老年人口，2033年突破4亿人，2050年达到峰值4.83亿人，比重高达34.1%。如此繁重的养老问题，只靠政府养老是根本不现实的，只有自己提前做好养老规划，才能够保障自己的老年生活水平不至于出现大的问题。

二、养老需要多少钱

养老到底需要多少钱？这当然与每个人在养老时期的生活标准密切相关。

下面首先来看一下基本的养老费用。

根据当前的物价标准，城镇家庭一个月的基本生活费1200元，物业管理、水电气、电视电话等费用300元，其他各种费用200元，也就是说一个月需要1700元，一年为20400元。假设我们60岁退休，计划活80岁，而且假设我们通过投资理财能够抵御通货膨胀因素，那么一共需要408000元作为养老储备。

考虑通胀因素，再根据自己距离退休的时间，就可以换算出退休时需要的总储蓄。表8–3是根据当前年龄与三种不同通货膨胀率情况，换算出60岁退休时需要储备的20年所需养老资金，当然这些资金是保障基本生活的最低需求。

同样，我们根据当前物价进行核算，中等养老生活所需生活费每年在6万元左右，比较舒适的家庭生活每年需要12元左右，这样就可以分别计算出不同通胀率和不同年龄阶段开始规划，以及不同养老生活品质所需储备的养老金，如表8–3所示。

表8–3　不同年龄与通胀率情况下需储备的养老资金

通胀率	目前年龄	基本生活		中等生活		舒适生活	
		60岁时	按80岁	60岁时	按80岁	60岁时	按80岁
3.00%	25岁	1148056	2073517	4537915	6098578	9075830	12197157
	30岁	990323	1788634	3914445	5260687	7828891	10521374
	40岁	736893	1330911	2912715	3914445	5825430	7828891
	50岁	548318	990323	2167333	2912715	4334667	5825430
3.50%	25岁	1360105	2706322	4000309	7959769	8000617	15919539
	30岁	1145172	2278650	3368152	6701912	6736305	13403824
	40岁	811834	1615378	2387747	4751112	4775493	9502223
	50岁	575524	1145172	1692719	3368152	3385437	6736305
4.00%	25岁	1610004	3527718	4735307	10375640	9470614	20751281
	30岁	1323306	2899527	3892077	8528020	7784154	17056040
	40岁	893978	1958816	2629348	5761225	5258696	11522450
	50岁	603940	1323306	1776293	3892077	3552586	7784154

比如，当前年龄为25岁，那么在通货膨胀率为3%的情况下，到60岁时应该储备114.8万元的资金（折算为当前价格），并且保证这些储蓄能够在20年的退休生活中不会贬值，这样才能够满足基本的生活支出。如果考虑退休20年的通胀因素，则在60岁退休时必须储备207.3万元养老资金。如果想要过上中等水准的生活，则需要储备609.9万元的资金；如果要过上舒适的生活，则需要1220万元的资金。

我们也可以从表中查找到其他通胀情况下各种年龄段所需储备的养老金。

那么，我们如何能够储备这么多的资金呢？

三、养老的钱从哪里来

前面评估了60岁退休、计划活到80岁时各种生活水准下所需的资金储备，那么怎样才能够储备这么多钱呢？

储备养老金有三种途径，一是国家提供的基本养老保险；二是企业提供的企业年金；三是个人储备。

1. 基本养老保险

（1）基本养老保险是国家根据法律、法规的规定，强制建立和实施的一种社会保险制度。在这一制度下，用人单位和劳动者必须依法缴纳养老保险费，在劳动者达到国家规定的退休年龄或因其他原因退出劳动岗位后，社会保险经办机构依法向其支付养老金等待遇，从而保障其基本生活。基本养老保险与失业保险、基本医疗保险、工伤保险、生育保险等共同构成现代社会保险制度，并且是社会保险制度中最重要的险种之一。

（2）社会养老面临巨大压力。作为人们最熟悉的养老第一支柱，社会基本养老保险在每个国家都普遍存在。但随着全球老龄化程度的加剧，目前各国养老金都出现了累积速度赶不上支出速度的尴尬局面，政府的养老压力越来越大。在我国，由于社保养老制度建立的时间比较短，运行缺口始终存在，因此导致社保养老的替代率(退休后领取的社保养老金占退休前工资收入水平的比率)比较低，不同收入层次的人们，社保养老替代率在30%~60%不等，收入越高，被社会统筹掉的部分越多，替代率越低。换而言之，依靠社保金养老通常只能糊口，无法享受较舒适的老年生活。

（3）缴费比例分为以企业参保和以个体劳动者参保两类。以企业参保的职工，企业缴纳比例是按职工缴费工资总额的20%缴费，职工按个人缴费基数的8%缴费。

个体劳动者包括个体工商户和自由职业者，按缴费基数的20%缴费，所有保费全部由自己负担。职工缴费工资高于所在省市上年度社会平均工资300%的，以上年度社会平均工资的300%为缴费基数；职工缴费工资低于所在省市上年度社会平均工资60%的，以所在省市上年度社会平均工资的60%为缴费基数。

（4）城镇职工享受按月领取养老金应具备以下条件。

一是按国家规定缴纳养老保险费。

二是达到国家规定的退休年龄。正常退休时男职工年满60周岁，女管理人员年满55周岁，女工人年满50周岁；特殊工种提前退休的，男年满55周岁，女年满45周岁；因伤残一至四级提前退休的，男年满50周岁，女年满45周岁。

三是满足缴纳年限。养老保险最低交纳年限为180个月即15年时间，可以多交，多交到时可以多领取，但不能超过规定的上限。

每月领取养老金的金额计算方式为：

基础养老金＝省（市）上年度在岗职工月平均工资 × 缴费年限 ×1%。

个人账户养老金＝个人账户储存额 ÷ 个人账户养老金计发月数。

以上两项A+B之和为每月领取额。

计算举例：

深圳市2012年公布的在岗职工月平均工资为4595元，王先生35岁，月收入5000元。如果王先生缴满25社会养老保险金后正常退休，则退休后每月领取养老金数额如下。

基础养老金：4595×25×1%=1148.75元

个人账户养老金：

一个月个人上缴社保养老费用：5000元 ×8%=400元

一年上缴社保养老费：400元 ×12=4800元

25年个人账户累计余额：4800元 ×25=120000元

退休后每月领取的个人账户养老金数额：120000元 ÷120=1000元

退休后每月领取养老金数额：1148.75元+1000元=2148.75元

替代率：2148.75÷5000=43%

其中替代率是指劳动者退休时的养老金领取水平与退休前工资收入水平之间的比率，它是衡量劳动者退休前后生活保障水平差异的基本指标之一。另外，由于我国目前的社会养老保险还不够成熟，各地区的经济情况差别较大，因此全国还没有建立起统一完善的缴费制度和计算发放标准，读者只能根据当地的相关规定缴纳和领取养老金。

（5）基本养老保险待遇结构。

基本养老保险待遇结构可以用图8-3来说明。

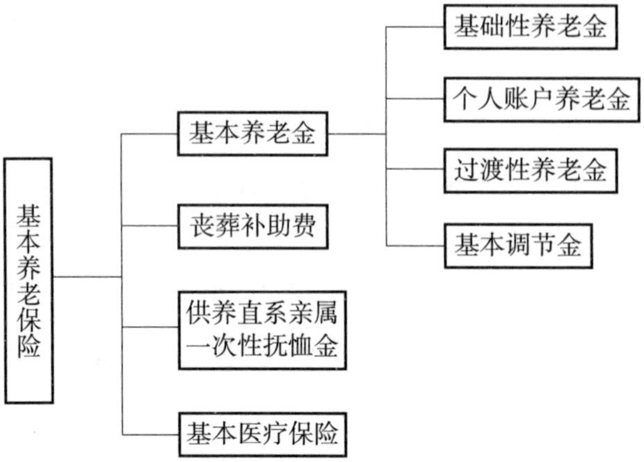

图8-3　基本养老保险待遇结构图

（6）医疗保险。医疗保险是国家社会保障制度的重要组成部分，也是社会保险的重要项目之一。医疗保险制度通常由国家立法强制实施，费用由用人单位和个人共同缴纳，医疗保险费由医疗保险机构支付。

我国目前实行的医疗保障体系是以基本医疗保险为基础，以大额医疗费用互助、公务员医疗补助、补充医疗保险、商业医疗保险和特困人员医疗互助等为补充的多层次的保障体系。

医疗保险由统筹基金和个人账户构成。基本医疗保险基金有社会统筹使用的统筹基金和个人专项使用的个人账户基金组成。用人单位缴费率控制在职工工资的6%左右，职工缴费一般为本人工资收入的2%。大额医疗费用主要由统筹基金支付（约90%，各地标准有差别），其余部分由个人支付。门诊基本医疗费用由个人账户支付，退休人员在住院期间的基本医疗费用，由统筹基金支付95%，个人现金支付5%。个人账户用完后，超出部分在一定范围内的，全部由个人自理。

2. 企业年金

企业年金是指企业及其职工在依法参加基本养老保险的基础上，自愿建立的补充养老保险制度，是多层次养老保险体系的组成部分。企业年金由国家宏观指导，企业内部决策执行。企业年金包括个人年金，是以个人名义建立的一系列定期支付款项，如按月交付房租、定期发放工资、抵押贷款分期付款等，都能构成一个年金。年金保险是投保人与保险公司签订的一种合同，保险公司以年金领取人的生存为条件定期给付约定的保险金。

（1）年金的运作原理。一个标准的养老年金合同，大致有积累和支付两个时期。在积累期里，企业及其职工向保险公司支付保费，保险公司将这些保费用于其他投资，并使其增值。在支付期里，保险公司则按合同承诺条件向职工定期支付一笔资金。年金为客户带来的收益包括三个部分：一是本金，二是利息，三是年金保单余额收益。

（2）年金的分类。表 8–4 是比较常见的年金类别。

表8–4　年金的分类与含义

即期年金	凡被保险人符合一定条件时立即开始支付年金给付者，称为即期年金或实时年金。
递延年金	凡被保险人退职后，经过一定期间或达到一定年龄后才开始支付的年金，称为递延年金或延期年金，此一定期间称为递延期间。
一次付清保费年金	一次性付清所有的保费。不仅可以为客户的退休生活带来一笔稳定的收入，而且在税收方面也具有许多十分吸引投资者的优惠条款。
分期支付保费年金	以分期付款的方式支付保费。
弹性年金	首先支付一个较大数额的首期保费，此后客户可以选择是否继续追加投资。
终身年金	年金的给付一直到被保险人身故为止。终身年金可以分为无退款终身年金和退款终身年金两种。
最低保证年金	在领取年金期间或在领取年金金额上提供最低保证的年金保险。
定期年金	保险公司在特定的年限内按月向客户支付特定金额的一种年金。
限期给付生存年金	限期给付生存年金只有在客户在世的情况下才予以支付。
定率年金	保险公司在确保客户本金安全的同时，还保证向客户支付不低于某一最低利率的回报。
可变年金	客户最终获得的支付额随着保险公司投资收益率的变化而变化，客户的收益甚至本金价值都是不确定的。

续表

个人年金	以个人名义购买年金者，称为个人年金。
团体年金	以雇主或其他团体单位的名义购买年金者，称为团体年金。

各种年金商品的设计与出售，都是围绕客户的安全感和信任度来进行的，传统上大多以保证利率与利率保证期间两项因素作为产品设计的要件，其中以递延年金为典型代表。

（3）年金规划要点。年金是非常明显的着眼于长远养老计划的投资，每月提取较少的资金，日积月累后形成一笔用于未来养老的大笔资金。坚持不懈是年金投资的关键。

另外，购买年金时应该货比三家。年金的费用因年龄、给付手段以及性别等因素而定，每个公司的费用都不同，最终产生的结果也会不一样，因此应该货比三家，选择较为稳定的公司和增值明显的品种。还有，年金保险公司的业绩也会对年金的收益产生重大影响，因此在签订正式合同前，应该分析了解保险公司的财务状况和经营情况。

（4）年金与基本养老保险的区别。企业年金与基本养老保险既有区别又有联系，区别主要体现在两种养老保险的层次和功能上存在不同，其联系主要体现在两种养老保险的政策和水平相互联系，密不可分。企业年金实行市场化运营，由企业选择经劳动保障部认定的运营机构管理。企业年金由企业和员工共同承担，单位缴费一般不超过上年度工资总额的1/12，单位和职工合计缴费一般不超过上年度工资总额的1/6。

（5）企业年金与商业保险的区别。可以肯定地说，企业年金计划不属于商业保险范畴。

首先，二者目的不同。企业年金属于企业职工福利和社会保障的范畴，不以盈利为目的。商业寿险产品则是商业保险公司以盈利为目的的保险商品。

其次，国家政策有差异。政府在税收、基金运营等方面给予企业年金优惠。商业寿险产品一般没有国家政策优惠。

其三，产品规范化程度不同。企业年金计划不是标准化产品，它往往因企业经营特色和职工结构不同而具有个性化的特点；只要劳资双方达成一致，企业年金计划的供款可以调整或中止。寿险保单是标准格式化产品，可以向个人按份出售。寿险合同一经生效，投保人必须按保单约定的金额缴费，保险人必须按保单约定的金额给付保险金。

其四，经办管理机构不同。企业年金可以由企业或行业单独设立的企业年金机构经办管理，也可以是社会保险经办机构专门设立的企业年金管理机构经办。商业保险的寿险产品则只能由商业人寿保险公司经办。

（6）企业年金计划与个人储蓄的区别。企业年金计划与个人储蓄有很大的不同，两者的区别表现在以下方面。

第一，企业年金计划对参保对象的年龄、范围有一定限制，个人储蓄对象则无限制。

第二，企业年金计划的供款额度是依据有关规定来确定的，并且有一定限制；个人储蓄在额度上是没有限制的。

第三，企业年金计划是劳动者牺牲部分当前消费所采取的强制性年金积累，一般是在职工到达法定退休年龄并按有关规定办理正式退休手续后才能领取；个人储蓄资金在支取使用上则没有限制。

第四，国家对企业年金计划的供款资金、基金积累、投资运营、投资收益以及待遇享受给予政策优惠，个人储蓄则没有类似优惠政策。

关于年金的计算，读者可以参考前面讲解的内容。

3. 商业养老保险

关于商业养老保险，前面已经做了介绍，这里就传统养老保险、分红型养老保险、万能型保险和投资连结险做进一步的比较，见表 8–5。

表8–5 传统养老保险、分红型养老保险、万能型保险和投资连结险比较

险种	特色	内含报酬率情况	购买需要注意的问题
传统养老险	到期领取固定金额的养老金	2%~2.5%（年复利）	由于通货膨胀等因素，可能导致约定领取的养老金在未来出现实际购买力下降的问题

续表

险种	特色	内含报酬率情况	购买需要注意的问题
分红型养老险	到期可领取的养老金大部分为固定，小部分根据分红有浮动，分红的存在增加了抵御通胀的能力	固定部分通常在1.8%~2.4%（年复利），分红部分不固定	业务员推销时的分红水平演示只是一种假设，不能作为未来的保证或承诺之用
万能型保险	前几年缴费时候需要收取一定的初始费用，缴费方面比较灵活	保证保底利率最低1.75%，目前产品大多设为年2%~2.5%，近几年的实际结算利率在3.25%~5.5%左右（年化）	保证保底利率和结算利率都是针对“个人投资账户”而言，而非所有投入的保费，开始几年若提前支取，可能需要一定的收费
投资连结保险	收益随资本市场变动而变动，收益可能较高，波动性也比较大，类似基金的专家理财	不保底，不确定，收益主要取决于投资账户风格	收益不确定，运作过程中可能出现亏损，收益和风险由投保人100%享受或承担

4. 个人金融投资养老

个人储备养老资金还可以通过自己投资来实现。有一定投资能力的人，可以依靠自己的投资理财行为来实现财务自由的目标。前面介绍的养老保险、企业年金等手段，实际上都是将资金交给他人进行投资理财，收益也要和他人一起分享。虽然承担的风险分散和降低了，但收益会大打折扣。通过个人投资理财来储备养老资金，是有能力和自制力的人的首选。

前面已经介绍了几乎无风险的银行各类存款、国债，风险较低的稳健型基金和企业债券，以及风险相对较高的成长型基金、ETF 等，还有适合有较高投资能力的高风险高收益证券交易市场交易等。个人可以根据自己的年龄、风险偏好和经济情况，酌情采取相匹配的投资组合来规划养老资金。

总的来说，在做养老储备时，年龄越大，投资就应该越趋于保守。

5. 房产养老

如果在青壮年时期投资一套甚至多套房产，包括民用住房、商铺或写字楼，那么将来既可以通过出售房产获利，享受房产增值带来的快乐，也可以按期获得一定的租金现金流收入，可以说是一种两全其美的养老规划。

年老后，如果愿意，还可以将其中一套房产做反向抵押贷款等，房产的利用率还是很高的。不过因为房地产投资的门槛较高，房价波动较大，普通工薪阶层进行房产投资有较大困难，这就限制了很大一部分人利用房产来养老。

四、退休养老规划

前面已经介绍养老需要储备的资金，也了解了储备养老资金的工具和手段，那么如何利用这些理财工具来规划出所需的养老资金呢?

1. 养老需求分析

首先需要分析自己养老需要的生活品质和资金需求量。就拿当前中等生活水准来说吧，两位老人在有房、无其他家庭负担的情况下，一年需求大概在 6 万元左右，即每月 5 千元开销，当然不同的地区有不同的标准。

假设现在 40 岁，那么距离退休还有 20 年，按通胀率为 3.5% 计算，则在退休时每年需要 12 万元，每月需要 1 万元。

在 60 岁退休时每个月需要 1 万元的开销，这些钱需要通过以上介绍的社会养老保险、企业年金、个人储蓄等几种渠道来筹集。

2. 基本养老保险的贡献

在前面的举例中，35 岁的王先生月收入为 5000 元，到退休时每月可以领取保险金额的现值为 2148.75 元（假设通胀与工资涨幅一致），领取到的养老金替代率是 43%。按照这样的比率计算，王先生退休后虽然可以满足最低标准的基本生活要求，但想达到与现在一样的生活水准，还差 56% 的资金缺口，即每月还差 2851.25 元。

假设王先生的月收入是 1 万元，那么退休时可以每月领取 3148.75 元，相对于深圳市基本生活的替代率为 68.5%。与个人原有的生活品质相差甚远，只占所需比率的 31%。

3. 年金的贡献

从以上情况来看，基本养老保险只能满足最基本的生活，也就是糊口，根本谈不上什么生活品质了，因此还要考虑企业年金或其他方式来筹集养老资金。

年金由企业和员工共同承担，单位缴费一般不超过上年度工资总额的1/12(相当于工资总额的8.33%)；单位和职工合计缴费一般不超过上年度工资总额的1/6(相当于工资总额的16.7%)。下面来看一下，如果王先生购买了年金，那么他退休后能获得多少钱。

如果王先生月工资为5000元，按1/6额度购买年金，那么每月缴纳1666.67元。假如在这25年里工资涨幅与通胀率相等，那么60岁退休时，王先生一次性领取的年金现值是833.33×12×25=250000元。如果这些钱平摊到60岁至80岁每月支取，就是1041.67元。再加上基本养老保险的2148.75元，每月一共有3190元的退休资金，这仍然距离他退休前的生活水准相差1810元。

如果王先生月工资为10000元，按上面的计算方法，到退休时，王先生每月可以有年金2083.33元。加上社会养老保险的3148.75元后，则有5232元可供王先生退休后支出。这样王先生可以过上相对宽松点儿的生活，但较退休前的生活水平还相差甚远。

4. 个人金融投资贡献

如果想保证退休后仍然能够过上退休前那样的生活，王先生还需要增加新的养老资金，这就要依靠个人投资来完成。

在工资是5000元时，仍然假设工资涨幅与通胀上涨幅度相当，王先生还需要储备1810×25（退休前年数）÷20（退休后60岁至80岁）=2262.5元，并按工资上涨幅度调整储蓄额度。王先生当前的收入不可能达到这种要求，怎么办？一是要增加收入来源，二是投资更高收益率的理财品种。

假设王先生通过现金规划，夫妻双方的总收入除了还房贷、子女教育资金储备等不得不支出的内容外，每月还可以拿出800元用于投资理财，这就要求王先生要投资年收益率在7.5%的投资品种，才可以弥补养老缺口。王先生可以长期投资稳健型的股票基金或投资股票来完成这个目标，也可以根据前面的分析，对比每月可增加投资量与收益率的关系，从中找到一个平衡点。

如果王先生现在的收入是10000元/月，那么王先生每月可以拿出1500

元资金投资于收益率为 7.5% 的理财产品，当然也可以进行组合投资，比如银行储蓄、债券、基金或股票等，只要保证组合投资的年收益率达到 7.5% 以上即可。

需要注意的是，这里所讲的每月投资量，是要根据通胀或工资涨幅一起增加的，可以说是折算成现值的投资金额。当然，另外一种计算方法是将通胀因素考虑进去。假如通胀率为 3%，那么王先生在固定每月投资 1500 元时，其收益率应该达到 10.5%。

通过以上一系列的养老规划，王先生基本解决了养老问题，能够保证自己在退休后享受与退休前同等的生活水准了。

5. 房产的贡献

房产对养老的贡献当然不能忽视。

首先，如果能够在退休前有一套房产，退休后的费用就会降低不少，不然房租费用就是一笔不小的开销。

其次，在特殊情况下，可以用房产抵押养老。

最后，如果有了其他房产投资，这就为养老提供了比较扎实的保障。

6. 基本养老规划资金配置

对于一般工薪阶层的家庭来说，基本的养老规划资金分配可以参考图 8–6。

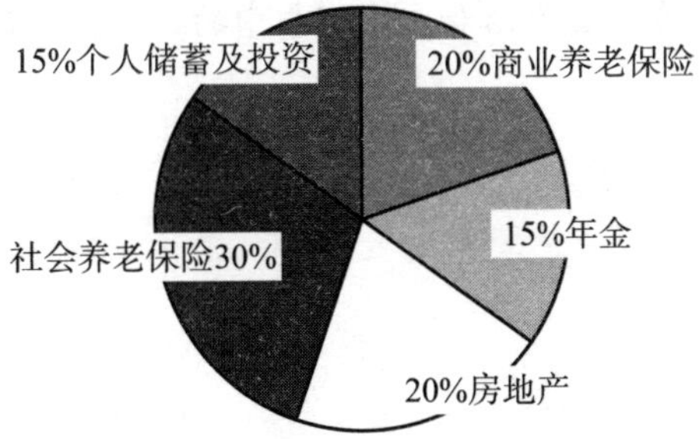

图8–6 基本的养老规划资金分配

该图是指基本的养老资金配置，针对的是收入处于社会平均水平的普通工薪人员。这种配资的基础，是考虑到当前家庭生活和养老资金的稳定性。收入比较高的家庭，可以加大商业养老保险、个人投资和储蓄的比率，或者长期投资房地产，这样退休后就可以有比较充足的资金保障。

本章小结

子女教育规划是与养老规划、房产规划并称为理财规划的三大基本规划，这是因为它的时间周期长、资金消耗大，对家庭生活有深远的影响。

子女教育规划的目标因家长对孩子的期望而异，目标教育程度越高，需求的资金也就越大。在制定规划时，要根据孩子接受教育的先后顺序，以及教育内容的紧迫性和重要性逐步安排，可以用现金管理方法支付眼前短期支出费用，用中长期理财目标为孩子高等教育做准备。子女教育规划需要稳妥，不宜用风险较高的理财方式完成目标。实际上，对子女的教育投入，除了读什么大学、拿什么文凭以外，还要注重孩子生活能力的教育，从小培养孩子的财商，让他们参与到家庭理财规划中来，这样既有利于实现家庭整体的理财规划目标，也有利于培养孩子的综合素质。

养老规划是为人生最后过上幸福晚年做好准备，越早准备越好。本章详细地介绍了社会基本养老保险和商业养老保险以及个人投资理财的方法。社会养老保险是基本保障，商业保险是有力补充，个人投资理财储备养老资金是过上舒适老年生活的关键。

到这里，本书内容已经讲解完毕，希望读者读完此书后，能够对个人及家庭理财带来帮助，能够从思维方式上改变对财富的看法，重视财富的积累和运用，很好地平衡财富在家庭生活和人生理想中的配置，早日实现财务自由。